왜 목소리가
중요한가

Why Voice Matters

신자유주의 이후의 문화와 정치

왜 목소리가
중요한가

닉 콜드리 지음 이정엽 옮김

글항아리

일러두기

1. 본문의 각주는 모두 옮긴이의 것이다.
2. 원서에서 이탤릭체로 강조한 부분은 고딕체로 표시했다.
3. 인명의 경우, 가독성을 위해 가급적 원어 병기를 삼가고 찾아보기에 넣었다.

"피해야 하는 것은, 왜 그런지는 모르겠지만, 시스템의 정신이다."

–

사뮈엘 베케트[1]

"우리는 불가피한 것의 인간화보다 더 나은 것을 희망할 수 있다."

–

호베르투 망가베이라 웅거[2]

"실제든 인지된 것이든 간에, 위기만이 진짜 변화를 낳을 수 있다.
이런 위기가 발생할 때, 우리는 주위에 놓인 생각에 의존하여 행동을 취한다.
내 생각에는 이것이 바로 우리가 기본적으로 기능하는 방식이다. 기존 정책에 대
해 대안을 발전시키고, 정치적으로 불가능한 것이 정치적으로 불가피한 것이
될 때까지 그런 대안을 살려내고 쓸 수 있게 유지하는 것이다."

–

밀턴 프리드먼[3]

큰 위기는, 밀턴 프리드먼이 25년도 더 전에 인지했듯이, 사고에서 큰 변화를 촉발할 수 있다.[4] 2008년 가을, 세계는 심각한 금융위기에 직면했으며 이 위기가 가져올 장기의 경제적, 사회적, 정치적 결과는 그야말로 엄청날 것이다. 이 금융위기를 불러온 원인은, 프리드먼이 매우 밀접히 연관된 신자유주의 독트린의 실행과 규범화에서 직접 나왔다. 신자유주의의 죽음에 관한 보도는 확실히 과장되었지만, 우리는 적어도 오늘날 사고에서 새로운 변화가 일어날 것인지를 물어볼 수 있다. 프리드먼이 보여준 통찰력을 따라, 이런 변화를 분명히 표현하는 사고들이 '주위에 놓여 있는' 경우에만 말이다. 이 책은 그런 사고들의 더미에 작으나마 이바지하는 것이 목표다.

목소리가 처한 위기에 대응하여 목소리의 가치를 긍정하는 것이 바로 그러한 이바지에 바탕이 된다. 목소리의 위기는 목소리의 가치와 병행하며, 신자유주의 담론의 오랜 지배와 떼어놓을 수 없다. 과정으로서 목소리—자기 자신, 그리고 자신에게 영향을 미치는 것에 관해 이야기하기—는 인간으로서 존재함이 의미하는 바의 환원 불가능한 일부이며, 유효한 목소리(자신의 목소리가 들리게 하고 고려되게 하는 효과적 기회)는 인간의 선이다. '목소리'는 그래서 그 가치가 의심할 바 없는 듯 보일 수도 있다. 그러나 우리는 경제, 정치, 문화 등 여러 영역에서 목소리의 가치를 부정하고 대신 시장 기능이 우선한다는 방식에 지배받는다. 목소리의 위기는, 우리가 목소리의 가치를 불러와서 목소리를 부정하는 규칙에 도전하기는커녕, 그런 규칙을 확인하는 데 소극적인 점에도 일부 기인한다. 이러한 위기를 확인하는 것 그리고 위기를 넘어서 사고할 수 있게끔 해주는 자원을 검토하는 것이 이 책이 겨냥하는 목표다.

이 책의 이야기가, 규범적 보편성이 있는 것처럼 주장되는 신자유주의 담론 자체로부터 어떤 일반적 관심을 얻기를 바란다. 물론 지구적 권력 위계 내에서 한 나라가 어떤 위치에 있는가에 따라 완전히 다른 방식으로 이야기할 수도 있을 것이다. 예를 들어 수천 년간 국가로 권력이 집중되었으며 이제 거대한 노동계급의 부상을 대면하고 있는 중국의 처지에서,[5] 또는 신자유주의 담론이 다자간 외부 금융의 조건으로서 난폭하게 부과된 라틴아메리카[6] 또는 (거기에다 인종주의적 식민 역사라는 부담까지 지고 있는) 아프리카 나라들의 처지에서 말이다.[7]

대신 나는 영국의 처지에서 이 책을 쓰고 있다. 명백한 한계에도, 이런 처지에서 이야기하는 충분한 이유가 있다. 영국은 1970년대 말 신자유주의 독트린을 떠받친 열광적 지지 기반 중 하나일 뿐 아니라, 현재의 경제위기로 충격을 가장 크게 받은 선진국 중 하나다. 이 책을 위해 내가 읽고 쓰기 시작한 것은 2007년 초부터이나, 주변 맥락은 급변했다. 지구적 금융위기, 조지 W. 부시의 신보수주의 체제에 맞서 믿을 만한 도전자로서 버락 오바마의 등장, 2007년 중반 영국 총리 토니 블레어의 조기 퇴진 등. 영국에서 신자유주의적 민주주의가 보이는 모순은 특히 명확하게 드러나고 있으며, 이는 신자유주의가 무엇이 잘못되었는지에 관해 유익한 이야기를 들려준다.

* * *

이 책을 쓰는 데 적합한 장소를 제공해준 골드스미스칼리지의 미디어와 커뮤니케이션 학과 그리고 지구 미디어와 민주주의 연구센터 동료들에게 감사드린다. 책 작업 동안 처소를 마련해준 다음 세 학과와 연구소에도 감사드린다. 툴루즈대학교 툴루즈정치학연구소, 덴마크 로스킬데대학교 커뮤니케이션 비즈니스 정보 테크놀로지 학과 그리고 누구보다도 바비 젤리저와 2008년 가을학기 동안 내가 머무른 펜실베이니아대학교 애넌버그 커뮤니케이션 스쿨의 문화와 커뮤니케이션 연구지원 프로그램이 바로 그들이다. 늘 영감을 얻는 두 네트워크에도 고마움을 전한다. 리처드 세넷과 크레이그 칼훈이 이끄는 NYLON^New York University and the London School of Economics 박사과정 연구 네트워크, 오슬로대학교 크누트 룬트비가 이끌고 노르웨이연구위원회가 재정을 지원하는 미디어로 된 이야기^Mediatized Stories 네트워크다.

2007년 여름부터 이 책 작업을 열심히 지원해준 세이지출판사의 담당 편집자 밀라 스틸에게 진심으로 고마움을 전한다. 여러 친구가 이 책을 구상하고 쓰는 데 필요한 격려를 해주었다. 그중에서도 헨리 지루, 제러미 길버트, 데이브 헤스먼달시, 조 리틀러, 클레멘시아 로드리게스는 여러 해 동안 지지와 영감을 주었다. 길버트는 5장 초안을 읽고 예리하고 시의적절한 비평을 해주었다. 로빈 맨셀은 2장을 이루는 경제학, 특히 아마르티아 센이 수행한 작업에 관심을 갖도록 내게 영감을 주었다. 세라 바넷와이저는 '자기 브랜딩^self-branding'을 주제로 한 최근 작업에 관해 (원고를 넘긴 후에도) 얘기해줌으로써 영감을 주었다. 스티븐 콜먼, 제임스 커런, 멜리사 그레그, 케이트 내시, 앤절라 매크로

008

비, 브루스 윌리엄스는 너그러이 시간을 내어 장별 초고를 보고 논평해주었다. (오스트레일리아 브리즈번 퀸즐랜드공과대학교에서 열린) ANZCA Australian & New Zealand College of Anaesthetists 2009, 캐나다 해밀턴 소재 맥매스터대학교, 영국 노팅엄대학교에서 나의 초기 단계 주장에 반응해준 청중에게 감사드린다. 내가 놓쳤을지도 모르는 중요한 참고자료를 알려준 오스트레일리아의 동료들(밥 링거드, 조 타치, 타냐 드레허)에게 고마움을 전한다. 어떠한 오류나 혼란도 책임은 온전히 나에게 있다.

4장은 원래 『교육, 교육학, 문화연구 The Review of Education, Pedagogy and Cultural Studies』(2008) 30(1) 1~13쪽에 실린 「리얼리티 TV, 또는 신자유주의의 은밀한 극장」의 일부이며, 재게재를 허락해준 테일러앤드프랜시스출판사에 감사드린다. 이 책과 장의 표제 인용 저작물에 사용 허가를 내준 듀크대학교출판부, 그로브/애틀랜틱, 하트퍼블리싱, 버소, 페이버앤드페이버 출판사에도 감사드린다.

아내 루이즈 에드워즈에게 깊이 고마운 마음을 전한다. 아내의 사랑과 지지가 없었다면 이 책은 쓸 수 없었을 것이다.

* * *

이 책은 목소리를 말하는 책일 뿐 아니라 목소리가 사라지거나 방해받으면 어떤 일이 벌어지는지를 말하는 책이다. 목소리의 희망은 침묵의 위협과 분리할 수 없다. 만년에 청력을 잃고 침묵을 견뎌낸 내 어머니 릴리언 콜드리를 기억하며 그녀 앞에 이 책을 바친다.

2009년 9월 런던에서
닉 콜드리

차례

1장
—

가치로서의 목소리

인간은 자신에 관해 그리고 자신이 세상 속에서 서 있는 자리에 관해 이야기할 수 있다. 폴 리쾨르는 다음과 같이 묻는다. "이런저런 일에 관해 이야기한다는 게 무슨 의미인지 아무도 알지 못한다면 그것이 문화겠는가?"[1] 그런 능력이 없는 양 인간을 대하는 것은 그를 바로 인간이 아닌 양 대하는 것이다. 지난 세기 우리는 이 같은 부끄러운 사례를 많이 보아왔다. 목소리voice는 그런 능력을 지칭하는 단어의 하나지만, 목소리만으로는 충분치 않다. 우리는 우리 목소리가 중요함을 알아야 한다. 유효한 목소리를 제시하는 일은 현대 민주주의의 정당성에서 실로 중대하다. 한편 목소리는 경제적, 문화적 삶에서 여러 방식으로 제공된다. 그러나 우리는 일을 꾸리는 데서 목소리를 무시하고 목소리는 중요하지 않다고 보는 방식에 점점 익숙하다. 우리는 오늘날 정치 경제 문화 영역에 걸쳐 목소리의 위기를 겪고 있으며, 그 위기는 적어도 최근 30년 동안 점점 커지고 있다.

이러한 위기를 이야기하는 일은 중요하다. 왜냐하면 여러 작은 문제들이 사실은 동일한 문제의 다른 차원임을 이해하게끔 연결해주는 내러티브를 잃었다는 것이 바로 그 같은 위기의 한 측면이기 때문이다. 우리는 영국이나 미국 같은 나라에서 좀더 폭넓은 패턴을 놓치기 십상이다. 목소리를 내는 일이 점점 지속 불가능해지고, 목소리가 끊임없이 나오고는 있지만 정작 중요한 지점에서 부정당하거나 무효가 되어버린다. 이 같은 모순이 비롯하는 근원에는 목소리의 중요성을 부정하는 독트린(신자유주의)이 자리한다. 이 책에서 내가 삼는 목표는 이런 위기를 명명하고 그 위기를 뛰어넘을 자원들을 확인하는 데 있다.

이를 위해 '목소리'라는 단어를 독특한 방식으로 사용할 필요가 있다. 우리는 '목소리'에 내재하는 두 가지 의미에 익숙하다. 첫째, 목소리는 사람이 말하는 소리를 의미한다. 목소리에서 소리의 측면이 중요한 통찰을 낳기는 하지만(5장에서 다룬다), 이런 용법은 내가 나에 관해 이야기하는 여러 방식을 포괄하지 못한다(이 같은 방식이 반드시 소리와 관련되지는 않는다). 둘째, 우리는 정치 영역에서 '목소리'를 의견 표현 또는 좀더 폭넓게는 세계를 보는 독특하면서 인정되어야 하는 표현과 등치하는 데 익숙하다. '목소리'라는 단어를 이처럼 정치적으로 사용하는 것은 여전히 유용하다. 특히 재현의 불평등이라는 끈질긴 문제를 다루는 데서 그렇다. 예컨대 이 같은 용법은 발전 환경을 만드는 데 있어 미디어의 역할에 적용되어왔다.[2] 그러나 다른 맥락에서는 진부해질 위험이 있다. 우리는 모두 '목소리'를 가지고 있고, 우리는 모두 '목소리'를 찬양한다. 이런 용법을 통해 우리가 얼마나 나아갈 수 있겠는가?

나는 '목소리'라는 용어를 다른 식으로, 그러니까 두 가지 수준으로 구별해서 사용하고자 한다. 즉 (우리에게 이미 상대적으로 익숙한) 과정으로서의 목소리와 가치로서의 목소리다. 첫째, 우리는 가치로서의 목소리에 좀더 명확해질 필요가 있다. 이러한 차원은, 사회정치 및 문화 조직으로서 신자유주의는 어떤 중요한 목적을 가지고 과정으로서 목소리가 중요하지 않다는 가정하에 작동한다는 점을 생각할 때에 특히 중요하다. 가치로서 목소리라 함은, (과정으로서) 목소리를 그 자체로 가치 있게 여기는 인간의 삶과 자원의 조직 틀을 가치 있게 여기며 또 가치 있게 여기기를 택하는 행동을 일컫는다. 목소리를 가치로서 다루는 일은, 인간의 삶과 자원을 조직하는 방식에서 자기 선택에 따라 목소리 가치를 실천에 옮기는 방식을 분별 있게 지지함을 의미한다. 이는 복수적이고 서로 연결된 목소리 과정을 약화하거나 부정하는 게 아닌 존중과 지지로 이루어질 수 있다. 목소리를 가치로서 다루는 일은, 신자유주의처럼 목소리를 부정하거나 약화하는 사회경제적, 정치적 조직 틀에 분별 있게 반대함을 의미한다. 따라서 목소리의 가치를 중시하는 것은 과정으로서 목소리를 유효하게끔 하는 조건, 그리고 광범한 조직 형태들이 과정으로서 목소리를 미묘하게 훼손하거나 그 가치를 경시하는 방식에 특히 주목한다. 이처럼 과정으로서 목소리의 조건—그 가치 경시와 관련한 조건 또한 포함한다—에 대한 성찰적 관심에 따르면, 여기서 '목소리'는 가치에 관한 가치 또는 철학에서 '이차' 가치라고 불리는 것을 의미한다.

이런 구별이 왜 중요한가? 우리가 정치적 변화를 사고하는 데서, 이처럼 특별한 방식으로 사용되는 '목소리'란 용어는 민주주의나 정의 등 다른 용어에 어떤 보탬이 되는가? 그 이유는 역사에서 특정한 상황에 있다. 신자유주의라는 특정한 담론은 오늘날 세계를 (공식적으로, 실질적으로, 문화적으로, 상상력 차원에서) 지배하게 되었다. 신자유주의 담론은 경제적 삶을 목적으로 작동하며, 이런 목적은 목소리의 가치를 중시하지 않는다. 신자유주의 담론은 경제적 삶의 목적을 정치에 부과해, 정치를 시장 기능의 수행으로 환원하는 관점을 취한다. 신자유주의 담론이 정치와 사회에 부과되는 과정에서, 사회적인 것은 정치로부터 소거되고 정치 규제는 경제로부터 소거된다. 이 같은 움직임은 여러 나라에서 다양한 방식으로 실행되었는데, 형식적 민주주의 체제인지 아닌지를 가리지 않고 일어났으며 갖가지 민주주의의 허울을 쓰고 벌어졌다. 그 결과가 바로 신자유주의하에서 벌어지는 목소리의 위기다.

　나는 여기서 '목소리'를 연결 용어로 제시한다. 즉 시장 기능으로서 정치라는 관점이 나머지 모든 것을 압도한다는 신자유주의 주장에 도전하면서 경제와 경제적 삶에 대한 신자유주의 관점을 차단하고, 목소리 과정의 가치를 중시하는 것을 조금이라도 지향하는 대안 정치관을 구축할 수 있게 하며 또한 목소리에 토대하는 사람들의 사회적 협력 능력에 대한 인정을 그런 정치관 내에 포함하는 용어다. 나는 이러한 연결을 가능케 해주는 가치와 함께 그 같은 가치의 주요 참조점이 되는 과정을 동시에 포착하기 위해 하나의 단어, 바로 목소리를 사용하고자 한다. 여기서 '목소리'라는 용어는 경제과정(소비자 '목소리')에서 끌어온 것도 아니고, 뿐만 아니라 정치적 대의 메커니즘(정치적 '목소리')과 관련한 특정 관점에서 끌어온 것도 아니며, 인간이 존재하는 방식을 둘러싼 폭넓은 설명에서 끌어온 것이다. 목소리 가치는 우리가 민주주의나 정의에 어떠한 관점을 보이는가와 상관없이 인간 삶의 기본 측면을 표현한다. 따라서 경제, 사회, 정치 조직을 평가하는 당대의 여러 틀(이를테면 철학자 폴 리쾨르와 주디스 버틀러, 발전경제학자 아마르티아 센, 사회이론가 악셀 호네트, 정치이론가 낸시 프레이저 등) 사이에 공통 지반을 형성한다. 목소리 가치는 또한 오늘날 목소리의 위기를 말하는 설명과 다양한 사회학적 분석(오늘날 일터에 관한 진단부터, 특정 집단이 유효한 목소리를 내는 데서 장기에 걸친 배제에 관한 설명에 이르기까지)을 연결한다. 이 모두가 당대 목소리가 처한 위기 문제를 다루고 그

위기를 일으킨 신자유주의 틀을 뛰어넘는 데에서 자원이 된다.

이 책은 상호작용하는 여러 수준에서 작업을 진행한다. 첫째, 목소리의 일차적 과정으로서 자신을 그리고 그 과정의 직접적인 조건과 질(곧 다룬다)을 설명하는 행위가 존재한다. 둘째, 목소리의 '이차적' 가치(목소리의 중요성에 대한 믿음)를 줄곧 옹호한다. 셋째, 목소리의 가치와 여러 규범적 틀을 연결하고 목소리 개념이 지닌 숨은 장점을 드러낸다(5장). 마지막으로, 목소리를 가로막는 과정 즉 버틀러가 어떤 유형의 목소리는 나타나도록 허용하고 어떤 유형은 허용하지 않는 '물질화'라 부른 과정(6장과 7장)을 드러내고 그 과정에 어떻게 저항할지를 숙고한다.

또한 내가 사용하는 '목소리' 개념과 정치 사이 관계를 언급할 필요가 있다. '목소리' 개념은 정치 안에서 그리고 정치를 뛰어넘어서 동시에 작동한다. 이 개념은 반드시 정치적이지는 않은 목소리의 과정을 설명하는 데서 시작한다. '목소리'가 다양한 규범적 틀과 연결되고, 목소리가 경제·정치 영역이나(발전과 자유에 대한 센의 작업은 2장에서 다룬다) 사회·정치 영역(인정에 대한 호네트의 작업은 3장에서 다룬다)처럼 형식적 정치를 넘어서는 여러 맥락에 적용될 만큼 넓어지려면 이런 점은 중요하다. 이와 같은 다수의 연결을 만들어내기 위한 대가는, 각자의 틀이 기반한 세세한 철학적 전통으로부터 느슨하게 해석되어야 한다는 것이지만, 그 장점은 신자유주의 담론에 대항하고 대의정치의 배타적 영역을 뛰어넘는 연합된 힘을 목소리 주변으로 모아서 폭넓은 합의를 드러낼 수 있다는 데 있다. 그러나 이 책이 내세우는 주장은 '재화와 서비스와 가치의 권위적 배분'[3]을 둘러싼 투쟁과 논쟁이 벌어지는 공간으로서 광의의 정치를 향한다. 이 책은 신자유주의가 민주주의 정치에 취하는 환원적 관점을 기각하고, 20세기 초 미국의 정치이론가 존 듀이까지 거슬러 올라갈 수 있는 사회적 협력의 광범한 메커니즘으로서 정치라는 관점을 복원하려 한다. 신자유주의적 사고의 틀에서 벗어나면, 우리는 듀이, 센, 호네트를 뛰어넘어 사회적 생산과 소셜 미디어에 관한 최근 작업(이를테면 요차이 벤클러가 수행한 네트워크에 관한 작업과 마이클 하트와 안토니오 네그리가 수행한 "공유지the common"에 관한 작업)까지 포괄하는 좀더 폭넓은 합의를 확인할 수 있다.

인정컨대, 내가 사용하는 '목소리'라는 용어는 아리스토텔레스의 유명한 논의로 거슬러 올라간다. 아리스토텔레스는 『정치학』에서[4] 단순한 '목소리'(포네phoné)와 '말하기'(로고스logos)를 구분했다. 그에게는 오직 후자만이 정치적 숙의와 행동의 매개였고, 전자는 고통과 같은 기본 감각을 소통하는 능력으로서 인간이 다른 동물과 공유하는 것이었다. 그러나 내가 '목소리'라는 단어를 강조하는 데는 이유가 있다. 디지털 미디어 시대의 노동 체제에서 실제적으로 그리고 신자유주의 독트린에 의해 이데올로기적으로, 현대에서 생활세계와 시스템 사이의 통합은 강화되고 있다. 이에 따라 아리스토텔레스가 정치적 말하기보다 '아래에' 있다고 쉽게 가정할 수 있었던 목소리/표현의 기본 공간은 와해되고 있다. 노동자의 권리는 시장 근본주의 논리에 따라 상대적이 아니라 절대적으로 배제되고 있으며, 이주 노동자는 영토를 토대로 하는 시민권에서 상대적이 아니라 절대적으로 배제되고 있다.[5] 신자유주의하에서 사회조직 및 정치조직의 본성은 우리에게 말하기의 벌거벗은 전제조건이 어떻게 도전받는지에 초점을 맞추라고 요구하며(이는 조르조 아감벤이 수행한 '벌거벗은 생명' 작업과 상응한다),[6] 그런 기본적인 가능성의 조건을 충족할 필요를 재확인하라고 요구한다. 따라서 이 책은 단지 말하기의 가치뿐만 아니라 좀더 기본적이 되고 근본적이 되는 것, 즉 목소리의 가치를 다룬다.

신자유주의적 맥락

우리는 신자유주의를 어떤 대상이라고 이해하는가? 신자유주의 관련 경제정책이 가장 잘 알려져 있고 또 가장 쉽게 열거될 수 있다. 이를테면 1980~1990년대 다자간 금융 대가로 라틴아메리카 등지에 전제조건으로 부과된 교리를 들 수 있다. 이는 경제학자 존 윌리엄슨이 '워싱턴 컨센서스Washington consensus'라 부른 것으로, 강력한 금융 규율, 공공지출 삭감, 감세를 통한 시장투자 장려, 국가가 아닌 시장에 의한 이자율 결정, 경쟁적 환율, 무역자유화, 외국인직접투자FDI 장려, 공공서비스와 자산의 사유화, 금융시장 등의 탈규제, 사적 소유권 확보 등이 특징이다.[7] 그러나 신자유주의는 미국과 영국 등 많은 부국이 자발적으로 채택한 정책 틀이기도 하다. 그런 만큼 신자유주의는 워싱턴 컨센서스일 뿐 아니라, 1980년대 초반 이후 국제적으로 진화하여 시장 기능(그리고 국민경제를 지구적 시장의 힘에 개방하기)을 사회조직에서 압도적 우선 과제로 만들어온 좀더 영역이 폭넓은 정책이기도 하다. 신자유주의는 정치이론이 아니라 리처드 피트가 한 말을 빌리면 새로운 경제 "정책 체제"로 출발했다.[8] 신자유주의는 1970년대 지구적 경제위기를 둘러싼 특정한 해석과 그 정책적 대응을 뒷받침하는 근거로서 뿌리를 내렸다. 이전의 경제정책 체제(케인스주의)가 실패한 데서 그런 위기가 비롯했다고 해석함으로써, 신자유주의는 **시장경쟁**이 실제적이고 규범적인 공통 기준점이며 국가의 경제 개입은 일탈이라는, 이전과는 상당히 다른 정치학적 그리고 경제학적 접근법에 권위를 부여했다.[9]

이처럼 경제적, 정치적 관리에 관한 새로운 '합리성'의 발전에 관련 있는 엘리트와 자문집단은 단지 기술적 컨설턴트가 아니었다. 피트의 용어를 빌리면, 그들은 "의미 창출의 중심"이었다.[10]

그러나 여기서 우리는 신자유주의가 의미를 창출하는 상이한 수준을 구별할 필요가 있다. 첫째, 루트비히 폰 미제스, 프리드리히 폰 하이에크, 밀턴 프리드먼 같은 사상가의 시장 근본주의적 원칙이 있다. 이 원칙은 시장 기능을 경제의 지배적 참조점으로, 한때는 이상하게 보였지만, 정치 및 사회 질서의 지배적 참조점으로 명확히 설정했다. 이를 신자유주의 자체라 부르자. 둘째, 많은 현대 민주주의에서 신자유주의 자체가 실제 독트린으로 작동하는 데 한몫 거든 은유, 언어, 기술, 조직 원리 등 광범한 종합이 존재한다. 이를 신자유주의 독트린이라 부르자. 이 독트린의 한 형태는 워싱턴 컨센서스이고, 다른 한 형태는 영국 같은 나라에서 1980년대 이후 적극적 통치 원리로서 채택한 시장화 이행이다(이에 따른 특정한 결과는 3장에서 다룬다). 케인스주의와 비교해, 신자유주의 독트린의 결과로서 경제성장의 혜택은 나라 간에 그리고 나라 내에서 점점 불평등하게 분배되었다.[11]

여기서 이런 질문을 던질 수 있겠다. 21세기에 들어선 지금, 여전히 신자유주의 반대가 필요한가? 영국 등지에서 그리고 특히 미국에서, "시장 포퓰리즘"의 어리석음과 공허함은 이미 10년 전에 토머스 프랭크가 속속들이 폭로하지 않았는가?[12] 브라질의 사회 및 법 이론가 호베르투 웅거 같은 사상가부터 전 세계은행 수석경제학자로서 경제정책 입안에 가까이 있던 조지프 스티글리츠와 억만장자 투자가 조지 소로스에 이르기까지, 많은 이가 상상력이 부족하고 모순에 찬 '워싱턴 컨센서스'를 폭로하지 않았는가?[13] 1999년 미국 시애틀에서 열린 세계무역기구WTO 회의 이래 10여 년 동안 벌어진 극적인 항의시위로 그런 폭로가 촉진되지 않았는가? 세계은행 총재 제임스 울펀슨 자신이 2002년에 "워싱턴 컨센서스는 죽었다"라고 선언하지 않았는가?[14] 좀더 거슬러 올라가, 발전경제학자 앨버트 허시먼은 이미 1969년에 학계에 상당한 영향을 준 책에서, 동료 경제학자들이 경제적 삶에서 결정적인 동학으로서 '목소리'에 무관심하다고 지적하지 않았는가?[15]

그럼에도, 신자유주의 독트린은 2000년대 조지 W. 부시, 토니 블레어·고든 브라운 정부에서 여전히 지배적 원리로 작동해왔으며, 같은 시기의 명시적 정부정책을 넘어서서 여러 수준에서 깊숙이 작용해왔다. 따라서 우리가 신자유주의 지평을 넘어서서 사고하려는 오늘날, 우리는 신자유주의의 규범화가 확장된 역사의 끝자락, 즉 신자유주의가 일상 사회조직과 상상력에서 합리성으로 깊숙이 자리 잡은 역사의 끝자락에 서 있다. 이것이 의미로서 신자유주의의 세번째 수준으로, 우리가 주목해야 하는 것이다. 바로 이 수준에서, 신자유주의는 최근 금융위기의 여러 측면에 도전을 받았으나 완전히 철폐되지는 않았음이 확실하다. 나의 관심은 신자유주의지, 블레어와 부시의 리더십하에서 신자유주의와 함께 발전한 종교가 추동하는 특정 종류의 유토피아주의('신보수주의')가 아님에 주목하라. 신보수주의는 다른 관점에서 중요할 수도 있지만,[16] 깊숙이 자리 잡은 신자유주의 자체로서 초점은 이미 충분히 폭넓다.

그렇다면 우리가 반대해야 하는 것은, 신자유주의 자체가 아니라 신자유주의 담론이 제공하는 은유가 조직하는 삶의 방식 전체, 다시 말해 신자유주의 '문화'다. 이 작업은 내가 '신자유주의적 민주주의'라 부르는 나라(미국과 영국)에서 특히 중요하다. 이들 나라에서 신자유주의 자체와 신자유주의 독트린은 정치문화와 통치과정에 깊숙이 자리를 꿰차고 있다. 신자유주의는 특정 이데올로기적 목적에 봉사할 수도 있지만, 전통적으로 이해되는 이데올로기(허위 또는 환상에 불과한 믿음) 그 이상이다. 신자유주의는 '헤게모니'로서 이해되는 편이 더 낫다. 안토니오 그람시가 사용한 용어인 헤게모니는 넓은 사고 지평을 가리키며, 어떤 것은 앞으로 내세우고 어떤 것은 시야에서 보이지 않게 함으로써 자원과 권력의 불평등한 분배를 받아들일 수 있게끔 만들어 지속시킨다.[17] 프랑스 사회학자 뤽 볼탄스키와 에브 치아펠로는 '이데올로기'라는 용어를 유지하지만, 헤게모니가 어떻게 작동하는지를 가장 잘 포착한다. 이들에 따르면 이데올로기는 사고와 실천의 '도식'으로서, "약자뿐 아니라 강자 또한 여기에 의지하여 (…) 그들 자신이 젖어들어 있는 질서의 작동, 혜택과 제한을 스스로에게 재현한다."[18] 요컨대 신자유주의는 "헤게모니적 합리성"[19]으로서, 다른 모든 합리성과 마찬가지로 신자유주의가 묘사하는 대상의 복잡성을 축소한다. 신자유주의가 세계를 축소하는 데서 근본적인 용어는 '시장'이다. 신자유주의는 사회 세계가 시장들로 이루어져 있으며 시장처럼 조직될 필요가 있는 잠재적 경쟁 공간이라고 제시하며, 다른 내러티브는 시야에서 보이지 않게끔 막는다.

신자유주의가 구사하는 단순화 전략을 고려하면, 신자유주의 독트린이 정책 실천에서 실제로 실행되는 과정은 '신자유주의' 용어가 허용하는 것보다 훨씬 복잡하다고 말할 수 있다. 물론 복잡하다! 그러나 헤게모니 관점에서 핵심은 아주 다른 것을 같은 것으로 다룰 수 있다는 확신이다. 그래서 그런 전략은, 말하자면, 그에 반하는 단순화 전략에 의해 반대되어야 한다(물론 특정한 정치적 환경에서 신자유주의적 틀이 취할 수도 있는 복잡한 변형의 중요성이나 그 관심을 부인하는 것은 아니다).[20] '신자유주의' 헤게모니에 저항한다는 것은 신자유주의를 한정된 담론으로서, 즉 '용어/조건term'으로서—말과 한계라는 두 가지 의미에서[21]—파악함을 의미한다. 여기서 우리는 이런 담론이나 용어/조건의 한계에 관해 생각하고 그것을 넘어설 수 있다.

신자유주의가 의미 수준에서 반대될 수 있고 반대되어야 하는 대상이라고 시사하는 데서, 내가 삼은 출발점이 잘못된 듯 보일 수도 있다. 일부는 신자유주의가 지구적 차원의 경제적 압력을 폭넓게 강화하는 일환으로 관습적 정치의 장소를 완전히 없애버린다고 보며, 그런 만큼 사회적 경제적 정치적 삶을 아래로부터 완전히 재건설할 필요가 있다고 본다. 지구적 저항운동Movement for Global Resistance의 파우Pau*는 이 관점을 대표한다. 인류학자 제프리 저리스로부터 재인용하자면, "경제 시스템이 지구화되면, 정부는 단일한 장소에서 사물을 그다지 많이 변화시킬 수 없다. (…) 정부는 진정한 변화를 추진하는 데서 신뢰할 만하지 않다. 변화가 더는 국가를 통해 일어날 수 없는 시스템을 창조한 것은 바로 정부다."[22] 정치 실천에서 상당한 수정 없이 포스트신자유주의 정치를 세울 수 있다고 주장하는 것은 아니다(7장을 보라). 그러나 저리스가 던지는 경고에 주목할 필요가 있다. 그는 '기업적 지구화 반대운동'에 관한 중요한 설명에서, 파우 같은 활동가가 주장하는 변화는 "즉각적 결과를 낳을 것 같지 않은" 상당히 "장기적인 과정"이라 지적한다.[23] 그러나 우리는 영국과 같은 형식적 민주주의에서 목소리의 위기 문제와, 거기에서 비롯하는 효과적 정치의 진공 상태 문제를 다루어야 한다. 이처럼 즉각적인 도전 때문에 여기서 나는 완전히 새로운 사회조직 형태의 가능성에 관해서가 아니라 (분명히 유토피아적 변화의 비전은 중요하지만), 정치체 내에서 지속해서 작동하는 신자유주의 합리성에 맞서는 데서 우리가 사용할 수 있는 자원에 초점을 맞춘다.

* 제프리 저리스가 사용한 인터뷰 대상자의 가명 중 하나.

과정으로서의 목소리

과정으로서 목소리가 보이는 특징을 포착하는 몇 가지 원칙을 짚어보자. 상세한 내용은 5장으로 미루지만, 여기서는 왜 그런 과정이 가치 있게 다룰 만한지 이해할 수 있을 만큼 설명하려고 한다.

앞서 언급했듯이 과정으로서 목소리라 함은 자기 삶과 그 조건에 관해 이야기하는 과정, 철학자 주디스 버틀러가 "자신에 관해 이야기하기"라 부른 것을 의미한다.[24] 이야기한다는 것은, 이야기를 말하며 내러티브를 제공함을 의미한다. 아마도 우리가 한자리에 앉아 시작과 끝이 갖춰진 이야기를 하는 일은 흔치 않을 것이다. 그러나 좀더 넓은 수준에서, 내러티브는 인간행동의 기본 특징 중 하나다. "어떤 내러티브의 역사는 인간행동을 특징짓는 가장 기본이 되고 본질이 되는 장르임이 드러났다."[25] 찰스 테일러가 지적하듯이, 이는 인간이 "자기해석적인 동물"이기 때문이다.[26] 허공에서 팔다리가 어떻게 움직이는가와 같은 기본적인 묘사를 넘어서서 행하는 우리의 행동은, 우리 자신과 타인의 내러티브 속에 이미 깊이 자리 잡게 된다. 이 때문에 다른 사람에게 있는 내러티브 능력의 가치를 부인하는 일, 즉 그에게서 목소리의 가능성을 부인하는 일은 인간 삶의 한 기본 차원을 부인하는 일이다. 목소리를 체계적으로 부인하는 삶 형태는 견딜 수 없을 뿐만 아니라, 이 장 서두에서 인용한 리쾨르의 말처럼 문화라고 할 수도 없다. 영미 전통(알래스데어 매킨타이어, 테일러), 대륙 전통(리쾨르), 포스트구조주의(버틀러, 아드리아나 카바레로)처럼 폭넓은 철학은 이러한 인식을 공유한다.

그런 만큼 가치로서 목소리에서 가장 중요한 측면은, 자신이 그 안에서 행동하는 세계에 관해, 사람들이 명시적이거나 암시적으로 이야기하는 실천이다. 이런 접근법은 허시먼이 제시한 좀더 추상적 정식에서 약간 거리를 둔다는 점을 언급할 필요가 있다. 그는 경제학 초기 저작에서, 목소리를 "이의를 제기할 만한 상황에서 벗어나기보다는 그 상황을 변화시키려는 여하한 시도"라고 정의했다.[27] 이 같은 정의는 목소리를 특징짓는 내용—이야기하는 실천—을 추상화하는 대신, 시장 시스템 내에서 목소리 행사가 주는 효과에 초점을 맞춘다. 반대로 자기 목소리를 자기 삶에 대해 내러티브를 만들 수 있는 능력 그리고 만들 수 있다고 인정되는 능력이라는 수준에서 정의한다면, 일반 원칙이 몇 가지 더 뒤따른다.

• 목소리는 사회에 토대를 둔다. 목소리는 고립된 개인의 실천이 아니다.[28] 두 가지 이유에서다. 첫째, 목소리는 많은 사전조건, 무엇보다도 공유된 물질적 삶의 자원, 특히 내러티브의 실천을 가능케 하고 유지할 수 있게 하는 사회적 자원에 의존한다(여기에는 언어가 포함되지만 언어에 국한되지 않는다). 목소리를 갖는다는 것은 자원을 요구한다. 실천적 자원(언어)과 함께, 누군가가 목소리를 갖고 있는 것으로 다른 사람에게 인식되려면, 지위가 필수다.(지위는 순전히 상징적인 것처럼 보이지만 말이다.) 둘 다 목소리에서 물질성을 이루는 일부이며, 이 '물질'이 없으면 목소리는 불가능하다. 이 물질은 다른 모든 물질처럼 불균등하게 분포해 있다. 따라서 목소리에 관한 비사회적인 (또는 순전히 개인적인) 설명은 중대한 측면 하나를 간과한다. 여기서 우리는 생산적 존재로서 인간 경험을 둘러싼 폭넓은 논점을 다루고 있다. 지리학자 데이비드 하비가 카를 마르크스를 인용해 지적하듯, "사회를 벗어난 (…) 개인이 하는 생산은 (…) 함께 살면서 서로 대화하는 개인이 없는 언어만큼이나 어불성설이다."[29] 둘째, 더욱 근본적으로, 과정으로서 내러

티브는 다른 사람과 지속된 내러티브 교환의 일부가 아니면 상상하기 불가능하다. 매킨타이어가 얘기하듯이, "누군가의 삶에 관한 내러티브는 서로 맞물리는 일련의 내러티브를 이루는 일부다."[30] 카바레로는 더욱 명확하게 말한다. "정체성은, 처음부터 끝까지, 상호 간 노출과 수많은 응시를 통해 다른 이의 삶과 얽혀 있고 다른 이의 이야기가 필요하다."[31]

●목소리는 성찰적 행위주체성의 한 형태다. 우리 목소리를 구성하는 교환 가능한 내러티브는 우리 입, 손, 몸짓에서 설명할 수 없는 방식으로 나오는 무작위성 지껄임이 아니다. 목소리는 행위주체성의 한 형태며, 목소리 행위는 한 사람이 말하는 이야기에 책임을 진다. 해나 아렌트가 주장하듯, 좀더 일반적으로, 우리의 행동이 "'주체로서' 우리 자신을 '드러내는'" 것처럼 말이다.[32] 따라서 목소리는 언제나 담론 이상이며, 듀이가 강조한 대로 우리 행동에서 좀더 폭넓은 장과 목소리 사이 내재적 연결이 중요해진다.[33] 7장에서 우리는 목소리의 가치를, (위르겐 하버마스에게서 영향 받은 접근에서 그렇듯이) 숙의나 발화로서 민주주의가 아니라, 사회 협력으로서 민주주의를 재해석한 내용과 연결할 것이다.[34] 그러나 목소리를 이런 관점에서 본다고 해서, 우리가 행위주체성에 관한 순진한 관점으로 인도되는 것은 아니다. 다시 한번 하비가 지적한 대로, 우리는 "'개인' '사람' 또는 사회운동이 세계에서 하고자 하거나 할 수 있는" 것과 목소리를 연결하지 않고서는 목소리를 이해하지 못한다는 관점으로 인도된다.[35] 성찰성은 이 행위주체성을 이루는 중요한 일부다. 한 사람의 목소리에 책임진다는 것은 이런저런 말을 한 사람으로서 자신에 관한 이야기를 덧붙여서 한다는 것을 포함하기 때문에, 목소리는 우리가 지속적인 성찰 과정에 들어가서, 과거

와 현재의 자아 사이에 그리고 우리와 다른 사람 사이에 주거니 받거니 내러티브를 교환하게 한다. 이런 과정은 우연이 아니라 필수다. 카바레로가 얘기하듯이, 인간에게는 내러티브에 대한 욕망, 자신의 삶을 이해하려는 욕망이 있다.[36]

• 목소리는 체현된 과정이다. 우리 각자의 목소리, 우리 성찰의 역사와 자기해석의 역사는 체현된 역사의 일부다. 이는 목소리와 행동 사이 관계에서 비롯한다. 목소리는 이에 따라 환원 불가능하게 복수(複數)적이다. 각자의 목소리가 의존하는 자원이 내재적으로 사회적일지라도, 각 목소리는 궤적이 구별된다. 목소리가 개인의 성찰적 궤적을 포함하기에, 목소리는 그 궤적의 세부에서 떨어진 채로 구매 데이터를 읽어내듯 읽어낼 수 없다. 목소리는 독특하고 체현된 입장에서 세계를 표현하는 과정이기 때문이다.[37] 다시 말하자면, 목소리 간 내재적 차이를 존중하지 못함은 목소리를 전혀 인식하지 못하는 것과 같다. 그러나 목소리는 유일무이한 내부성을 주장하지 않으며, 우리 각자가 세계에 노출되는 방식이 유일무이하다고 주장한다. 카바레로를 인용하면, "유일무이함은 체현된 유일무이함이다. 다른 무언가가 아닌 이것이며, 태어나서 죽을 때까지의 전 생애다."[38] 그러나 이는 목소리의 유효 과정이 언제나, 말할 수 있음 그 이상을 의미함을 내포한다. 사회적 과정으로서 목소리는 애당초 말하기 그리고 듣기를 포함한다.[39] 즉 주목 행위로서, 다른 사람 내러티브의 유일무이함을 새겨 넣는다.

이런 필연적 복수성은 목소리 간 외적 차이뿐 아니라 특정한 목소리가 지니는 내적 다양성까지 포괄한다. 하나의 삶이 단 하나의 이야기, 또는 연속된 하나의 행위만으로 이루어져 있다고 상상하는 것은 어처구니없는 일이다. 각 목소리에 내재하는 내적 복수성은 우리가 하나의 내러티브 흐름에서 다른 내러티브 흐름으로 옮겨가며 숙고하는 과정, 그리고 우리가 우리 삶의 한 가닥이 다른 가닥에 의미하는 바를 생각하는 과정을 포함한다. 이는 특히 우리 거의 모두가 복수적 내러티브 환경(가족, 일, 여가, 공적 노출)에 놓여 있는 현대에는 더욱 중요하다.[40] 물론 우리 중 누구도, 우리 삶의 여러 측면 사이 모든 잠재적 연결에 관해 만족스러운 이야기는커녕 지속적으로 숙고할 수조차 없다. 그러나 누군가가 자기 삶의 일부를 다른 일부로 가져갈 능력을 가로막는 일―이를테면 시민으로서 그들 삶의 궤적에서 일이라는 경험이 지니는 의미를 무시하는 일―은 목소리 자체의 한 차원을 부인하는 것이다. 따라서 목소리가 입을 수 있는 잠재적 상처는 쉽게, 아마도 특히, 영역 하나 이상을 가로지른다(6장을 보라).

• 목소리는 물질적 형식을 요구하며, 그 형식은 개인적이거나 집단적 또는 분산적일 수 있다. 목소리는 목소리에 대한 지지 없이 우리에게서 그저 나오는 게 아니다. 우리는 앞서 목소리에는 사회적 자원이 필요하다고 보았다. 그러나 목소리는 이를 넘어서 형식을 요구한다. 이 둘 모두 목소리에서 물질성 측면을 이룬다. 목소리가 과정이라면, 목소리의 물질적 형식을 요구하는 것 또한 과정이다. 그러나 그 물질적 형식이 개인의 배타적 통제 아래 있을 필요는 없다. 종종 나는 집단으로 생산된 목소리 속에서 나 자신을 인식한다. 우연하게도 이것이 바로, 호네트가 쓴 특정한 의미가 아니라 일반적 의미에서 '인정recognition'이라는 용어를 쓰는 용법이다.[41] 때로 우리는 생산 결과 속에서 우리 자신을 인정하게 되는데, 이런 생산에서 특정한 개인, 집단적 투여가 보다 폭넓은 흐름에서 쉽게 분리될 수 없다. 목소리의 이와 같은 형식은 개인적이거나 집단적이 아니라 '분산적'이다. 5장에서 구체적으로 다룰 조건하

에서 이 또한 목소리에 포함되며, 많은 논자가 언급하듯이 오늘날 모든 네트워크와 대부분의 온라인 생산이 띠는 특징이기도 하다.

목소리에서 물질적 형식은 어떤 경우에도 개인에게만 속할 수 없다. 즉 우리는 우리가 이야기하고 내러티브 형식 속에서 주체로 나타나는 방식을 일반화할 수 없다는 뜻이다.[42] 따라서 가치로서 '목소리'는 개인주의와 관련되지 않으며(예컨대 자유주의적 개인주의), 집단행동 형식의 중요성을 무시하지 않는다. 목소리를 가치로서 옹호하기는 그야말로 목소리가 중요한 곳이라면 어느 곳에서든지 그 목소리의 잠재력을 옹호함을 의미한다.

내러티브 자원의 불균등한 분배를 통해 누군가가 자기 이야기를 구축할 재료를 그들 스스로 변형하거나 통제할 수 없다면, 이는 목소리에 대한 심각한 거부, 심화된 억압의 형식을 의미한다. 이런 억압은 W. B. 두 보이스가 "이중의식double consciousness" 즉 "자기 자신을 언제나 남의 눈을 통해 보는 감각"이라고 말한 것이다.[43] 6장에서는 인종주의와 계급, 페미니즘과 섹슈얼리티에서 배움으로써 이러한 논점을 발전시킬 것이다. 목소리는 행동, 경험, 사고 사이를 오가며 성찰하는 지속된 과정이며, 각 사람이 엮여서 이야기를 하는 열린 과정이다. 만약 목소리에서 물질적 형태가 이러저런 이유로 이 같은 성찰성을 방해한다면, 그러한 목소리의 형식 또한 경험 조건에 적합하지 않다. 그 결과 여기서도 유효한 목소리는 존재하지 않게 된다.

우리는 경험과 목소리 형식이 들어맞는 것을, 특히 목소리 형식이 개인적일 때, 당연하게 생각할 수도 있다. 나는 내 삶의 이야기가 남에게 들리게끔 상대적으로 견고한 형식으로 새겨 넣을 기회를 항상 갖고 있다고 상정할 수도 있다. '내' 목소리는 투명하게 보일 수도 있다. 그러나 자기 목소리가 표현되는 개인적 형식을 제어하는 것조차 거부당하는 끔찍한 경우에는 그게 명확하지 않다. 이것이 바로 나치의 죽음의 수용소에서 벌어진 일이다. 프리모 레비는 자신이 겪은 아우슈비츠 이야기인 『이것이 인간인가』에서 다음처럼 적는다. "아무것도 더는 우리에게 속하지 않았다. 그들은 우리 옷, 우리 신발, 심지어 우리 머리카락마저 가져갔다. 우리가 말을 해도 그들은 듣지 않았고, 그들이 들을 때도 그들은 이해하려 들지 않았다." 유일한 배출구는 꿈이었다. "왜 하루하루의 고통이 끊임없이 꿈으로, 들리지 않는 이야기가 끊임없이 이어지는 장면으로 번역되는가?"[44] 나치가 목소리를 극단적으로 부정한 것은 삶의 끝까지 계속되어, 부정의 힘은 소급되어 강화되었다. 아렌트는 이렇게 적는다.

강제수용소는 죽음 자체를 익명으로 만들어(수감인이 죽었는지 살았는지 알아낼 수 없게 해서는), 성취된 삶의 끝이라는 의미를 죽음으로부터 앗아갔다. 수용소는 어떤 의미에서 개인의 죽음을 빼앗아감으로써, 그 이후로 무엇도 그에게 속하지 않으며 그 또한 누구에게도 속하지 않음을 보여주었다. 그의 죽음은 단지 그가 실제로 전혀 존재하지 않았다는 사실을 확정짓는 것에 불과했다.[45]

경험과 목소리의 형식 사이가 잘 들어맞지 않아 집단 또는 사회 수준에서 목소리가 훼손되는 보다 덜 극적인 사례는 많다. 우리의 집단적 목소리나 제도적 결정이 개인적 경험을 새겨 넣지 못할 때, 제도가 집합적 견해를 무시할 때, 특정한 조우에서 목소리를 복원할 기회에 분산된 목소리가 반영되지 않을 때가 그러하다. 무엇보다도, 좀더 높은 가치나 합리성에 짓눌려 개인적, 집단적, 분산적 목소리가 고려되지 못하는 바탕에서 사회가 조직될 때에 목소리는 훼손된다.

•목소리를 고려하지 않는 합리성에 의해 그리고 목소리를 배제하거나 목소리의 표현 형식을 훼손하는 실천에 의해, 목소리는 훼손된다. 목소리는 사회 관계 조직을 통해 미묘한 방식으로 훼손될 수 있다. 개인의 삶뿐만 아니라 사회적 삶과 사회적 공간 또한 참조점, 적절함, 가치를 설정하는 내러티브에 의해 일부 조직된다. 따라서 삶을 조직하는 모델이 목소리에 가치를 부여하지 않으면, 목소리를 인지하지 못함으로써뿐만 아니라 우리가 목소리에 가치를 부여하도록 권위를 주는 대안 내러티브를 가로막음으로써 목소리를 훼손한다. 이런 내러티브를 목소리를 부정하는 합리성이라 부르자.

여기서 다시, 우리는 목소리를 부정하는 합리성의 가장 극단적 사례를 나치 독일과 그 보건정책에서 찾을 수 있다. 나치 보건정책은 부분적으로 의도된 일련의 결과를 통해 간접적으로 작동한 게 아니라, 일부 개인의 목소리와 삶이 가치가 없다는 명시적 전제 아래 자원을 조직함으로써 작동한 때문이다. 이 보건정책의 가장 뚜렷한 표현은 '가치 없는 삶Lebensunwerten Leben'이라는 독트린이었는데, 이는 나치의 보건, 법, 심리적 사고에서 드러났으며 아감벤 등이 숙고한 바 있다.**46** 나치 의학사가 로버트 프록터에 따르면, "[나치] 정부가 궁극적으로 선호한 사회정책은 삶의 가치를 일하는 능력과 동일시했다. (…) 마찬가지로 직업의학은 은퇴 때까지 생산적이다가 은퇴 직후 곧바로 죽는 노동자를 목표로 삼았다."**47**

다행히도, 목소리의 가치를 전면 부정하지는 않는 합리성이 좀더 일반적이었다(사실 어떤 맥락에서는 목소리의 가치를 찬양하기도 했다). 하지만 그 또한 다른 식으로 여러 수준에서 목소리의 제공을 훼손했다. 이처럼 상이한 그러나 중요한 의미에서, 신자유주의는 목소리를 부정하는 합리성이라고 할 수 있을까?

신자유주의 합리성에 대항하여

신자유주의 담론은 시장의 장점과 여러 사회, 경제 조직의 단점을 극단까지 일반화하는 데서 나온다. 물론 시장은 인간사를 조직하고 재화를 배분하는 중요한 방식이다. 시장의 작동으로 소비 기회가 제공되며, 이를 통해 특정 조건하에서 개인 또는 집단의 표현이 정치적 결과를 가져올 수 있음을 부정하는 사람은 거의 없을 것이다. 따라서 핵심은 실제로 작동하는 시장이 목소리와 관계없다는 게 아니다. 실은 근대 초 소비시장 발전이 표현과 목소리가 점차 다변화하는 데서 핵심 요인이었다고 주장하는 역사가들도 있다.[48] 한편 일부 문화연구자는 정체성과 행동의 장소로서, 특히 전통적 정치 형태가 축소되거나 부정되는 경우, 일상 소비가 지니는 중요성을 강조한다.[49] 그러나 신자유주의 합리성은 시장과 관련한 기본적인 사실을 인정하는 것을 훨씬 뛰어넘어 시장에 과도하게 가치를 부여하는 데 바탕을 두며, 거부되어야 하는 것은 바로 이처럼 과도한 가치 부여다.

신자유주의는 시장 기능 이외에 유효한 인간 조직의 원칙은 없다고 주장한다. 신자유주의 독트린과 목소리 가치 사이 긴장은 시장이 어떻게 작동하는지를 생각해보면 명확해진다. 시장은 개별적 거래 수준에서 그리고 정치경제학자 로버트 레인이 '종種'의 이득이라 부른 수준에서 투입과 산출을 일치시킨다.[50] 시장 기능에서 중요한 것은 오로지 이런 일치다. 특정 개인에게서 투입과 산출의 연속이 특정 방식으로, 더군다나 그런 연속에 대한 개인의 고려와 일치하는 방식으로 일치하게 되는 것은 시장 기능과는 관련이 없다. 따라서 시장 기능은 목소리를 제공하지 않는다. 시장 기능에서 그 가치는 명시적으로도 암시적으로도 목소리 가치에 상응하지 않으며 비슷하지도 않다. 시장 기능은 성찰적이고 체현된 행위주체 사이 내러티브 교환을 요구하지 않는다. 그러나 목소리는 이를 요구한다. 우리가 의미하는 목소리는 경제학자들이 시장 기능의 외부성이라고 부르는 것이다.[51]

신자유주의 주창자 밀턴 프리드먼처럼, 시장이 사회, 정치 조직에서 최고의 (사실은 유일하게 좋은) 모델이라고 주장한다면 문제가 생긴다.[52] 그 결과, 반드시 의도하지는 않았더라도, 목소리가 중요할 수 있다는 가능성을 애초에 배제하는 조건에서 사회, 정치 조직을 이해하게 된다. 이는 어떤 관점에서 당황스럽게 보일 수도 있다. 신자유주의가 찬양하는 '자유'는 목소리에 보내는 찬양처럼 들릴 수 있다. 왜냐하면 우리가 시장 참여자로서 행하는 것이, 어떤 상황에서는, 목소리에 한 몫할 수 있기 때문이다. 개인적 목소리건(어떤 옷을 살 것인가, 어떤 음식을 선택할 것인가), 집단적 목소리건(팬 커뮤니티 또는 이용자 집단), 분산된 목소리건(소비자 보이콧 또는 바이콧)* 간에 말이다.[53] 그러나 2장에서 보게 되겠지만, 신자유주의를 떠받치는 자유의 개념은 온전한 의미에서 효과적인 말하기라는 체현된 과정으로서 '목소리'를 떠받치는 사회적 과정을 둘러싼 이해와는 동떨어져서 추상화한 것이다. 시장이 대중의 목소리가 특권화한 장소라 주장하는 시장 포퓰리즘은, 범주 오류에 토대하여, 시장 기능과 그 자체로서 목소리를 유지하기 위한 조건을 제공하는 과정을 혼동한다. 이런 오류는 토머스 프랭크가 지적하듯 그 동기가 이데올로기적이다. 미국에서 시장 포퓰리즘의 등장은 민주주의 역사에서 부가 가장 극단적으로 상향 재분배된 시기와 일치하기 때문이다.[54]

---

* 보이콧boycott은 항의 표시로서 특정 물건 구매를 반대하는 운동이며, 바이콧buycott은 이와 반대로 또는 이런 보이콧에 대항하기 위해 특정 물건 구매를 장려하는 운동이다.

정치학자 웬디 브라운은 2003년에, 우리가 사회적 삶 전반에 걸쳐 시장 논리를 절대적으로 우선하는 정치질서로 향해 가는 역사적 전환기의 한가운데 있다고 주장했다. 이는 "시장을 내세우는 한편, 경제에만 심지어 경제에 우선적으로 집중하지 않는다. 오히려 시장 가치를 모든 제도와 사회행동에 확장하고 확산하는 것과 관련된다."[55] 브라운이 주장하기에, 이런 변화가 발휘하는 힘은 이것이 강제 또는 정치 지배를 통해 작동하지 않으며 합리성의 내면화를 통해 만들어진다는 점에서 나온다. 이는 말 그대로 미리 합리화해 '주어진 것'의 일부로서 나타난다는 점에서 가치가 있다.

신자유주의 합리성은 명시적 담론을 통해서뿐만 아니라, 담론과 그 담론 작동이 일상생활과 사회조직 안에 깊이 틀어박히는 여러 방식을 통해 강화된다. 신자유주의 합리성은 (직장, 공공서비스, 경쟁의 장, 공공토론 등에서) 행동을 조직하는 원칙을 제공하며, 이 원칙은 개인과 집단과 제도에 규범과 가치로서 내면화한다(예를 들어 기업가적 '자유'의 가치). 간단히 말하면 신자유주의 합리성은 '문화'가 된다.[56] 신자유주의는 이런 과정을 통해 점차 다른 합리성, 다른 조직화 방식을 몰아낸다. 신자유주의 합리성은 제도화한 문화가 되면서 공간의 조직화를 틀 짓는다. 일부 공간이 우선시되고, 다른 일부 공간은 사용되지 않아서 결국 더는 상상되지 않는다. 목소리는 체현되는 만큼 이는 목소리 유효성에서 대단히 중요하다. 신자유주의는 말 그대로 우리가 어디서 말하고 들릴 수 있는지를 변화시킨다.[57] 행위주체의 욕구와 이해는 한때 필연적으로 연결된 듯(예를 들어 공통의 노동조건으로 인해) 보였으나, 이들은 연결이 되는 경우라면 다양한 네트워크로 연결된 개인으로서만 가시화한다. 이는 지그문트 바우만이 다른 맥락에서 "거리distance의 사회적 생산"이라 부른 것으로 귀결되어,[58] 특정 유형의 집단 목소리를 불가능하게 하고 종종 개인의 목소리를 셈에 넣지 않게 된다. 이렇게 모든 것을 아우르는 합리성에 도전하는 유일한 방법은, 브라운이 지적하듯이 "대항 합리성counter-rationality 즉 인간, 시민, 경제적 삶, 정치적인 것에 대한 다른 형상화"를 통하는 것이다.[59]

목소리 가치는 여기서 대항 합리성의 일부로서 제시된다. 목소리를 가치 있게 다루는 것은 신자유주의가 포함하지 못한 무언가를 가치 있게 다룸을 의미하며, 따라서 신자유주의에 반하는 대항 합리성에 이바지할 수 있다. 이런 대항 합리성은, 신자유주의 합리성이 작동하는 복수 영역에 관련되어야 하고 그 범위를 포괄해야만 성공할 수 있다. '목소리'는 특정한 목소리나 말하는 행동을 가치 있게 다루는 것 이상이며, 자신에 관해 이야기하는 모든 인간의 능력을 가치 있게 다룬다. 목소리는 '이야기되는' 자아로서 너와 내가 서 있는 지위를 가치 있게 다룬다.[60] 이 같은 가치는 특정한 정치적 형태에서 나오지 않으며, 또한 서로 다른 민주주의 모델(자유주의, 공화주의, 공동체주의, 숙의, 코즈모폴리턴, 급진)에 대한 입장에서 나오지도 않으며, 실로 민주주의 실천에서 나오지도 않는다. 분리가 불가능한 인간 경험의 한 측면으로서 목소리를 분명히 표현하는 것은, 경제, 사회, 정치, 문화 영역에서 작동하며 이들 영역을 시장과정의 표현으로서만 묘사하는 신자유주의 논리에 도전한다. 그것은, 시장 기능이라는 한 가지 수준에서 내려진 결정이 다른 여러 수준에서 목소리의 잠재적 행사를 자연스럽게 '능가하는' 듯 보일 때 발생하는 침묵과 공백에 도전한다. 또한 그것은 목소리를 무시하는 어떠한 조직 형태에도 도전하며, 상품으로서 경쟁하는 기회만을 제공하는 목소리(이를테면 최근의 마케팅 담론에서 찬양하는 '자기 브랜딩' 실천)를[61] 출발점으로 삼기를 거부한다.

목소리를 분명히 한다는 것은, 신자유주의 논리가 주체와 그 주체의 삶에 의미를 부여하는 중요한 차원('목소리') 사이에 설정한 거리에 이의를 제기함을 의미한다. 그것은 당대의 경제학이나 정치학이 겨냥하는 목표를 재정의하는 작업을 해온 사상가에게서 힘을 끌어온다(경제적 삶이 겨냥하는 목표를 논한 경제학자이자 철학자인 센, 그리고 듀이에 이어 민주주의 정치가 겨냥하는 목표를 논한 사회정치이론가 호네트). 그것은 또한 철학, 문학이론, 사회학이라는 넓은 전통과 연결되는데, 이 전통은 인간 삶에서 내러티브가 하는 역할 즉 세계에 관한 우리의 행동과 추론이 체화한 형태로서 내러티브의 역할을 강조한다.

이 책의 구성

지금까지 간략히 밝힌 원칙에 따라 이후 책의 내용이 구성된다. 이 원칙을 바탕으로 두 가지 주장을 전개한다. 2장부터 4장은 현재 목소리를 잠식하고 있는 신자유주의적 조건을 비판적으로 서술한다. 5장부터 7장은 신자유주의에 대한 대항 합리성을 세울 우리의 자원을 적극적으로 살펴본다.

오늘날에 처한 목소리 위기

2장에서 논의할 경제 영역에서, 오늘날 노동조건은 노동자들에게 강도 높은 개인적 헌신(실로 헌신 또는 '열정'의 내러티브 실천)을 요구하며, 이는 노동자들이 노동시장에서 살아남기 위한 조건이다. 그러나 그 대가로 노동자들이 일할 능력을 유지하는 데서 최소의 안전과 최소의 지원만이 제공된다. 역설적으로, 이런 조건은 일하는 데 따른 의

사결정에서 목소리를 부인할 수도 있는 반면에 노동자들에게 요구하는 헌신을 통해 목소리를 동원하는 것처럼 보인다. 동시에 노동기회 배분을 관장하는 시장 논리는 개인이나 집단이 목소리를 행사할 여지를 거의 남겨놓지 않는다.

3장에서 논의하는 대로, 정치 내에서 개인이나 집단의 목소리 능력과 정책이 만들어지는 과정 사이에는 간격이 생긴다. 정치가 외부 시장이 발휘하는 힘에 지배될 때, 정책은 순전한 불일치를 둘러싼 선택이 아니라 '피할 수 없는 현실'이 되고 '현대화' 또는 '지구적 경쟁'이 요구하는 것 다시 말해 필수 불가결한 일이 된다. 신자유주의 체제에서 정치적 목소리를 위한 잠재적으로 진정한 영역은 유권자에게 강제된 힘으로, 즉 어떤 선택도 가능하지 않은 결정의 '납품^{delivery}'으로 다시 번역된다. 이런 결과는 신자유주의 경제학을 정치를 지배하는 틀로 설정하는 이데올로기에 의해 강화된다.

우리는 문화 영역에서도 이에 상응하는 주장을 할 수 있다. 시장에서 문화상품 수요를 문화적 목소리와 표현에 대한 대중의 욕구 만족과 자동적으로 등치시키는 조잡한 포퓰리즘을 제쳐놓는다면 말이다. 리얼리티 TV와 같은 문화상품은 목소리를 전달하는 데 실패할 뿐 아니라, 여러 영역에서 목소리 행사를 약화하는 가치 틀을 규범화할 수도 있다. 한편 이런 과정은 신자유주의 통치의 조직원칙이 미디어의 순환에 고착될 때 강화된다. 이 같은 미디어 순환은 공공의 목적에서, 느리고 좀더 불확실한 순전한 숙고와 협의의 과정이 아닌 빠른 결과와 빠른 조치를 요구한다. 시장 논리는 미디어 제도가 이런 과정에 한몫하기를 추동하는데, 물론 신자유주의 담론의 동학과는 구별된다. 그러나 시장 논리와 신자유주의 담론은 그 효과에서 서로 수렴하며, 주류 미디어 내에서 목소리 가치가 유지될 경로를 거의 남기지 않는다(4장에서 논의한다). 이는 개별 목소리가 확대되는 다른 미디어 영역(특히 온라인)에서도 여전히 사실이다.

그래서 경제적 실천, 정치, 문화 안에 깊숙이 자리 잡은 신자유주의 독트린이 여러 고통스러운 모순을 만들어낸다는 게 내가 제기하는 주장이다. 나는 특히 오늘날의 영국 사례에 초점을 맞춘다. 오늘날 영국은 12년에 걸친 신노동당 집권과 18년 동안의 대처리즘 이후 '신자유주의적 민주주의'라는 형용모순을 체현하고 있으며, 이는 현재의 경제 불황이 일어나기도 전에 닐 로슨이 이미 "사회적 불황"[62]이라고 말한 것을 만들어냈다. 그러나 영국 사례는 "시장국가"[63]라는 신자유주의 개념 안에 존재하는 모순을 명징하게 드러내며, 이 모순은 신자유주의 독트린이 정치 원칙으로 전환하는 곳이면 어디서나 나타난다.

그리고 위기를 넘어서서 사고하기

책 앞부분에서 현재 목소리가 처한 위기를 분석하는 데 집중한다면, 뒷부분은 우리에게 있는 자원을 좀더 긍정적으로 검토해 목소리의 대항 합리성을 촉진한다.

주요 단계 하나는(5장) 목소리를 이해하는 데서 우리의 철학적 자원을 비판적으로 살펴보는 것이다. 일부 포스트구조주의는 '주체'에 관해 매우 회의적이며, 우리가 주체를 넘어서야 한다고 주장해왔다. 나는 그런 주장이, 생각하는 존재를 완전히 탈체현된disembodied 것으로 간주하는 르네 데카르트 관점의 오류에 보이는 과도한 반작용이라고 본다. 대신 앙리 베르그송, 루트비히 비트겐슈타인, 테일러, 리쾨르에 의지하여, 우리는 체현되고 상호주관적으로 근거하고 다른 이들에게 자신에 관한 서사적 이야기를 할 수 있는 자아를 출발점으로 삼아야 한다. 또 5장에서는 각각 자유(센)와 인정(호네트)이라는 목적 측면과 관련해 경제 또는 정치를 재해석하는 좀더 큰 틀에서, 이런 관점이 어떤 이바지를 할 수 있는지를 탐색한다. 아울러 '분산된' 목소리가 충분한 조우 내에서 교환된다면 어떤 조건에서 여전히 목소리로 간주될 수 있는지를 해명한다.

6장에서는 세넷, 캐럴 길리건, 두 보이스, 버틀러, 베브 스케그스, 다닐로 마르투첼리 등 사회학, 문화연구, 심리학, 철학에 걸친 여러 저자로부터 목소리의 긍정적 사회학 자원을 탐색한다. 이들 모두는 여러 방식으로 목소리의 실천을 지지하거나 가로막는 조건을 이해하게끔 도와준다. 또한 목소리의 사회학과 관련 있는 듣기라는 방법론을 고찰한다. 온라인에서(블로그, 이미지와 영상 교환 사이트, 소셜 네트워킹 사이트) 말하기 쓰기 교환하기가 폭발하는 의심할 바 없는 현상이 반드시 목소리의 사회적 과정을 이루지는 않으며, 보다 깊은 배제라는 관점에서 해석될 필요가 있음을 맥락화하는 데 도움이 된다는 점에서, 이런 접근은 중요하다.

결론(7장)에서는 목소리 가치를 적절하게 체현하는 포스트신자유주의 정치를 세우기 위해 거론되어야 하는 좀더 명백히 중요한 질문에 초점을 맞춘다. 이는 절대 쉽지 않다. 왜냐하면 여기에는 신자유주의적 민주주의에서 잠재되어만 있거나 전혀 발전되지 않은, 뿐만 아니라 기업적 지구화 반대 운동 같은 새로운 변혁 정치에서도 충분히 발전되지 않은, 목소리의 원칙을 명시화해야 하기 때문이다.

041

비판사회학의 역할

확실히, 목소리의 위기 얘기는 과장이라는 반박이 나올 수 있다. 그러나 2009년 2월, 영국에서 나온 『행복한 아동기 보고서』를 생각해보자. 이 보고서의 주 저자는 경제학자 리처드 레이어드이며 영국에서 커져가는 불평등과 교육 시스템을 다루는데, 교육과정의 질보다 정부 목표와 시장 인센티브에 초점을 맞춘다. 저자들에 따르면 문제 해결이 시급하다. 따라서 그들은 '소득 불평등과 형편없는 아동 성과 모두를 설명해줄 배경 요인을 찾는다. 저자들은 도덕적 결여, "사람들 사이의 존중이 불충분함"에서 그 배경 요인을 찾으며, 이런 도덕적 결여를 잘못된 가치인 "과도한 개인주의"로 거슬러 올라가서 찾는다.[64] 조지프 라운트리재단Joseph Rowntree Foundation에서 나온 근래의 또다른 보고서는 3000명이 넘는 응답자와 실시한 면담을 바탕으로 "개인주의가 현재 영국에서" 주요 "악"이라고 확인한다.[65] 그러나 과도한 개인주의는 적어도 19세기 중반 이후 현대성의 개혁자들이 늘 부르짖어온 것이다.[66] 좀더 중요한 것은 과도한 개인주의와 신자유주의가 남긴 유산인 협소한 시장 토대 가치가 얼마나 잘 들어맞는가다. 우리는 2장에서 볼탄스키와 치아펠로가 제시하는 섬세한 설명을 살펴볼 것이다. 이들은 명백하게 긍정적인 가치(자유, 자발성, 유연성, 네트워크의 공생)와, '시장 자유' 담론이 파악하지 못하는 사회적 비용이 어떻게 연결되어 있는지 설명해준다. 한편 은행가와 투자거래자들이 받는 과도한 보상을 둘러싸고 공분이 일어나자, 경제학자 존 케이 같은 주류 평론가조차 "[영국의] 금융 서비스 부문이 행하는 경제적 그리고 정치적 역할을 (…) 널리 재평가할" 것을 주장한다.[67]

가치의 위기는 주류 논쟁에서도 다뤄지고 있지만 아직 대답되지 않고 있다. 비판사회학은 이런 상황에서 대안적 가치를 명확히 표현할 자원을 제공하는 역할을 해야 한다. 이 책은 '현실 세계'와 '학문적' 논점이 불규칙하게 뒤섞여 있으며, 한 가지 학문 분과의 안전한 경계를 뛰어넘는다. 이 책은 내 분야인 미디어사회학을 훨씬 뛰어넘어 다른 영역(정치이론, 철학, 경제사상)으로 넘나든다. 이는 불가피하다. 왜냐하면 목소리가 갖추어야 할 조건을 검토하는 특정 분과 영역이 없으며—사회학, 정치인류학, 페미니즘 연구, 미디어 문화연구, 문학이론, 철학 등에서 흩어져 숙고가 존재할 뿐이다—, 신자유주의 합리성이 폭넓은 도전을 제기하기 때문이다. 그 결과 이 책은 레이먼드 윌리엄스가 언급한 대로 "어떠한 학문적 신중함의 한계라도 뛰어넘는 확장되고 다양한 주제"를 다루는 위험을 감수한다.[68]

여기에 대해 변명하지 않겠다. 사회에 토대를 두는 민주적 과정, 즉 형식주의를 넘어서는 민주주의라는 바로 그 관념에 신자유주의가 가하는 모욕을 다루려면 이 정도 과감함은 필요하다. 만약 이런 시도가 초기 문화연구에 생기를 불어넣은 "완전한 민주적 과정"에 윌리엄스가 보여준 비전을 떠올리게 한다면,[69] 그것은 우연이 아니다. 이 책은 '문화연구'라는 주장을 하지는 않지만 —기껏해야 이 책은 문화연구 이후에 쓰였다—, 반세기 전 윌리엄스가 당시 영국 민주주의에 불만을 표현하는 과정에서 열어젖힌 독창적 프로젝트의 일부 측면을 겸손하게 "재점유"[70]하고자 한다.[71]

내가 하는 주장을 틀 짓는 규범 틀과 창의적인 자극을 제공하는 데서 최근의 사회, 정치, 경제 이론은 그만큼 중요하다. 호네트의 인정이론은 듀이의 '사회적 이상'으로서 민주주의 비전과 재연결되고 그 비전을 재건한다. 듀이의 비전은 사회협력에서 광범한 원칙이며, 하버마스가 제시하는 좀더 형식적인 민주주의 모델과는 달리 "후기 자본주의적 통합의 표면 아래에 숨어 있는 (…) 도덕적, 실제적 갈등의 장"을 다룬다.**72** 한편 경제학에서 센은 인간 능력(즉 "인간이 이성적으로 가치를 부여할 수 있는 것을 성취할 실제 능력"**73**) 개념을 통해, 경제 담론을 인간 삶의 목적에 관한 도덕적 질문에 재연결할 것을 주장했다. 이런 규범적 틀이 부활한 배경에는 정치의 토대와 본성을 재사고해야 한다는 요청이 있다. 정치이론가 프레이저는 부분적으로 현대 정치가 초국가적으로 구성됨으로써, '대의관계'에서 정의를 둘러싸고 새로운 긴박한 질문이 파생된다고 주장한다. 이 질문은 "공정한 분배와 상호 인정에 대한 자격을 부여하는 원 안에 누가 포함되며 누가 배제되는가" 하는 것이다.**74** 에티엔 발리바르 역시 특히 '유럽'이라는 각축 공간에서 초국가적 정치라는 도전에 영향을 받았다. 그는 우리가 새로운 '시민성civility'을 요구하는, 잠재력이 엄청난 순간에 놓여 있다고 말한다. 이는 단순히 공손함이 아니라 보다 급진적인 것이다. 즉,

> 정치의 정치는, 공공 문제에 대한 집단적 참여로서 정치가 가능하게 되는 또는 적어도 절대로 불가능하지 않도록 하는, 여러 조건을 창출하고 재창출하고 보존하는 것[을 목표로 한다].**75**

피에르 로장발롱은 다른 방식으로 간접민주주의에 새롭게 주목할 것을 주장하며, 정치 영역에서 떨어져 나가버린 행정과 여타의 절차적 측면을 재정치화할 것을 요구한다. 이 같은 "보통의 정치 재발견"은 일상적 정치행동 범위를 재사고함으로써 목소리 문제 그리고 정치의 정치에 접근한다.**76** 정치의 규범 지평을 다시 열기 위한 이런 시도는 하트와 네그리가 '다중'에 관해 쓴 글을 비롯하여**77** 다른 유력한 접근 방식과도 통한다.

그러나 여기에는 늘 위험이 따른다. 우리의 목표를 이처럼 추상적 메타 수준에서 정의하게 되면 초점을 잃게 된다. 바우만이 『개인화된 사회』*에서 언급하듯, 개인주의를 일반적 수준에서 비판하는 것은 거의 가치가 없으며 개인주의가 보다 특정한 과정 즉 바우만이 "불확실성의 정치경제"라 말한 것과 맞물리는 데에 주목해야 한다.**78** 바로 여기에서 역사적으로 좀더 특정한 작업—신자유주의 사상의 토대에 관한 미셸 푸코의 후기 강의 "자본주의의 새로운 정신"과 네트워크화한 하이퍼개인주의에 관한 볼탄스키와 치아펠로의 풍부한 설명—이 필수 불가결한 자원을 제공한다. 최근 30여 년 동안 인간 삶에서 내러티브의 섬세한 역할을 조용히 주장해온 오랜 전통이 이 모든 것을 떠받친다(테일러, 리쾨르, 매킨타이어, 카바레로).

이런 식으로 신자유주의 지평을 넘어선 정치와 문화를 다시 사고하기가 진행 중이며, 목소리의 비판사회학은 목소리를 지지하거나 목소리에 반反하는 조건을 탐색함으로써 재사고에 한몫할 수 있다. 그러나 바로 이 프로젝트는 규범적 입장을 수반한다. 목소리를 무시하는 신자유주의는 너무 깊숙이 자리를 꿰고 있어서 목소리를 가치 있게 여기는 대안 담론이 갑자기 툭 튀어나올 수는 없다. 2008년 말 역사상 최악의 금융위기로 간주되는 위기—그 지지자조차 시장의 자기조정 독트린이 실패했다고 인정한—이후에조차 신자유주의 담론은 몇몇 피상적 슬로건 말고는 바뀔 필요가 없다고 주장하는 힘에 대항하여, 대안 담론은 힘들여 만들어져야 한다. 바로 여기서 조너선 리어가 쓴 『급진적 희망』은 영감을 제공해준다. 리어는 절대적인 문화적 상실을

---

* 국내에서는 『방황하는 개인들의 사회』(봄아필, 2013)로 출간되었다.

견뎌낼 가능성을 숙고한다. 까마귀족the Crow 같은 아메리칸인디언들은, 자기네 삶의 방식을 이끈 종족 간 영토 갈등 활동이 자의적 외부권력(미국 정부)에 의해 불법화되었을 때 이런 상실에 직면했다. 리어가 명확히 하듯이, 그의 내러티브에서 핵심은 예외적이고 비극적인 사례를 뛰어넘어 상황 자체를 조명하고,[79] "미래의 선이 무엇인지 이해할 수 있는 현재의 능력을 넘어서서 그 미래의 선을 지향하는 급진적 희망"을 통해 어떻게 인간 일반이 거대한 불확실성의 시대를 마주 대하는가를 묻는 데 있다.[80]

　리어에 의하면, 급진적 희망은 적어도 세 가지에 달려 있다. 현재 처한 위기를 가능한 한 드러내놓고 명확하게 다룰 것, 현재 삶의 방식이 겪는 변화의 불가지성에 직면할 것, 과거부터 미래에까지 유지될 수 있는, 그 특징은 아직 예측할 수 없는 근원적 원칙을 찾을 것. 여기서 우리는 다시 이차적 가치로서 목소리의 지위로 돌아간다. 즉 사회, 정치, 경제 구조가 어떤 변화를 겪든지 간에 개인이 자신에 관해 그리고 자신이 살아가는 조건에 관해 이야기할 능력을 가치 있게 다루는 것에 토대를 두지 않는다면, 그러한 변화는 받아들일 수 없다는 목소리의 주장 말이다. 이 같은 관점에서 보면, 목소리에서 명백한 모호함은 강점으로 여겨질 수 있다. 왜냐하면 이처럼 유연한 이차적 가치만이 커다란 변화를 견딜 수 있으리라고 기대할 수 있기 때문이다. 강점 또 하나는 과거 민주주의 작동 원칙과 연결될 수 있다는 점이다. 무언가는 과거로부터 전해내려와야 한다. 하지만 중요한 관점에서 목소리는 모호하지도 과거를 돌아보지도 않는다. 목소리는 신자유주의 자체의 이차적 가치, 시장 기능, 목소리와 관련한 고려 일체를 무시하는 책략에 직접적 응답을 명확히 표현한다. "급진적 희망"이라는 리어의 비전 그 자체는 목소리와 같은 과정에 가치를 부여하는 것에 토대한다.

비록 우리는 다른 사람들에 의해 정정될 수도 있지만, 우리 자신의 삶에 관한 내러티브에서는 스스로 권위를 세운다. (…) 일반적으로 우리는, 어떤 사람이 자신에게 일어나는 일을 말하는 데 있어 권위를 주장할 수 있는 삶을 누린다는 것이 그 사람을 구축한다고 생각한다.[81]

리어에게 급진적 희망은 상실의 깊이에 대한 한 가지 가능한 대답인데, 인간을 '서사될 수 있는 삶'을 살아가는 "자기해석적 동물"이라고 볼 때라야만[82] 이런 상실의 깊이가 시야에 들어온다. 신자유주의 담론으로 발생한 상실에 대해서도 마찬가지다. 그런 상실을 마주하고 명명함을 통해서만, 우리는 신자유주의를 대체할 수 있는 대항 합리성 그리고 정치와 정책에 새로운 방향을 만들어낼 "대항 전문성counter-expertise"[83]을 발전시킬 기회를 가질 수 있다.

그런 만큼 이 책에서, 이를테면 시장이 정치적 가치와 사회적 요구에 맞추어 좀더 잘 규제되게 하는 구체적 형식의 제안은 말할 것도 없고, 지구적 금융위기와 시장위기가 만들어낸 정치, 사회, 구조 문제에 '해결책'을 기대한다면 여러분은 실망하게 될 것이다. 이 책은 더 구체적으로 말해 목소리 가치의 이행이 당대 제도적 구조의 특정한 변화를 요구하는지, 또는 더 폭넓게 당대 자본주의 구조의 변화를 요구하는지 등에 관한 지극히 어려운 질문을 다루지 않는다.[84] 다루는 게 좋을 수도 있겠지만, 이 같은 질문은 이 책의 범위를 넘어선다. 다만 나는 신자유주의에 대한 대항 합리성의 일부를 발전시키려는 이 책의 시도가 그런 논의에 재료를 제공해줄 수 있기를 희망한다. 나는 무엇보다도 그러한 해결책과 제안이 가시화될 수 있는 올바른 출발점, 신자유주의 합리성과는 다른 출발점을 찾는 것이 필요하다고 믿는다. 따라서 이 책의 임무는 소소하지만, 바로 그 이유 때문에 목소리가 중요성을 갖는 사회 세계를 그려보기 위한 우리의 자원을 돌아보는 데에 좀더 직접적으로 유익할 것이다.

왜 목소리가 중요한가

2장
—
신자유주의 경제학의 위기

우리는 엄청난 금융위기를 겪고 있다. '언제 이래 최악'이냐고 물을 필요가 없다. 지금보다 더 나빴던 시기를 찾기는 어렵기 때문이다.
_머빈 킹, 잉글랜드은행 총재, 2009년 8월 12일 연설[1]

공동체를 성공으로 이끈 규칙은 은행 시스템에도 필요하다.
_고든 브라운, 영국 총리[2]

우리 시대를 지배하는 내러티브가 하나 있다면 바로 지구적 경제위기라는 내러티브다. 내가 이 장 초안을 쓰기 시작한 2007년 초에 우리는, 전 연방준비제도이사회[FRB] 의장 앨런 그린스펀이 시장 시스템과 그 시스템을 떠받치는 '지적 체계'의 실패를 인정하리라고는 생각하지 못했다.[3] 경제사학자 로버트 스키델스키가 지적하듯이, "효율적 시장이라는 관념 뒤에는 주류 경제학의 지적 실패가 숨어 있다. 거의 모든 경제학자는 시장이 자기조정을 한다고 믿고 있어서 붕괴를 예측하지도 설명하지도 못할 것이다."[4] 지금까지도 우리는 현재의 위기를 완전하게는 설명하지 못한다. 몇몇 나라에서 회복 기미가 있음에도, 2009년

8월 영국 경제 전문가들은 영국의 경제 전망이 "아주 불확실하다"라고 단언했다.[5] 2009년 6월 국제통화기금IMF은 미국이 처한 경제위기가 아직 최악을 지나지 않았을 수도 있다고 경고했다.[6] 예를 들어 청년실업과 지구적 빈곤에 미치는 영향을 생각해본다면 위기가 미칠 장기적 결과는 여전히 불확실하다. 2008년 중반 이래 영국에서 사라진 일자리 절반 이상은 25세 미만이 차지하던 일자리였다. 한편 세계은행은 금융위기에 이어 '개발도상'국가로 들어가는 순민간자본 유입액이 2009년에 3630억 달러로 떨어져, 2007년 1조2000억 달러에서 3분의 1 수준으로 줄어들 것으로 추정했다.[7]

최종 결과가 어떻게 나오든 간에, 시장이 언제나 작동한다는 믿음은 공공 독트린으로서 유지할 수 없게 되었다. 이미 10여 년 전에 현재의 붕괴에 관한 예측이 있었다는 사실, 그런 만큼 우리가 알게 된 것은 과거에 알던 것의 반복이라는 점은 위안이 되지 않는다.[8] 현 위기에서 무엇을 배워야 하는지를 둘러싸고 논쟁이 격렬하다. 기괴한 금융 수단(이를테면 45조 규모에 이르는 신용부도스와프CDS 시장)의 금지부터 국제결제은행BIS이 제안한 "강화된 건전성 기준의 포괄적 적용"에 이르기까지 말이다.[9] 현 위기를 불러온 보다 폭넓은 사회적 힘, 특히 전 사회적으로 금융 위험 부담을 우선시하는 '금융화'의 역할을 놓고 좀 더 중요한 논쟁이 있다.[10] 그러나 이 장은 2008년 금융위기가 나타난 원인을 탐색하는 데 목적이 있지 않다. 규제 실패를 비롯해서 금융위기 원인을 따지는 논의는 좀더 자격이 있는 이들에게 맡겨둔다. 나는 그 밑에 자리하는 가치 문제에 관심이 있다.

몇몇 주요 인사는 금융위기가 신자유주의에 주는 함의를 놓고 거침없이 인상적인 결론을 내렸다. 2009년 3월 영국 총리 고든 브라운은 "자유시장을 옹호하는 워싱턴 컨센서스"가 끝났다고 말했다.[11] 그가 열렬히 참여하던 그 컨센서스 말이다. 2009년 2월 오스트레일리아 총리 케빈 러드는 한 설득력 있는 기고문에서 이렇게 주장했다.

두 가지 깰 수 없는 진실이 이미 성립했다. 금융시장은 언제나 자기조정하거나 자기규제하지는 않는다는 점, 그리고 (국민정부든 국제정부든) 정부는 경제안정을 유지할 책임을 절대 버릴 수 없다는 점이다. 이 두 진실은 신자유주의 시스템이 구축된 토대를 제거하는 만큼 그 자체로서 신자유주의의 이데올로기적 정당성 주장을 파괴한다.[12]

만약 위 문장이 신자유주의에 관한 모든 얘기라면 이 책은 쓸모가 없을 것이다. 그러나 신자유주의는 좀더 폭넓은 근본 원칙이다. 즉 훨씬 깊숙이 자리를 차지하며, 물리치기 위해서는 많은 노력이 필요한 정치적 가치를 포함한다. 여기서 우리의 초점은 경제학이 추구하는 제일의 목표, 따라서 암묵적으로 정치학이 추구하는 제일의 목표가 시장 기능을 용이하게 하는 것이어야 한다는 널리 퍼진 믿음이다(이런 믿음을 정치 자체에 적용하는 문제는 3장에서 다룬다). 확실히 시장이 언제나 자기조정한다는 실제적 가정이 반박됨에 따라, 그 같은 가정이 숨기고 있는 가치에 질문이 쏟아진다. 무슨 기준으로 시장이 '작동'한다는 것일까? 시장은 누구를 위해 '작동'하는가? 이 바탕에는 경제적 성공의 기준과 경제적 활동의 목적을 향한 더 폭넓은 질문이 놓여 있다. 바로 이 같은 질문을 통해 우리는 시장이 언제나 자기조정한다는 의심스러운 믿음이 아닌 신자유주의 독트린의 핵심에 다다를 수 있다.

오바마가 대통령에 취임한 이튿날 『타임스』의 아나톨 칼레츠키는 이렇게 언급했다. "많은 문제가 비非시장적 해결책을 요구한다는 인식,

금융 인센티브는 사회 목표를 이루는 데서 필수적이지도 충분하지도 않다는 인식이 생겨날 것이다."[13] 그러나 어떤 가치가 시장 근본주의를 대체할지는 여전히 명확하지 않다. 어떠한 대안적, 긍정적인 가치도 아직 나타나지 않았다. 앙겔라 메르켈, 니콜라 사르코지 등 몇몇 유럽 정치 지도자가 말하는 최근의 "도덕적 자본주의"[14]는 형태가 새로운 시장 규제와 시장 안정화 정도만을 제안할 뿐이며, 그러한 도덕적 조정이 '더 나은' 시장 기능을 넘어서서 어떤 방향을 지향하는지는 말하지 못한다. 미국 정부를 비롯한 여러 정부는 은행 부문이 만들어내는 체계적 위험과 그 정부가 제기하는 도덕적, 정치적 질문을 막아낼 준비가 정말로 될지(이를테면, 금융위기 와중에 영국의 금융 중개 부문에서 76억 파운드로 떨어진[원문 그대로] 은행업자 보수와 관련해서)[15] 두고 봐야 할 것이다.[16] 한편 브라운은 (앞의 인용문에서) 일상적 도덕과 은행 부문의 운용 표준을 등치시켰는데, 이는 참으로 공상적이다. 새로운 경제 규범과 가치를 둘러싼 논쟁이 이제 갓 시작되었다. 이는 오늘날 목소리 위기라는 한 측면을 이루는 미해결 상태의 갈등이다.

그러나 경제 담론 내 균열을 탐색함으로써 우리는 목소리의 위기를 넘어서는 길을 찾을 수 있다. 경제사상이 문화비평에서 유용한 자원이 될지 의심스럽다면, 내 대답은 이렇다. 신자유주의가 토대를 두는 분과에 눈을 돌리지 않고서, 어떻게 장기 관점에서 신자유주의라는 "강력한 담론"[17]과 경합할 수 있겠는가?

신자유주의 경제이론의 등장

나는 앞 장에서 '신자유주의 자체'와 좀더 폭넓은 '신자유주의 독트린'을 구분했다. '신자유주의 자체'는 경제의 작동, 그리고 경제가 사회 정치, 통치government*와 맺는 관계에 관한 일련의 원칙으로서, 원래 경제 사상에서 나왔으나, 1980~2000년대의 특정 환경에서 정치적, 사회 적 조직에서 지배적인 '독트린'으로 발전했다. 보다 폭넓은 정치적 독 트린의 결과는 3장에서 따져볼 것이다. 이 장에서는 신자유주의의 핵 심에 놓인 경제학에 집중한다.

'신자유주의 자체'는 시장이 삶의 영역으로 확산되는 것을 넘어선 다. 가장 단순히 말하면, '신자유주의 자체'는 시장 기능이 정부가 작동 하는 방식, 그리고 실제로는 모든 사회조직이 작동하는 방식을 조직하 는 특권화한 참조점이라는 원칙이다. 이 참조점은 사회복지, 비시장 ('공공') 재화 서비스 자원 공급, 또는 관료조직의 비시장적 양식 등 어 떠한 정치 원칙도 넘어선다. 경제이론이 이런 정치적 원칙을 만들어낼 수 있다는 생각은 이미 뭔가 이상해 보인다. 피에르 부르디외는 신자 유주의를 완전하고 제한받지 않는, 그러나 이제는 산산이 부서진 시장 이라는 이데올로기 관점에서 정의한다.

> 금융 탈규제 정책으로 가능해진 순수하고 완전한 시장이라는 신자 유주의 유토피아를 향한 운동은 모든 정치 수단을 변화시키고 (…) 파괴하는 행동을 통해 발생했다. (…) 이는 순수한 시장 논리를 가로

* government는 어원상 지배, 통치, 규제, 영향 등의 의미가 있으며, 여기서 국가나 사회를 통치하고 관장하는 기구를 의미하는 '정부' 개념이 파생했다. 미셸 푸코는 이 용어의 포괄 적 어원에 초점을 두고 통치성governmentality 논의를 발전시켰다. 이 책의 저자인 닉 콜드 리는 이 용어를 엄밀하게 푸코적인 의미에서 사용하지는 않으며, '정부'와 '통치'라는 의미를 혼용한다. 따라서 책에서는 맥락에 따라 '정부' '통치' 등으로 옮겼다. 한편 governance는 정부를 넘어서서 공적 사적 영역을 가로질러 이루어지는 통치의 조정을 일컫는 최근의 용어 로서, '협치' 등으로도 번역되지만 이 책에서는 '거버넌스'로 옮겼다.

막을 수 있는 모든 집단 구조를 의문에 부치는 것을 목표로 했다.[18]

데이비드 하비는 '순수한' 시장 기능 원칙은 시장조건을 창출하기 위해 국가가 필요하다는 점 때문에 이미 복잡해진다고 명확히 지적했다. 하비가 내리는 정의에 따르면, 신자유주의는

정치경제 실천 이론으로서, 강력한 사유재산권, 자유시장, 자유무역이 특징인 제도적 틀에서 개인의 기업가적 자유와 기술을 해방시킴으로써 인간 복지를 최대한 증진시킬 수 있다고 제안한다. 국가는 그런 실천에 적합한 제도적 틀을 창출하고 유지하는 역할을 해야 하며 (…) 시장이 존재하지 않는 경우 (…) 필요하다면 시장은 국가 행동에 의해 창출되어야 한다. 그러나 국가는 이런 일을 넘어서서는 안 된다.[19]

기업가적 자유라는 개념은 나중에 살펴보겠지만, 지금은 이처럼 유용한 정의조차 정부기구를 통해 시장 기능을 지속해서 규제하는 정교한 구조를 무시할 수 있다는 점에 유의해야 한다. 이런 구조는 주요한 사영화(텔레커뮤니케이션, 물, 가스, 철도 등) 이래 영국과 같은 신자유주의적 민주주의와 연관되었다. 여기서 정치학자 데이비드 레비-포와 조다나는 역설을 발견한다. "신자유주의는 탈규제를 설파하지만 규제를 확대하고 연장하는 듯한 역설을 보인다."[20] 그렇다면 신자유주의 자체는 애초부터 모순인가? 왜 그렇지 않은지를 이해하려면 우리는 시장에 대한 이 같은 접근을 떠받치는 게 무엇인지를 자세히 이해할 필요가 있다.

여기서 우리는 푸코가 1978~1979년에 한 탁월한 강의에 눈을 돌

려야 한다(이 강의는 2008년에야 편집, 번역되었다).[21] 역설적으로 푸코는 생정치biopolitics의 탄생을 우회하여 설명하는 과정에서, 시장을 보는 자유주의 관점의 급진화 면에서 신자유주의의 기원을 이해하게 된다. 그는 우선 1930년대에서 1950년대의 오스트리아–독일 경제사상(이른바 '질서자유주의ordoliberal' 학파인 미제스, 하이에크, 빌헬름 뢰프케 등) 그리고 두번째로 1950년대에서 1970년대의 미국 경제사상(헨리 시먼스, 프리드먼 그리고 좀더 폭넓은 사회사상 내에서 개리 베커)에서 신자유주의 기원을 검토한다.

20세기 후반, 상이한 통치 합리성으로의 이행을 둘러싼 논쟁은 이미 권력과 통치성에 관한 푸코의 접근에서 느슨하게 영향을 받았고, 때로는 "선진 자유주의advanced liberalism"라는 용어가 쓰였다.[22] 그러나 푸코의 신자유주의 설명에 관해서 우선 두 가지를 지적해야 한다. 첫째, 푸코는 신자유주의를 단지 통치 기술로서가 아니라 정치적 실천을 향한 신중한 접근으로서 설명한다.[23] 둘째, 신자유주의의 뿌리에서 중요한 논점은 시장경제라는 새로운 관점에서 정치의 범위를 재사고한 것임을 강조한다. 푸코는 이렇게 적는다. "논점은 시장경제가 실제로 국가 원칙, 형식, 모델로서 기능할 수 있는가다."[24] 푸코가 신자유주의를 설명하는 데서 중요한 것은 어떻게 시장을 규제하거나 경영할 것인가 하는 문제뿐 아니라, 세계에 대한 '진리'가 무엇이며 그로부터 어떻게 통치 근거를 구축할 수 있는가 하는 문제다.

푸코는 20세기 신자유주의의 뿌리를 18세기 말 유럽과 북미에서 탄생한 자유주의에서 찾는다. 여기서 '시장'이라 불리는 추상 관념과 국가 사이 관계는 다른 방식으로 이해된다. 푸코는 초기 자유주의에서 시장과 국가 사이 관계에 관한 독해를 통해 후기 자유주의에서 '통치성의 위기'를 발견할 수 있었다. 이는 자본주의의 연속된 위기라는 관점에만 집중한 마르크스의 역사 독해를 뛰어넘는 방식이었다.[25] 현재 목소리가 처한 위기는 이런 의미에서 오늘날 시장 자본주의가 맞은 위기와 나란히, 그러나 서로 얽혀서 작동하는 통치성 위기의 하나로 이해할 수 있다.

시장은 국가가 국가의 정당성과 권위에 따라 개입하여 과잉과 부당함을 통제할 수 있는 많은 영역 중 하나로 여겨지는 대신에, 국가로부터 독립된 정당성을 갖춘 조직이 되었다. 이런 전환은 푸코가 새로운 '진리체제regime of truth'*라고 부른 게 없다면 불가능했을 것이다. 이 새로운 진리체제는 (데이비드 리카도와 애덤 스미스로 대표되는) 정치경제학이라는 새로운 분과를 특권화한 위치에 올려놓았다. 이런 진리체제 아래 시장은 자연적 영역으로서 자연법칙에 따라 작동하며 국가가 최소 수준 이상으로 개입하는 경우 왜곡된다고 여겨졌다.[26] 시장은 사회와 통치에 관한 그리고 그와 관련된, 지식에서 특수하고 특권화한 장소가 되었다. 푸코에 따르면 "시장은 진리를 말해야 한다. 통치 실천과 관련된 진리 말이다."[27]

푸코는 바로 이 같은 시장 자연주의가 근대 자유주의에서 '자유' 개념을 형성하는 데 한몫했고, 이후 신자유주의에서 자유주의가 급진화하는 것을 가능케 했다고 본다.[28] 이 장 말미에서 보게 되듯, 이러한 시장에 바탕을 둔 자유 개념을 탈자연화하는 데는 상당한 노력이 필요하다. 왜냐하면 신자유주의 내에서 자유라는 가치는 이미 개인 규범을 뛰어넘는 공간(시장의 자유, 정직, 효율성)으로 옮겨졌기 때문이다.[29] 두꺼운 위장에도, 우리는 여기서 자크 랑시에르가 과두제oligarchy—"인민

* 푸코가 담론과 권력 간 관계를 이론화하면서 사용한 용어로서, 특정 진술을 진리로 받아들이게 하고 다른 특정 진술은 배제하는 담론 메커니즘을 일컫는다.

과 정치를 삭제하려는 충동"[30]—라 부른 경향으로 향하는 신자유주의 사상의 기원을 볼 수 있다. 신자유주의는 자유라는 수사를 쓰지만 민주주의에 반할 수밖에 없음 또한 알 수 있다. 래리 그로스버그가 미국 신자유주의를 주제로 한 통찰력 있는 연구에서 지적하듯이, "자유시장은 (…) 근본적으로 정치에 반하는 주장이다. 또는 적어도 사회를 경제 관점이 아니라 사회 관점에서 통치하려 시도하는 정치에 반하는 주장이다."[31] 민주주의가 어떤 의미에서 '아무도 지배하지 않는다'라는 원칙과 관련된다면(존 킨은 랑시에르가 과두제에 내린 정의를 뒤집었다),[32] 자유주의 급진화는 시장이 지배한다는 원칙이 바탕을 이룬다.

이런 신자유주의 급진화는 어떻게 일어나게 되었는가? 오스트리아-독일 신자유주의와 미국 신자유주의는 1930년대 영국에서 존 메이너드 케인스가 옹호하고 미국에서 뉴딜 등에 적용된 국가의 시장 개입 독트린에 반대하면서 등장했지만, 둘은 그 특징이 구별된다. 푸코에 따르면, 오스트리아-독일 신자유주의에서 자유시장 기능의 원칙은 "경제에 어떤 자유를 맡겨둘지 국가에 묻지 않으며, 어떻게 경제 자유가 국가를 창출하는 기능을 가질 수 있는지를 묻는다."[33] 시장 기능이라는 '자연적 사실'은 국가가 보호해야 하는 조건으로서뿐만 아니라, 국가 자체의 기능이 판단되는 원칙으로서 여겨졌다. 이는 시장이 개인이나 회사가 자유롭게 교환하는 장소일 뿐 아니라 효과적 경쟁을 통해 성장하는 공간이며, 국가는 그러한 경쟁을 적극 만들어내야 한다는 이해를 바탕으로 했다.[34] 정부는 이런 모델 아래 "단지 시장이 존재하기 때문이 아니라 얼마나 시장을 위해 통치하는"지에 따라 판단되었다.[35] 그래서 나쁜 시장 효과를 조정하는 케인스주의 사회정책은 제2차 세계대전 전후前後 오스트리아-독일 신자유주의자 관점에서 비합리적이라고 여겨졌는데, "모두가 [개인으로서] 위험을 질 수 있는 경제 공간을 모두에게 부여한다"라는 이전의 비사회적 원칙보다 못하기 때문이었다.[36] 이런 관점에서 정부가 아니라 '기업'이 사회를 구성하는 권력으로 간주되었고[37] 사회를 변화시키는 긍정적 힘으로서 정부 역할을 대체했다(정부가 시장의 힘이 '자연적으로' 작동하도록 함으로써 사회를 변화시키는 경우를 제외하고 또는 그런 한에서). 이 뿌리에는 미제스가 말한 신자유주의 원칙의 급진화가 존재한다. "모든 자유주의의 출발점은 올바르게 이해된 개인의 이해관계 조화라는 명제에 놓여 있다."[38]

이런 식으로, 경쟁이라는 시장 원칙을 도입하고 유지하는 것은 정부 작동을 판단하는 데서 뿐만 아니라 사회 영역 전체를 평가하는 데서도 참조점이 된다. 시장경쟁 원리는 영리기업을 통해 "시장이 사회를 전반적으로 규제하는 것"을 승인하게 된다.[39] 시장 자연주의 원칙은 이처럼 사회의 제도적 토대를 개혁하는 메커니즘으로 확장되었고, 그리고 같은 이유로, 정부가 사회적인 것을 통제하는 데서 하는 역할을 다른 방식으로 평가하는 메커니즘으로 확장되었다.[40] 이런 시장 자연주의는, 하이에크 저작에서, 자유의 가치에 대한 독특한 해석을 토대로 했다.

미국의 신자유주의는 어떤가? 푸코가 하는 설명은 시간상으로 우리와 더 가까운데도 실망스러울 정도로 자세하지 않다. 그러나 몇몇 중요한 논점을 밝혀준다. 첫째, 미국은 독일과 유럽 일반과는 대조적으로 그 형성부터 시장 기능의 생산자 역할에 국가 정당성을 부분적으로 의존했다.[41] 미국 신자유주의는 그전부터 존재해온 미국식 시장 자유주의라는 급진 조류와 연결되었으며, 따라서 단순히 20세기의 발명품이 아니다. 오스트리아–독일 신자유주의가 원래 한 주장은 시장조건을 도입하고 유지하는 강력한 국가가 필요함을 강조한 반면, 프리드먼의 사상은 자유 그 자체, 국가에 반하여 사고된 자유를 좀더 강조했다. 이런 자유의 개념에서, 일상생활은 사회적 목표라는 바로 그 관념에 반한다는 설명이 나왔다.

> 자유로운 인간에게, [미국을 포함한 모든] 국가는 국가를 구성하는 개인들의 집합이지 개인을 넘어 그 위에 존재하는 무엇이 아니다. 인간은 시민 각자가 지향하는 목표의 조화 말고는 어떠한 국가적 목표도 인정하지 않는다. 인간은 시민 각자가 이루려고 노력하는 목적의 조화 말고는 어떠한 국가적 목적도 인정하지 않는다.[42]

국가와 사회는 여기서 글자 그대로 시장과 같은 것으로서, 개인의 욕구를 종합하는 도구로 사고된다. 자유는 핵심 참조점이다. 자유주의자로서 "우리는 사회적 배치를 판단할 때 개인의 또는 아마도 가족의 자유를 궁극적 목표로 삼는다." 여기서 가족을 향한 모호한 태도는 시사적이다.[43] 프리드먼에 의하면, 반대로 정치권력은 "되도록 최대한" 제거되어야만 하는 강제권력으로 정의된다.[44]

강제로부터의 자유에 대한 강조 그리고 사회 목표에 품는 의심은 프리드먼과 하이에크에게 공통적이다. 하이에크는 "우리 모두는 우리의 목표 달성과 복지가 달린 수많은 요인에 불가피하게 무지"하다고 회의적으로 주장함으로써[45] 이론적으로 프리드먼의 근거를 이루었다. 뒤에서 보듯, 이는 합리적 선택이론 그리고 그 이론이 정책 지향적으로 확장된 공공선택이론과 연결되며[46] 자유는 긍정적 내용을 적시할 필요 없이 부정적 가치(강제로부터의 자유)로서 충분히 표현될 수 있다는 믿음에 근거한다.[47] 그러나 하이에크는 첫째, 이런 자유의 철학이 사회적 목표의 발전을 배제하지 않는다는 점, 둘째, 공공선을 보장하고 시장경쟁의 하부구조를 유지하는 국가의 역할이 상당히 폭넓을 수 있다는 점, 셋째, 이웃과의 협동정신과 같은 여러 가치가 긍정적일 수 있다는 점을 강조했다.[48] 우리는 3장에서 프리드먼이 국가 개입에 표출하는 좀더 본능적인 반감과 프리드먼에게서 시장-국가라는 엄청나게 환원적인 전망이 함의하는 바로 돌아갈 것이다.

하이에크와 프리드먼의 사상은 상당히 독특한 역사적 상황 아래 1970년대 말부터 1980년대 초에 미국과 영국에서 정치적 주류로 흘러들었다. 1970년대 초 경제, 정치 위기로 말미암아(갑작스러운 유가 상승, 높은 인플레이션, 정부와 조직 노동자 사이 합의 붕괴와 연결되어), 엘리트 정책 서클 내에서 신자유주의를 (그리고 국가의 경제관리에 대한 공격을) 참신하게 여기는 해석이 나타났다. "1970년대 자본주의 현실이 맞닥뜨린 위기는 케인스주의 정책의 실패로 해석되었다."[49] 하이에크는 신임 영국 총리 마거릿 대처에게 직접 영향을 미쳤다. 대처는 하이에크를 추종하는 키스 조지프를 산업장관에 임명했다. 한편 프리드먼은 신임 미국 대통령 로널드 레이건의 조언자로 명성을 얻었다.[50] '자유시장의 힘'이 작동하도록 현금 공급을 새롭게 제한한 데서 그 결과는 빨리 나타났다.

신자유주의 독트린은 1980년대에 국가에 대한 역사적으로 강력한 적대감이라는 미국의 독특한 출발점에서 더 나아가 1990년대에는 '시장 포퓰리즘'으로 전개되었다. 이는 이상한 특징을 여럿 가졌는데, 예컨대 토머스 프랭크가 "반엘리트주의 기계로서 시장에 대한 환상"이라 부른 것(후기 하이에크와 미국의 라디오 토크쇼 진행자 러시 림보), "부에 표출하는 의심"이 가난의 주요 원인이라는 사고방식(1981년 발행된 『부와 빈곤』의 저자 조지 길더) 등이 그렇다.[51] 테크놀로지의 해방적 힘에 대한, 특히 인터넷의 '개방적' 공간에 대한 지나치게 굳은 믿음, 그리고 스스로를 자유의 구역일 뿐 아니라 공감과 감수성의 공간으로 마케팅하는 경영학 문헌과 기업의 기술을 더하면, 미국 문화와 잘 들어맞을 뿐 아니라 영국의 포스트–마르크스주의 좌파에게까지 전파된 강력한 이데올로기를 마주하게 된다.[52]

푸코는 또한 어떻게 미국 신자유주의가 그 독특한 자유주의적 토대로부터 고전 경제사상을 확장시킬 것을 제안했는지를 부각시켰다. 시장경쟁 원칙은 이에 따라 사회적 삶, 그뿐 아니라 사적 삶의 모든 측면을 재해석하는 도구로 전환되었는데, 이런 방식으로 시장 원칙을 실천적으로 적용하는 것은 오스트리아–독일 신자유주의에서는 단지 암시되었을 뿐이었다. 그 결과 (개리 베커의 저작에서와 같이) 예를 들어 가족을 효용 극대화의 장소로 분석하는 정도가 아니라,[53] 노동을 자본 최적화의 개인적 과정으로 재해석하는 데까지 이르렀다. 개별 노동자는 이에 따르면 잠재적 보상(임금)을 위해 자신의 자본(노동기술)을 최적화하는 자다. 그 결과, 단지 기업 수준에서가 아니라 모든 경제적 작동을 경쟁력 관점에서 해석하게 되었다.

이 같은 전환은 보다 급진적인 결과를 가져왔다. 미국 신자유주의는 '경제적 인간homo economicus'이라는 경제적 허구를, 단지 교환 당사자에서 "자신에 대한 기업가"인 개인으로 바꾸어놓았다.[54] 개별 시장 참여자는 더는 블랙박스가 아니라 경쟁의 내적 장소, 더 나은 경쟁력을 위한 자기변화의 장소가 되었다. 신자유주의는 이런 식으로 사회 내 모든 개인을 개혁하는 도구로, 실로 '사회'라는 용어 자체가 지닌 의미를 뒤바꾸는 도구로 바뀌었다. 공적이든 사적이든, 노동 기반이든 가족이든 간에, 어떤 수준에서도 좀더 완벽한 경쟁력을 낳기 위한 개혁을 따르지 않는 공간은 남지 않게 되었다. 그 결과 인간 삶의 모든 영역은 경제 원칙에 따라 재조직되어야 했고, 경제사상은 합리성 자체와 거의 동일시되었다.[55] 이에 따라 시장 합리성은 여러 원칙 중 한 가지 사상

063

원칙이 아니라, 모든 공공 행동과 정부 행동을 판단하는 일반적 계산 기준이 되었다.[56] 리처드 포스너를 비롯한 최근 미국 법실증주의학파는 시장 합리성과 비용-수익 분석을 법사상의 주요 원칙으로 삼음으로써, 이러한 경향이 어디까지 발전할 수 있는지를 보여준다.[57]

이처럼 보다 폭넓은 역사적 맥락을 이해한다면, 신자유주의 자체는 자유시장과 공공서비스의 사유화 이상을 의미한다. 신자유주의의 결과, 정부의 목적을 둘러싼 이해가 달라졌다. 그레이엄 버첼은 1980년대 이후 정부에 대한 접근법과 관련하여 이렇게 말한다.

> 정부는 시장경쟁 게임을 위해 그 자체가 한 기업으로서 작동해야 한다. 이제까지 경제의 외부 또는 경제에 적대적인 것으로 간주되어 온 삶의 영역 내에서 개인과 집단과 제도의 행위에 대한 새로운 유사 기업적, 시장적 행동 모델이 발명되어야 한다.[58]

이로 인해 정부가 무엇에 반응하는가 하는 존재론은 급격하게 변화한다(시장이라는 장소는 그 '진리'와 자연 과정이 정부의 최소 개입에 의존하는 것으로 간주된다).[59] 또한 정부의 인식론은 새로운 '사실'을 지향한다. 즉 "[국가]권력은 개인의 자유라는 관점에서 제한되는 게 아니라 국가가 알아서 존중해야 하는 경제 분석 자료에 의해 제한된다."[60] 따라서 푸코는 경제학 자체가 정부를 사고하는 데서 어떻게 지배적 참조점으로 설정되는지를 드러내 보여준다. 그러나 이런 인식론은 이미 사실에 대한 대안적 영역—관용될 수 있는 사회적 상호작용과 개인의 온전성이 의존하는 자원—그리고 다른 가치가 존중될 수 있게 해주는 대안적 자유라는 개념을 배제한다.

그러나 푸코는 이러한 자유주의 사상의 급진화 속에서 모순의 씨앗을 찾아낸다. 오스트리아-독일 신자유주의 경제학자들은 적어도 사회 전체가 완벽한 경쟁만으로 작동할 수 있다고는 상상하지 않았다. 푸코는 1930~1940년대 독일 경제학자 사이에 벌어진 논쟁에 주목한다. 이 논쟁에서 다수는 경제 위에 정치, 도덕 틀을 설정할 필요가 있다고 주장했다. 뢰프케는 이렇게 경고한다.

> 경쟁은 시장경제 영역에서 질서의 원칙이다. 그러나 전 사회를 세울 수 있는 원칙은 아니다. 도덕적으로 사회학적으로, 경쟁은 통합하는 것 이상으로 해체하는 원칙이다.[61]

여기서 우리는 미국 신자유주의가 이와 같은 경고를 무시하고, 그 대중적 형태에서 시장 자유라는 기본 관념으로부터 얼마나 멀리 나갔는지를 볼 수 있다. 미국 신자유주의가 사회적인 것에 제시하는 설명은 사회적 삶과 연결되는 어떠한 특징도 결여하고 있다.

경제적 삶 내에서 신자유주의 원칙이 미친 영향은 무엇이었는가? 이 질문은 최근 20~30년 동안 진행된 자본주의 조직과 문화 내의 좀 더 폭넓은 변화에서 쉽게 분리할 수 없다.

신자유주의와 '자본주의의 새로운 정신'

시장 원칙이 사회적 삶에 얼마나 널리 자리 잡고 있는지 우리에게 이해를 풍부하게 해주는 책은 뤽 볼탄스키와 에브 치아펠로가 쓴 『자본주의 새로운 정신』이다.[62]

'네트워크 안에서 살기'[63]

볼탄스키와 치아펠로가 삼는 출발점은 막스 베버의 출발점과 같다. 즉 자본주의 축적은 대규모의 자유 상실을 요구하며, 자본주의는 언제나 "자본주의에 대한 참여를 정당화하는" 일련의 관념, 규범, 행동 패턴 즉 "자본주의 정신"을 요구한다는 것이다.[64] 볼탄스키와 치아펠로는 신자유주의의 성장과 나란히, 1960년대 이래 자본주의 정신에 광범한 변화가 일어났다고 주장한다. "자본주의의 새로운 정신"은, 주로 특정한 장소에 기반을 둔 대형 기업을 통해 이루어지는 자본 이익의 재생산을 정당화하는 과거의 상업적 논리를, 확장적이고 상호 연결적인 시장의 세계에서 자본과 자원과 노동의 이동성을 정당화하는 새로운 접속주의connectionist 논리로 대체했다. 이동성은 "매우 가치화한 상품"이 되어 가격이 "빠르게 오르고 있으며, 그 가격은 오로지 '느린 자들'에 의해서만 지불된다."[65] 볼탄스키와 치아펠로에 따르면,

접속주의 세계에서는 (…) 상품이나 서비스의 질과 희소성만이 가치가 있는 건 아니다. 이동성 차이에서 누적되는 할증료가 지불 가격에 추가된다. 가장 움직이기 쉬운 자들은 사실 아무 때나 '나가겠다'고 위협할 수 있고, 이들에게는 이러한 변화의 잠재력으로 기회가 열려 있다.[66]

그러나 볼탄스키와 치아펠로는 "'신자유주의'를 폄하하는 자들"[67]을 슬쩍 무시한다. 아마도 동료 프랑스 사회학자 피에르 부르디외와 알랭 투렌을 겨냥하는 듯하다.[68] 그렇다면 이들 주장을 신자유주의 비판으로 취급하지 말아야 하는가? 그것은 잘못일 것이다. 왜냐하면 볼탄스

키와 치아펠로는 "자본주의의 새로운 정신"과 관련 있는 독특한 부정의injustice에 관한 설명을 발전시키면서, 폭넓은 신자유주의 비판에 크게 관련 있는 관심을 점점 통합하기 때문이다. 가족의 경제적 재구조화 결과에 대한 자본의 무관심, 노동시장에 들어가고 머무르기 위해 개인이 짊어져야 하는 비용에 대한 새로운 시장 논리의 무관심 등. 볼탄스키와 치아펠로가 제시하는 설명은 프랑스에서 노동문화의 변화에 특히 초점을 맞추긴 하지만, 영국 미국을 비롯하여 다른 모든 곳에서 일어나는 변화와 공명한다.

볼탄스키와 치아펠로가 보여준 가장 독창적 논점은, 시장(그리고 현대 문화에서 시장의 헤게모니적[69] 힘) 그 자체가 좀더 폭넓은 변화의 일부로서 변화했다고 인식함으로써 자본주의에 대해 현재적 비판을 시작할 수 있다는 주장이다. 이는 노동조직 내의 변화 및 자본주의 문화 내의 변화(미국 시장 포퓰리즘은 극단적 현현일 뿐이다)를 둘러싼 우리의 이해를 넓혀준다. 또한 이는 웹 2.0이 우리 문화, 사회, 정치를 네트워크화하는 잠재력에 대한 최근의 찬양에서 드러나는 매력과 잠재적 한계를 이해하게 해준다.[70] 이는 또한, 하비가 지적하듯이 신자유주의 담론의 출발점 중 하나인 '기업가적 자유'라는 적극적 가치와 연결된다.[71]

볼탄스키와 치아펠로가 밝히는 자본주의 변화에 따라, 자본주의가 어떻게 조직되고 또 어떻게 조직되어야 하는가, 그리고 그 속에서 보다 큰 이동성과 유연성이라는 자본주의의 요구에 순응함으로써 개인이 어떻게 자신의 기회를 최대화할 수 있는가를 사고하는 새로운 방식이 점차 지배적이 된다. 자본주의의 새로운 정신은 푸코가 분석한 신자유주의 자체와 마찬가지로, 새로운 존재론과 인식론을 수반한다. 볼탄스키와 치아펠로는 개인과 조직이 스스로를 증명하기 위해 거쳐야 하는 '테스트'라는 언어를 통해 이를 표현한다. "자본주의의 새로운 정신"은 "새로운 기업 메커니즘" 속에서 네트워크화한 개인이 누리는 독특한 자유다.

> [새로운 기업 메커니즘은] 더 큰 참여를 요구하며 더 정교한 인체공학에 토대하며 (…) 어떤 점에서 더 인간적이라는 바로 그 이유 때문에 사람들의 내적 존재에 더 깊이 침투해 들어간다. 이러한 인간은 자기 일에 (…) "몰두할" 것으로 기대되며, 이런 메커니즘은 인간에게서 가장 특정하게 인간적인 것을 도구화하고 상품화한다.[72]

볼탄스키와 치아펠로는 경직된 관료구조와 대비해 소비자 자유와 고용주·노동자의 자유에 내재하는 매력을 잘 분석해낸다. 이런 매력은 자본주의의 새로운 정신에 의해 확증되며, "새로운 정신"은 1960∼1970년대의 여러 정치적, 문화적 반항의 주제를 통합한다(낸시 프레이저는 몇몇 페미니즘 원칙 또한 통합되었다고 말한다).[73]

볼탄스키와 치아펠로가 보여준 분석에서 가장 중요한 건 자본주의의 새로운 정신에 깊이 내재하는 모순을 분석했다는 것이다. 이를 이해하기 위해, 우리는 서비스산업 성장에 따른 과거의 노동 상품화 형태와, 모든 산업에 걸쳐 노동자에게 자기 정체성을 자신의 노동에 바칠 것을 요구하는 감정노동 또는 정서노동으로 장기적으로 이동하는 현상 간에 생기는 차이에 주의해야 한다.[74] 아스다^{Asda} 슈퍼마켓 체인은 "월마트 패밀리"의 일원이다.[75] 매들린 번팅이 아스다의 피고용인들을 인터뷰했을 때,[76] 이들은 회사 브랜드를 살아 있는 것으로 만들기 위해서는 매장에서 자신들이 진짜로 미소 지어야 한다는 사실을 알고 있었다. 이들이 일하는 공간에서 수행 규칙을 반대하기는 매우 어려웠다. 왜냐하면 그런 규칙은 정체성과 표현에 새로운 가치를 확증하는 듯 보였기 때문이다. 이 같은 노동양식의 확대는 비공식적 상징 노동의 폭발과도 관련될 수 있으며, 일부 저자들은 이로부터 "비물질 노동"이라는 새로운 패러다임을 발견했다.[77] 이런 패러다임은 너무 단순해 보인다. 한 사회 내에서 "비물질 노동"은 과거의 "물질" 노동이라는 고되고 긴 형태와 병행하며 지속된다.[78] 한편 잭 추가 거대한 중국 노동계급과 관련해 주장한 대로, "비물질 노동"이 미치는 영향은 서양의 "창의산업"을 훌쩍 뛰어넘으며, 전 지구적 규모에서 빈곤과 저고용에 대한 우리의 이해를 뒤바꿔놓는다.[79]

물질 또는 비물질 노동이 지니는 성격을 둘러싼 논쟁을 통해, 우리는 정보기술과 재택근무 또는 원격근무의 세계에서 나타나는 특정 "과로 문화"라는 또다른 핵심 맥락으로 넘어간다.[80] 이런 조건에서 노동과 집이라는 공간, 시간, 도덕 세계 사이 경계는 점점 흐려진다.[81] 한편 정보기술을 통해 모든 일 공간은 (그런 공간이 존재하는 곳이면 어디서든지) 중앙집중적 감시와 동료 간 상호 감시하에 놓이며, 이를 통해 일의 압박과 책임 및 보고라는 일의 순환은 강화된다.[82] 예를 들자면, 새로운 정보기술 기반의 "기업 시스템"을 통해 효율성과 합리성은 일상적 행동의 가장 작은 세부 수준까지 내려오는데, 이는 끊임없는 감시를 토대로 노동자들이 더 효율적인 행위자로 적극적 자기변화를 이룰 수 있다는 관념에 따른다.[83] 어떻게 "경영 시스템"이 효율성을 위한 긍정적 도구로 제시되는지를 살펴보자(『가디언』 교육면에 나온 영국의 학교와 교사에 관한 사례).

학교 경영정보시스템MIS: management information system이 추구하는 진정한 사업 목표는 교실이다―또는 교실이어야 한다. 바로 여기서 가르침과 배움이 일어나고 (…) 따라서 MIS는 학교를 둘러싼 데이터를 모조리 그리고 엄청나게 빠른 속도로 빨아들이지만, (…) 빨려들어간 것은 다시 모습을 드러내서 시스템 자체를 위해 작동한다.[84]

여기서 개인 성찰 공간에 미치는 영향은 거의 고려되지 않는다(대신 인격화하는 것은 데이터다). 한편 영국 대학으로 눈을 돌려, 널리 퍼진 리즈메트로폴리탄대학 내부 문서를 살펴보자. 이 문서에서 학교는 수행 관리 시스템을 개선해서 "지속적 조직 변화"를 가져오고자 한다고 밝혔다.

> 사무직원이 모든 업무에서 보여주는 행동과 가치와 관련해 우리가 기대하는 바를 명확히 하여 [지속적 조직 변화를 가져오고자 한다.] (…) 사무직원을 채용하고, 키우고, 평가하고, 보상하는 일이 일련의 핵심적 행동과 관련되어 이루어진다는 점을 확실히 함으로써, 우리는 개인의 수행과 조직 문화를 일치시킬 수 있다.[85]

이런 전개가 어떤 규범 틀에서 바람직한 것으로 (혹은 바람직하지 않은 것으로) 보이게 되는지는 전혀 제기되지 않는다.

그러나 자본주의의 새로운 정신 안에서 가치의 충돌은 복잡하게 일어난다. 볼탄스키와 치아펠로는 1980년대 이래 경영 문헌이 경쟁적 시장 압력에 적응할 필요성을 얼마나 많이 강조해왔는지, 그러면서도 "[조직의] 위계 원칙과 최대한 거리를 두고, 개인 자유의 평등성과 그 존중을 약속"했는지를 분석한다.[86] 시장은 불가피하게 성공에서 위계를 창출하는 만큼, 우리는 자본주의의 새로운 정신이 주장하는 해방을 액면 그대로 받아들일 수 없다. 위계로부터의 자유는 "네트워크에서 살아가는" 방식을 배우겠다는 개인적 헌신과 불가분하다.[87] 이는 새로

운 시장 진입자나 성공적이고 확고히 자리 잡은 네트워크 행위자에게
는 종종 기분 좋게 느껴질 수도 있는 유연성과 속도라는 혜택을 가져
다준다. 그러나 볼탄스키와 치아펠로가 설득력 있게 주장하듯, 네트워
크 문화와 관련해 이동성이 가속화한 대가로 독특한 아노미^{anomie}(19세
기 말 에밀 뒤르켐의 용어)가 나타나며, 이는 자존감과 집단 소속이 과거
에 의존했던 여러 평가적 참조점을 혼란스럽게 한다.[88] 오늘날의 직장
'계명'에서 보이는 다음 특징을 살펴보면, 안정된 가치는 오직 브랜드
라는 개념을 통해서만 성립함을 알 수 있다.

나는 일할 준비가 되어 있으며^{available} 내 일을 그에 따라 조직한다.
최소한 나는 집단작업에 참여한다. 나는 이동성을 높이려 노력한다
(다재다능함, 전환 등). 외부적으로 나는 회사의 좋은 브랜드 이미지
에 한몫한다.[89]

물론 다른 가치도 치열한 "감사監査 문화"[90] 내에서 상호 감시가 일어
날 수 있는 도구로서 작동하지만 불안정하며, 그 자체가 경쟁 장소다.
이런 경쟁이 제일 쓰라린 결과를 가져오는 때는, 이동성이 가장 높
은 이들이 "가정이라는 세계가 토대하는 안정성을 통제하는 형태로부
터 스스로를 해방하며" 관계, 우정, 일의 동반자 관계를 변화시킬 때
다.[91] 네트워크는 의미 실천을 바탕으로 가능할 뿐이다. 이런 실천 자
체는 볼탄스키와 치아펠로가 "고정자본"(자원, 장소, 사람, 그리고 무엇보
다도 신뢰)이라 부른 요소를 필요로 한다. 그러나 자본을 고정할 바로
그 가능성이 접속주의적 세계에 의해 장기적으로 위협받고 있다. 볼탄
스키와 치아펠로는 이렇게 결론짓는다. "착취에 아무 견제가 없는 접
속주의적 세계가 일반화되어 사회구조 자체를 파괴한다."[92]

따라서 자본주의의 새로운 정신은 문화 자원이 풍부한 반면, 결국 이전의 자본주의 정신보다 안정적이지는 않다. 자아 수준에서 "적응"을 향한 압박과, 거래에서 최소한 "의미 있는 자"가 될 필요 즉 다른 사람이 일회성을 넘어 신뢰할 만하다고 여겨지는 실체가 될 필요 사이에 갈등이 존재한다.[93] 이전 자본주의 단계처럼, 오늘날 점점 더 많은 노동이 상징적 생산 내에서 이루어짐에도 또는 그래서 더더욱, 근본적인 모순은 노동자 개인과 그의 몸에 수렴된다.

마이클 퓨지는 오스트레일리아인들이 1990년대 신자유주의 개혁 기간에 어떻게 경제를 경험했는지를 조사와 인터뷰를 토대로 연구했는데, 연구는 인간에 대한 이처럼 이상한 계산기준에 중요한 통찰력을 제공한다.[94] "가족은 경제개혁의 외부성을 흡수할 능력이 고갈된 듯 보인다."[95] 이는 가족을 침식하고, 충격을 받은 가족이 상호작용 할 사회적, 시민적 공간을 침식할 뿐 아니라, 노동이라는 중요한 세계를 좀 더 폭넓은 도덕 규제의 과정(뒤르켐)[96]으로부터 단절시켜버린다. 그 결과, "도덕적 선택을 유지할 [가족의] 능력은 완전히 파괴된 정도에 이르렀다."[97] 볼탄스키와 차이펠로가 지적하듯, 이는 독특한 관성을 만든다. 접속주의 논리는 이동성에 특별한 가치를 부여해, 대안 가치를 표현하는 데 필요한 일부 사회 조건을 장기적으로 침식한다(소속, 협동, 조직을 위한 안정된 맥락).[98] 그 결과,

네트워크는 스스로를 사람들이 영구적으로 애착을 보이는 범주에 대한 부정으로서 제시하며, 덕분에 사람들은 자신의 개인적 열정에 한계를 설정하는 집단 규범을 구축할 수 있다.[99]

이 시점에서, 밀턴 프리드먼이 자유와 가치를 판단하는 참조점이

개인인가 가족인가에 보인 모호함은 결정적이다. 시장과 네트워크는 다른 고려와 가치에 의해 제한되지 않는다면, 시간이 지남에 따라 말 그대로 살 수 없는 곳이 된다. 퓨지가 인터뷰한 오스트레일리아 노동자가 말하듯, "당신은 갖고 있는 모든 걸 주었는데, 그들은 여전히 더 많은 걸 원한다."[100]

그렇다면 최소한의 실질적 성취로서 목소리는—자신을 설명할 수 있어서 이를 바탕으로 신뢰를 구축할 기본 자원을 확보한다는 것은—점점 더 자본주의를 위한 필수 자원이 되지만, 목소리의 지속 가능성은 신자유주의 담론으로 말미암아 체계적으로 무시되고 자본주의의 새로운 정신에 침식된다. 이런 모순이 감춰지는 방식을 드러낼 수 없다면 말이다. 이 같은 맥락에서 접속주의적 세계에 내재하는 "인간 상품화"라는 압력이[101] 이제 자기홍보와 '자기 브랜딩'이라는 실천으로 발전하고 있다는 점은 의미심장하다. 세라 바넷와이저가 보여주듯, 자기 브랜딩은 자아에 대한 기업가적 전망을 신자유주의적 자유라는 가치에 접합한다.[102] 그 결과 '목소리'는 뚜렷하게 확장하는 듯 보이지만, 이는 시장 가치가 자아의 공간을 꿰뚫고 들어가는 것을 가린다. 여기에 대항하기 위해서는 다른 규범 틀이 필요하다.

네트워크 소외

접속주의 논리—그리고 신자유주의 일반—에 대한 대항 합리성을 발전시키는 일은 단지 다른 언어를 사용하는 문제가 아니다. 이는 현재 인간의 협력이 조직되는 원칙을 다시 사고하고, 볼탄스키와 치아펠로가 "해방과 진정성" 문제에 대한 새로운 접근에 근거해 말한 "상품화의 한계"를 설정함을 의미한다.[103] 매들린 번팅은 영국의 과로 문화를 주제로 생생한 연구를 수행했다.[104] 이 연구에서 인터뷰한 노동자들은 가족과 개인의 복지와 건강, 사회적 네트워크 시간 등 자신의 가치는 새로운 경계 없는 작업장에서 전혀 중요하지 않다는 사실에 상심했다. 그 결과, 일과 우리의 나머지 삶 사이 '일관성'은 잠재적으로 상실되고 리처드 세넷이 "인성 파괴"*라 일컬은 현상을 낳는다.[105]

소외에 관한 마르크스의 설명은 그 이후 일어난 온갖 변화에도 불구하고 여전히 우리에게 매우 중요하다. 첫째, 노동자들은 자신들이 중요하다고 알고 있는 의미의 한 차원이 일에서는 의미 없는 것으로 여겨지고 이윤과 시장에서의 지위라는 최우선 가치에 압도되기 때문에, 자기 일에서 의미의 결여를 느끼게 된다. 존 엘스터는 이를 "정신 소외"라 불렀는데, 이런 소외는 의미 수준에서 작동한다.[106] 세넷은 "좋은 일의 질"은 더는 "좋은 인성의 질"이지는 않다고 언급하며 이 같은 단절을 윤리적 관점에서 파악한다.[107] 그 결과 일의 필요조건은 목소리의 조건에서 분리된다. 마르크스는 이를 가장 설득력 있게 논평한다. "따라서 노동자는 일 외부에서만 자기 자신을 느낄 뿐이며 자신의 일에서는 자신의 외부만을 느낄 뿐이다. 그는 일하지 않을 때만 편안하고 일할 때는 편안하지 않다."[108]

둘째, 이들 노동자는 엘스터가 "사회적 소외"라 부른 소외를 겪는다. 왜냐하면 이 소외는 사회 자산이 어떻게 합법적으로 소유되는지와 연관되기 때문이다.[109] 마르크스의 핵심 생각은 "자본주의하에서 인간의 생산물은 독립적 존재를 획득하여 생산물을 만든 자와 대립하게 된다"[110]라는 것이다. 노동과 자본 사이 관계가 본질적으로 소외를 낳는

<small>074</small>

---

* 세넷이 쓴 동일한 제목의 책은 국내에서 『신자유주의와 인간성의 파괴』(문예출판사, 2002)로 번역되었다.

지를 둘러싼 오래된 논쟁은 생략할 수 있다. 오늘날의 노동조건에서 일어나는 소외는 뭔가 다르기 때문이다. 비인격화한 시장의 모습을 한 외부의 힘에 창의성의 통제권을 넘겨주는 구조 안에서 노동자가 전적으로 창의적 헌신—마르크스 등이 인간의 특성이라고 본 창의성—을 하도록 요구받는 노동조건 말이다.[111] 일에서 감정을 연기하고 표현하는 수준이 점점 높아지면 소외는 심화될 수밖에 없다. 형태가 다른 자본주의에서와 마찬가지로, 노동자는 노동에 대한 헌신이 장기적으로 지속되는 조건—신체적, 감정적 건강, 동료애(당신이 다른 사람에게 중요하다는 감각), 의미 등—을 통제할 수 없다. 그에 더하여, 그런 감정적, 상징적 자원이 일상의 노동 수행 속에서 점점 더 소진될 수밖에 없다는 역설이 존재한다.

이러한 모순은 디지털 세계의 "지속적이고 업데이트 가능한 노동"에서도 사라지지 않는다.[112] 볼탄스키와 치아펠로가 주장하듯, 이들 모순은 "노동을 유지하고 재생산하는 비용을 사적 개인과 공공 시스템으로 전가"하는 것을 가능케 한다.[113] 여기서 핵심 메커니즘은 기업과 정부가 신자유주의적 민주주의하에서 발전시킨 내부시장과 아웃소싱이다. 이 같은 변화는 종종 외부적 시장 필요에 의해 정당화되는데, 여기서 시장은 "통제할 수 없는 외부요인"으로 간주된다.[114] 게다가 기업 경영이 거의 전적으로 단기 주주 가치 또는 공개 자산 가치에 치중하면서 노동시장의 불확실성은 커지고 있으며[115] (미국에서 중년 남성이 한 직장에 계속 고용되어 있으리라고 기대되는 평균 기간은 1978~2007년 사이 11년에서 7년 반으로 짧아졌다),[116] 이로써 마르크스가 말한 소외의 순환은 완성된다.

이런 소외를 감추는 전략은 잠재적 소외 장소인 자아를 지우고(왜냐하면 자아는 자신의 프로젝트와 목소리를 발전시킬 내재적 능력을 갖추고 있기 때문이다), 자아를 또다른 자아로 대체하는 것이다. 또다른 자아의 실현은 자신을 성공적으로 마케팅하기 위해 무엇이 필요한지에 따라 미리 정해진다. 바넷와이저와 앨리슨 헌이 지적하듯,[117] 최근 미국 마케팅 담론은 개리 베커의 이론적 개념인 기업가적 자아를 가져다가는 그것을 스스로를 브랜딩할 의무라는 대중적 도덕률로 전환시킨다. 소셜 네트워킹 사이트에서는 수행performance과 상호 평가 공간이 이미 마련되어 있다. 신자유주의 담론이 이처럼 문화적으로 깊숙이 자리를 꿰찬 선진 단계에서는, 시장 또는 '유연성' 그 자체에 대항하는 것으로는 물론 부족하다. 볼탄스키와 치아펠로가 주장하듯, 신자유주의 원칙은 접속주의 세계에 깊숙이 자리해 있어서 심지어는 자기계발에 관한 개인 평가의 수준에까지 미칠 정도이며, 이런 세계 내에서 우리는 의미 있는 가치가 필요하다. 시장이 사회적인 것을 위한 자기충족 논리를 제공하는 것으로 보는 관점에 내재하는 모순에서 시작하지 않는다면, 확장하는 신자유주의 논리 영역을 빠져나갈 출구는 없다. 이와 같은 모순은 신자유주의의 앞마당인 경제학 내부에서도 드러난다.

고전경제학 내부의 균열

신자유주의 정치와 문화 내에서 경제학의 헤게모니는 우리 모두에게 영향을 미친다. 우리가 경제학 기법을 알든 모르든 말이다. 이런 관점에서 보면, 신자유주의 원칙에 도전하는 경제학자 사이에 벌어진 최근의 논쟁은 문화 비판에 중요한 자원을 제공해준다. 이런 비판은 경제학 내부와 주변의 다양한 입장에서 나오지만, 궁극적으로 신자유주의 이데올로기의 근본을 강력하게 거부하는 것으로 수렴한다. 발전경제학자 아마르티아 센이 쓴 저작이 대표적이다.

덜 급진적 비판

영국의 경제학자이자 "행복"이론가인 리처드 레이어드가 제기하는 중요한 주장에서 시작해보자. 철학으로 보자면 레이어드는 부끄럼 없는 공리주의자인 듯싶다.[118] 그는 우리가 특정 재화("행복")를 극대화하는 데 경제학이 도움이 되는지 아닌지에 초점을 맞춘다. 레이어드에게 이 특정 재화는 분명하게 측정되고 계산될 수 있는 것임에 틀림없다.[119]

레이어드는 오랫동안 경제학이 잘못된 재화(국민총생산GNP)를 측정해왔다고 비판한다. 급진적 어조이지만 이는 시장이나 경제학 기술에 가하는 급진적 공격이 전혀 아니다. 레이어드는 사람들 대부분이 더 많은 임금을 원하고, 남보다 부자가 되는 게 사람을 더 행복하게 한다고 주장한다.[120] 그러나 그는 "행복의 역설"에 관심을 보인다(아마도 경제학자들에게만 역설적일 것이다!).[121] 즉 이런 사회와 저런 사회를 비교하면—따라서 사회 내 상대적 차이를 사상하면—"전체 사회가 점점 부유해진다고 해서 점점 더 행복해지지는 않는다"라는 것을 알게 된다.[122] 경제학이 행복에서 중요한 수많은 요인—일에서 성취감, 우정, 사회적 상호 신뢰감, 공동체 감각—을 무시하고 그것을 "시장 외부성"의 지위로 놓는다는 게 그 설명이다.[123] 시장경제학에서 이 같은 외부성은 "재화"가 아니지만 행복에는 다 중요하다. 레이어드가 주장하기로, 새로운 "유연" 노동 체제 내에서 이 외부성을 극단적으로 무시하는 일이 상황을 악화시킨다. 레이어드는 책 말미의 정책 권고에서 이를 강력하게 비판하며, 영국 신노동당의 시장 수사에 반대하는 입장을 밝힌다(3장을 보라).**124** 그러나 레이어드는 결론에서 한 발 더 나간다.

> 인간은 매우 사회적인 존재이며 (…) 우리의 사회적 유대는 우리 개
> 인 정체성을 규정하고 우리 삶에 의미를 부여한다. 따라서 많은 경
> 제학자가 인간의 상호작용을 그 자체로서 목적이 아니라 주로 목적
> 을 위한 수단으로 간주하는 것은 심각한 오류다.**125**

따라서 레이어드의 책은 내 폭넓은 주장에서 중요하다. 왜냐하면 레이어드의 결론은 경제적, 정치적 추론에서 시장 기능을 최우선으로 생각하는 것에 의미심장하게 도전하지만, 그 결론을 전혀 급진적이지 않은 전제로부터 이끌어내기 때문이다.

티보르 스키토브스키가 초기에 쓴 『기쁨 없는 경제』는 레이어드의 저작과 최근 늘어가는 경제학 내 행복 연구가 기반하는 역사적 배경을 이룬다. 이 책은 주로 소비자 만족에 집중하긴 하지만 일찍이 시장 근본주의의 원칙에 포괄적으로 도전했다. 첫째, 스키토브스키는 경제학이 합리적 소비자가 원하는 것을 실제로 알 수 있다는 가정에 이의를 제기했다. 그는 "현시 선호revealed preference"라는 방법론적 원칙**126**—사람들의 실제 선호는 시장에서 실현되는 선호와 일치한다는 관념—에 도전하면서, 소비자가 "실제로" 원하는 것에 대한, 그리고 그것과 시장 경제가 제공하는 것의 관계에 대한 심리학적 연구 가능성을 열었다. 스키토브스키는 "경제활동은 (…) 만족의 여러 근원 중 하나일 뿐이며 가장 중요한 근원은 아닐 수 있다"라고 결론지었다.**127** 스키토브스키는 이로부터 시장 근본주의에 두번째 도전장을 내민다. 그는 시장 참여의 자유가 시장 자유주의자들이 주장하는 소비자 주권이라는 가정을 반박했다. 스키토브스키에게, "소비자는 자신의 선택을 통해 제공

078

되는 재화와 서비스의 성격과 질에 영향을 미치는 한에서만 주권자[일 뿐]인데,"[128] 그런 예는 드물다. 레이어드가 나중에 그랬듯이, 시장에 의해 또는 시장 내에서 반드시 만족되지는 않는 욕망과 욕구를 찾는 과정에서 스키토브스키는 주류 경제학에서 말하는 여러 "외부성" 즉 "소속감이 주는 위안" "유용하게 되는 것이 주는 위안" "버릇을 고수하는 데서 오는 위안" 등을 확인하면서, 주류 경제학이 타당한지가 논의에 붙여질 필요가 있다고 보았다.[129]

여기서 미국의 정치학자이자 정치경제학자 로버트 레인이 도움이된다. 그는 우리가 가장 가치 있게 여기는 많은 것이 경제학 내에서는단지 "외부성"에 지나지 않는다는 스키토브스키의 통찰력을 바탕으로삼는다. 여기서 다시 한번, 언뜻 보기에 레인이 하는 주장은 신자유주의에 반하지 않는다. 첫째, 레인은 시장이 부를 만들어내는 데 성공했다고 하고, 경제학의 모델링이 그 일에 한몫했다고 찬사를 보낸다.[130] 둘째, 그는 시장과 행복 사이의 관계에 관한 최근 30~40년 동안에 걸친 경험 연구를 분석하는 만큼 그 일부는 신자유주의보다 이전의 것이다. 그럼에도 레인이 제기하는 주장은 레이어드의 주장보다 더 급진적이다. 레인은 행복의 역설—즉 높은 국민총생산이 사회적 행복을 증대하지는 않는다는 것—에 주목하며, 더 부유한 사회는 가난한 사회보다 단계가 더 높은 우울증을 겪을 수 있다는 한층 당황스러운 역의 상관관계에 주목한다.[131]

레인은 경제학이 무엇을 빠뜨리는지에 관해, 레이어드와 일치하면서도 더 폭넓게 지적한다. 레인에게 경제학에서 무시되는 핵심 요인은 "동반관계"로서, 이는 "가족 유대와 우정(사회과학에서 말하는 사회적 지지)"[132]이라고 정의된다. 레인은 레이어드나 스키토브스키보다 한 발더 나아가 오늘날의 일터에서 무엇이 잘못되고 있는지를 해부한다. 그는 일에서 소속의 중요성과 "사람들이 소통과 상호 의무 네트워크에 속한다"라는 감각의 중요성을 주장한다.[133] 레인이 주류 경제학과 정치학에 던지는 비판 또한 더 날카롭다. 레인은, 경제학이 인간 가치의 근원을 시장에서 찾는다는 점에서 오류에 빠진다고 진단한다. 시장은 개인적 이득이 아니라 "종의 이득"을 달성하기 위한 일반적 메커니즘일 뿐이기 때문이다.[134] 시장 근본주의자들이 시장 행위(즉 개별 경쟁)와 연관 짓는 일의 가치는 동반관계를 저해하기에 행복에 적대적이다.[135] 사실 "행복 그리고 불행의 주요 원천은 시장 외부성"이며,[136] 이는 필연적으로 "시장이 내생적으로 조정하기보다는 무심코 무시하거나 개선하거나 악화할 수 있는 것들"이다. 목소리 자체는 경제학 관점에서 보면 외부성이라는 1장의 주장을 떠올려보라.

바로 여기서 레인은 일의 경험을 틀 짓는 신자유주의적 가치를 겨냥하는 중요한 도전을 발전시킨다. 레인은 경제학 사상에서 심각하게 오해되는 지점이 바로 일이라고 주장한다.

일에서 얻는 정신적 이득과 즐거움을 과소평가하는 심각한 이유가 있다. 시장 계정에서 일은 비용인 반면 소비는 이득의 원천이다……. 여기에 깔린 가정은, 사람들이 벌기 위해 일하고 소비하기 위해 번다는 것이다. 일은 비효용으로서 수입과 소비는 그에 대한 보상 효용이다. 그러나 이는 시장경제 내에서도 종종, 아마도 대개, 사실이 아니다……. 일과 일에 대한 숙련은 매우 큰 즐거움의 원천이다.[137]

이에 따라 "일에 대한 숙련"에서 기회의 부재는 커다란 불만과 불편의 원천이다. 레인이 주장하기에, 그 결과 주류 경제학은 일자리 보장/

불안정, 일의 만족/불만족, 노동시장 참여가 가족과 친구에게 미치는 영향 등 행복/불행의 주요인을 무시한다. 레인이 경제학적 사고의 가정, 방법, 가치에 제기하는 근본 비판은 오늘날의 정치와 문화를 지배하는 편협한 시장적 사고를 아이러니처럼 보이게 한다. "'역사의 종말'은 시장의 승리가 아니라 [시장에 관한] 한 가지 패러다임의 특정한 역사의 종말일 뿐이며 아마도 다음 패러다임의 시작일 것이다."**138**

레이어드, 스키토브스키, 레인이 수행한 작업은 볼탄스키와 치아펠로가 "자본주의의 새로운 정신"에 내재하는 부정의에 관해 제시하는 설명과 공명한다. 그뿐 아니라 앞서 논의한 신자유주의적 경제 내에서 겪는 고통을 주제로 한 경험적 연구와도 공명한다. 그러나 아직 신자유주의적 합리성 자체를 비판하는 데는 이르지 못한다.

센의 급진적 비판

이를 위해 우리는 발전경제학자이자 철학자인 아마르티아 센에게 눈을 돌려야 한다. 합리성, 정의, 행동 철학, 발전경제학, 경제학 내에서 윤리의 역할 등을 다룬 센의 글은 방대하며, 그 글을 다 다루는 일은 나의 능력을 훨씬 벗어난다. 센이 신자유주의를 떠받치는 경제학적 추론에 도전하는 데서 드러나는 급진적 성격을 보여주는 데에는 몇 가지 간단한 논점으로 충분할 것이다. 그러나 놀랍게도 신자유주의에 문화적 비판을 제기하는 이들은 센이 수행한 작업에 거의 눈길을 주지 않았다. 하트와 네그리가 간단히 언급한 게 전부다.**139**

여타의 접근법이 내세우는 주장에 따르면, 경제학은 경제활동이 지향하는 보다 폭넓은 목적(또는 선)에 대한 고려를 경제학 내부에 통합해야 한다. 이런 조정이 이루어진다면, 새로 방향을 잡은 경제학 또는 레이어드가 말한 "행복 연구"는 계속 작업해나갈 수 있다는 암시가 깔리게 된다. 센은 좀더 깊이 있게 도전한다. 그는 주류 경제학이 윤리에서 분리된 순간부터 곤경에 처했다고 주장한다. 센에 따르면, 이는 경제학의 "질을 상당히 떨어뜨렸으며", 경제학은 윤리에서 단절되어 "공학적" 접근으로 축소되었다.**140**

센이 주장하기로, 오늘날의 경제학은 사회 타당성을 주장하지만 윤리학에서 제기하는 완전히 다른 요구를 충족시키지 못한다. 왜냐하면 윤리학은 "[경제활동] 평가를 '효율성' 충족과 같은 자의적 지점에서 멈출 수 없"기 때문이다. "평가는 (⋯) 선에 대해 좀더 폭넓은 관점을 취해야 한다."**141** 센은 이런 관점에 따라 무엇이 선을 구성하는가에 관한 온갖 철학적 불확실성을 경제학이라는 "정상과학normal science" 안에 다시 도입한다. 그리고 이 같은 시도를 시장의 '보이지 않는 손'이라는 애덤 스미스의 근본 믿음을 배반하는 것으로 간주할지도 모르는 경제학자와 정치학자에 대항하여, 센은 이들이 스미스의 저작 그리고 그 저작 내 중요 논점, 더 정확히는 '도덕감정'이 시장 행위자의 합리적 계산을 훨씬 뛰어넘는다는 논점을 심각하게 오독하고 있다고 주장한다.**142** 실로 센에게, 가치의 윤리적 고려와 경제학 사이의 근접성은 이례적이거나 놀라운 게 아니다. 그것은 아리스토텔레스로까지 거슬러 올라가며, 이러한 지적 전통에서 보면 현대의 '가치 중립적' 경제학이야말로 일탈이다.**143**

그러나 합리성은 어떤가? 합리성은 (시장 논리에서 나오는) 수요 그 자체와 (의심할 바 없이 언제나 작동하지만 경제학자의 관심사는 아닌) 감정이라는 모호한 영역 사이에 명확한 구별을 (경제학에서든 다른 어디서든) 요구하지 않는가? 센은 그 대답으로, 합리성에 관한 이런 설명은 언제나 빈곤하다고 주장한다. 합리적 선택이론이 고전적인 예다.**144**

합리적 선택이론은 추상적 경제학 모델에서 파생한 사회과학 이론으로, 사회적 삶 내 불확실성을 급진적으로 설명하여 모든 행동을 개인의 효용 극대화 관점에서 재해석한다. 센이 합리적 선택이론에서 '합리성' 정의에 가하는 공격은 너무 정교해서 여기서 온전히 다루기 힘들지만, 개괄적으로 보자면 센은 합리적 선택이론이 인간을 생각하는 방식에 관해 단지 "한 가지 매우 좁은 해석적 이야기"만을 제공할 뿐이라고 주장한다.[145] 더 구체적으로, 합리적 선택이론의 두 가지 핵심 가정에는 결함이 있다.

1 '자기복지'라는 목표: 개인의 유일한 목표는 자기복지를 극대화하는 데 있다.

2 '자기목표 선택': 개인의 선택은 자기 목표 추구에 전적으로 따른다.[146]

센에 따르면 보다 정교한 합리적 선택이론의 경우,[147] '인간은 자신이 아끼는 타인이 고통을 겪는 걸 보는 것이 자신에게 주는 고통을 합리적으로 피하려고 한다'는 사실을 수용한다. 따라서 실제로 합리적 행위주체는 자신의 복지만을 추구하지 않는다. 그러나 이처럼 더 정교한 합리적 선택이론조차 내가 나보다 큰 어떤 집단의 복지를 극대화하기를 합리적으로 선택할 수 있으며(가정 1에 반함), 또는 내가 나 자신의 목표만이 아니라 타인의 목표가 만족되도록 행동하기를 합리적으로 선택할 수 있다는 점(가정 2에 반함)을 인정하는 데에는 미치지 못한다.

합리적 선택이론, 좀더 넓게 말해 신자유주의 원리는, 보다 폭넓은 사회적, 윤리적 또는 정치적 헌신의 가능성을 배제한다. 센이 주장하기에, 이 같은 접근은 인간이 어떤 목표를 추구해야 하는지에 관해 어떻게 성찰하는지를 전혀 고려하지 않는다. 예컨대 더 큰 집단의 선을 위해 자신의 개인적 목표를 제한한다는 목표 같은 것 말이다.[148] 따라서 센은 이런 접근이 인간 가치의 중요한 일부인 "가치에 관한 가치"를 보지 못한다고 주장한다.[149] 센은 더 나아가 개인적 합리성이 특정한 사회적 맥락 속에서만 의미가 있다고 주장한다. 이는 찰스 테일러가 계몽주의 철학(존 로크, 데이비드 흄 등)의 "점자아"*에 제기하는 비판과 일맥상통한다.[150] 여기서 센이 가하는 비판은 경제학뿐만 아니라 '공공선택이론' 등 널리 퍼진 합리적 선택이론의 원리에도 적용된다. 콜린 헤이가 주장하듯, '공공선택이론'은 공공정책을 유사 경제적 목표로만 한정하는 신자유주의식 제한을 합리적인 것으로 정당화하는 데 폭넓은 영향력을 미쳐왔다.[151] 따라서 센이 합리적 선택이론의 토대를 상대로 하는 도전은 신자유주의 정치에 대해서도 함의가 있다(3장을 보라).

센이 경제학의 자유 개념에 제기하는 의문 또한 중요하다. 센은 윤리학을 경제학 안으로 다시 가져옴으로써만, 자유(예를 들어 신자유주의 경제학이 그토록 총애하는 시장 '자유')가 무엇을 의미할 수 있는가 하는 적절한 설명을 발전시킬 수 있다고 강조한다.[152] 자유에 관한 주류 경제학의 정의(시장 환경에서 자신의 선호를 극대화할 자유)는 왜 우리가

---

* 점자아the punctual self란 캐나다 철학자 찰스 테일러가 존 로크와 계몽주의에서 자아 개념을 비판하면서 제시한 용어다. 테일러는 『자아의 근원: 현대 정체성의 형성』(1989)에서 이런 자아는 어떤 편향, 경험, 규범이 가하는 제약으로부터도 자유로운 중립적, 객관적 자아이며 나아가 주체 스스로로부터도 그러하다고 말했다. 테일러는 내외부와 단절된 이러한 자아를 기하학 공간 비유를 사용하여 점자아라고 불렀다.

자유를 가치 있는 것으로 여기는지 또는 자유의 내용이 실로 무엇인지 같은 폭넓은 고려와 동떨어져 있다. 이 같은 윤리적, 규범적 참조점의 부재는 특히 미국 신자유주의에서 강하다. 밀턴 프리드먼은 이렇게 말한다.

> 한 사회에서 자유는 개인이 이런 자유를 가지고 무엇을 하는지 말하지 않는다……. 자유는 모든 것을 포괄하는 윤리가 아니다. 실로 자유주의자의 주목표는 윤리적 문제를 개인이 씨름하게끔 맡겨두는 데 있다.[153]

여기서 문제는 우리의 자유 관념에서 윤리학을 배제하는 게 논리적 일관성이 있는가 하는 점이다. 센에 따르면 자유에는 '과정'의 측면과 '기회'의 측면 두 차원이 존재하며, 둘 다 중요하다.[154] 과정의 자유는 물론 중요하다(이를테면 시장에서 상품을 팔거나 사는 자유, 방해받지 않을 자유). 그러나 문제는 시장 자유주의가 자유의 과정 측면에만 관심이 있으며 기회 측면은 무시한다는 점이다. 자유의 "기회 측면"이란 무엇인가? 센은 "어떤 사람이 가치 있게 여길 이유가 있는 것을 달성할 실제 능력"이라고 정의한다.[155] 그러나 확실히 이는 자유가 왜 필요한가에 대한 부분적 이유다. 우리의 근본적 가치가 '자유'라 해도, 무엇을 하기 위한 자유인가라고 물어야 한다. 이는 자유를 정의하는 데서, 자유 말고 다른 가치를 대상으로 하는 논쟁을 배제할 수 없음을 의미한다. 따라서 추상적 의미에서 자유는 가치로서 완전히 일관되지는 않는다. 여기서 센은 아이자이어 벌린에게서 나온 "부정적 자유 negative liberty"라는 극구 칭송되어온 전통을 과감히 기각하고,[156] 하이에크가 듀이에게서 기각한 사회정의라는 질문과 연결된 자유라는 개념으로, 암묵적으로 돌아간다.[157]

이제 이 장에서 시작한 질문으로 다시 돌아가겠다. 우리가 좀더 도덕적인 자본주의를 원한다면 그런 도덕이 토대하는 새로운 가치를 찾아야 한다. 시장 자유를 절대 가치로서 옹호하는 신자유주의 독트린은 피상적인 것으로 드러났다. 왜냐하면 센에 따르면, "자유는 한 개인이 (…) 선호할 이유가 있는 무언가에 대한 관념 없이는 온전히 평가될 수 없기" 때문이다.[158] 따라서 좀더 폭넓은 가치와 분리된 시장 자유에 대한 근본주의적 개념은 공허하다. 접속주의적, 현시주의적 논리에서 나온 자유와 관련한 최근의 비전에도 같은 논점이 적용될 수 있다. 볼탄스키와 치아펠로 그리고 더 근래에 바넷와이저가 보여주듯이, 목적이 명시되지 않으면 논리는 공허하다. 무엇을 위한 네트워크인가? 무엇을 위해 우리를 브랜딩하는가? 경제학을 윤리학에 다시 개방함으로써 그리고 경제학자의 합리성과 자유 개념 가치를 새롭게 고려함으로써, 센은 자신이 단지 "합리성의 요구라는 자의적으로 좁게 정의된 여러 정식에 의해 빼앗긴 인간성의 지반을 되찾을" 뿐이라고 주장한다.[159] 그럼에도 신자유주의 담론이 서 있는 기반은 흔들린다.

센이 하는 주장은 목소리 개념과 암시적으로 연결된다. 센이 자신이 멘토로 삼는 케네스 애로를 언급한 것에 주목하라. 센은 애로가 경제학 내로 목소리를 다시 도입했다고, 즉 "사회적 선택이라는 정식을 통해 사회 구성원의 '목소리' 그리고 이 같은 목소리가 사회적 결정에 영향을 미치는 데서 행하는 역할에 대한 인정"을 이루어냈다고 칭송한다.[160] 센 자신이 수행한 작업은 이와 비슷한 역할을 한다. 목소리의 이차적 가치(센의 표현으로 하면 "가치에 관한 가치")는, 개인으로 하여금 자신이 살고 있는 세계를 향한 독특한 관점을 고수하게끔 하여 시장의 공격적 논리를 방어한다. 나는 센의 사상과 목소리 개념 사이 관계를 5장에서 더욱 깊이 발전시킬 것이다.

새로운 경제학?

다른 가치로부터 고립된 것으로 여겨지는 시장 행위자의 경쟁적 개인주의가 더는 현대 경제학의 시작점일 필요가 없다면, 새로운 경제적 의사결정 모델이 가능하다. 경제학자들은 "상호 동류의식" 같은 상이한 재화 그리고 인간에게서 관계와 상호성을 중요하게 고려하기 시작했고,[161] 경제적 추론의 틀 내에서, 타인을 돕거나 타인과 협력하기 위한 사회적 상호작용 같은 여러 재화를 유지할 수 있는 맥락에 시장이 어떤 효과를 낳는지 고려하고 있다.[162] 스테파노 차마니는 경제적 추론의 협소한 도구주의가 인간(특히 행복한 인간)이 실제로 생각하는 방식과 맞아떨어지는지 묻는다.

행복을 효용의 범주로 축소하는 것은 심각한 설명적 문제를 낳는다. 수많은 사회적 상호작용과 대다수 실제적 결정은 단지 도구성의 부재 덕에 의미를 획득한다는 단순한 이유 때문이다.[163]

이런 관점에서 보면, 미국 신자유주의 독트린이 주장하는 대로 시장 작동이 잘못된 사회적 논리를 조정하기는커녕 신자유주의 독트린의 반사회적 수사가 나쁜 경제학을 만든다.

프랑스 사회학자 알랭 투렌이 논의한 "경제 시스템(그리고 특히 금융 경제)과 그것이 속하는 사회 전체 간 분리의 심화"는 심각한 지적, 도덕적 붕괴에 따른 결과라 할 수 있다.[164] 첫째, 경제학은 시장의 오작동 예측뿐 아니라 시장의 한계에 관심을 두는 데에도 실패했다. 둘째, 전 사회 또는 적어도 정치 시스템은 그런 한계를 정치적으로 통제하는 데 실패했다. 그러나 센이 주장하기에, 도덕이나 윤리는 "시장에 개입하지 말아야 한다"라는 근거로 '도덕적' 자본주의에 반대하는 이들의 지적 체면을 완전히 구겨버린다.

신자유주의 경제학을 반대하는 목소리가 높아지고 있다는 사실은 정책 조언 수준에서도 감지된다. 유럽중앙은행ECB 총재가 "우리는 비선형적 시대를 살고 있다. 고전적 경제 모델과 이론은 적용될 수 없고 미래가 어떻게 전개될지는 예측될 수 없다"라고 할 만큼[165] 심각한 장기적 경제적 불확실성하에서, 리처드 레이어드가 보증한 2009년 1월 영국 신경제학재단New Economics Foundation 보고서는 '복지'를 측정할 새로운 국민계정을 요청했다.[166] 한편 국제 수준에서 경제협력개발기구 OECD는 2008년에 "사회진보 측정"을 위한 전 지구적 프로젝트에 착수했다.[167] 하이에크로 거슬러 올라가는 전통을 고수하려는 이들조차 이제는 좀더 폭넓은 윤리학을 강조하며 그 울타리 내에서 자기주장을 펴야 한다. 노벨상 수상자 에드워드 펠프스는 이렇게 말한다.

하이에크가 틀림없이 믿었지만 말하지 않은 것을 명확히 하는 것이 중요하다. (…) 완전히 미지의 세계에서, 개인이 실험하고 배우고 탐색하고 충동적으로 행동하고 생각을 테스트하는 것은 (…) 개인의 성장이라는 이름으로 개인적 이득을 제공한다. 즉 '재능'과 '역량' 확장, 경험 확대와 자기발견 같은 것 말이다.[168]

펠프스는 사르코지 프랑스 대통령과 블레어 영국 총리가 공동의장을 맡은 '새로운 세계, 새로운 자본주의New World, New Capitalism' 심포지엄에서 발언했다. 센이 그 심포지엄에 관해 설명하는 내용은 조금 다른데, 센은 정의와 불평등을 고려하는 데서 경제학의 기반을 강조한다.[169] 심포지엄은 '경제 성과와 사회진보 측정위원회CMEPSP: Commission on the

Measurement of Economic Performance and Social Progress'에서 나온 논의의 일부였는데, 이 위원회는 2008년 초 스티글리츠를 의장으로 하고 센을 고문으로 하여 구성되어 프랑스 대통령 사르코지에게 보고서를 제출했다. 위원회가 내세운 제안은 2009년 9월 출간되었으며, 위의 논쟁에 관해 지금까지 가장 중요하게 이바지했다.[170]

위원회가 작성한 최종 보고서는 경제적 측정과 환경의 지속 가능성이라는 더 폭넓은 문제 사이 중요한 연계를 열어젖혔다는 점 말고도 네 가지 사실이 특히 인상적이다. 첫째, 경제활동을 측정하는 전통적 기준인 국내총생산은 "주로 시장 생산을 측정"하는 것으로, "경제적 복지" 평가 기준으로는 별로 좋지 않으며(제안 1), 정책 목적상 수입과 소비 측정 기준으로 대체되어야 한다. 둘째, 이를 바탕으로 수입과 소비 측정 기준은 의료 서비스와 교육을 포함하여 정부가 제공하는 서비스에 대한 가치 평가를 포함해야 한다(제안 2). 셋째, 단지 총액만이 아니라 "수입, 소비, 부의 분배"가 더 많이 강조되어야 한다(제안 4와 7). 넷째, 가장 급진적인 것으로서, 복지에 관한 좀더 포괄적이고 다차원적 정의를 사용하여 앞서 언급한 물질적 생활수준뿐 아니라 전통적으로 경제학이 측정하지 않은 여러 재화를 포함해야 하는데, 여기에는 건강, 교육, 일과 같은 개인활동(레인의 논의와 비교해보라), 사회적 연계(레이어드, 볼탄스키와 치아펠로의 논의와 비교해보라), "정치적 목소리와 거버넌스" 등이 포함된다.[171]

시장 근본주의가 주장하기에, 경제학에서 밑바탕이 되는 가치는 교섭될 수 없다. 그러나 오늘날, 적어도 몇몇 방향에서는 그런 가치를 둘러싼 논쟁을 상상할 수 있게 되었고 웬디 브라운이 신자유주의 독트린이 닫아버렸다고 언급한 경제학과 정치학 사이의 틈을 비틀어 열었다. 우리의 정치제도가 경제적 목표와 관련해 오늘날 긴요한 토론을 지속할 수 있는지를 놓고 질문이 제기되고 있다. 새로운 프랑스위원회에 대한 응답으로서 구성된 프랑스의 포럼 FAIR(부의 대안 지표를 위한 포럼Forum pour d'autres indicateurs de richesse)는 다음처럼 선언한다.

> 우리 국부의 항목을 재정의한다는 것은 그 전제조건으로서, 우리의 가치를 이루는 것이 무엇인가, 무엇이 실제로 중요한가, 경제적 교환에서 의미란 무엇인가, "함께 살아가기"라는 민주적 차원에 부여된 장소는 어디인가 등[의 문제]에 질문을 제기하고 논쟁의 공간을 개방함을 의미한다.[172]

다른 말로 하자면, 더 나은 경제학은 더 나은 정치학을 요구한다. 그 정치학은 경제과정의 정치적 (그리고 사회적) 목적을 둘러싼 논쟁에 자리를 마련해준다.

이는 경제적 사고와 (그와 관련된) 발전의 실천에서 '목소리'와 참여의 역할에서뿐만 아니라,[173] 주류 정치과정에서도 역시 더 깊은 함의가 있다. 그러나 신자유주의 독트린 비판이 경제학에 한정된 것으로 그치는 데 안주할 수는 없다. 우리는 오늘날 목소리가 맞닥뜨린 위기에서 두번째로, 정치적 차원 또한 고려해야 한다. 이는 여러 이유에서 어떻게 신자유주의 자체가 경제 이데올로기뿐만 아니라 정치 이데올로기로서 깊숙이 자리를 차지하게 되었으며, 민주주의 실천에서 혼란스러운 결과를 가져왔는지 자세히 들여다봄을 의미한다. 이것이 바로 3장에서 다룰 주제다.

3장
—
신자유주의적 민주주의라는 모순어법

세기말 시점에서 신자유주의적 자본주의는 경제적 효율성이라는 명령과 자유시장 물신주의 속에 자신의 이데올로기 기반을 감춤으로써 정치의 죽음의 전조를 이룬다고 강력하게 주장할 수 있다.
_진 코마로프와 존 코마로프[1]

진보정치를 사회적 보호와 시장 유연성 사이의 타협으로 축소하는 보수적 제도 사회민주주의자*들의 시도로, 민주주의는 실현되지 못한 채 남아 있고 그 시도 또한 그 자체의 목표를 이루는 데 실패한다.
_호베르투 망가베이라 웅거[2]

신자유주의 독트린은 경제학 영역을 넘어서는 중요성이 있다. 신자유주의 독트린은 최근 거의 30년간 사회적, 정치적 조직 원리로서 다양한 속도와 규모로 촉진되고 실행되었다. 이런 일이 체계적이고 오랜

* 진보주의자로 통하는 미국과 유럽 사회민주주의자들을 지칭한다.

기간 벌어진 나라들을 '신자유주의적 민주주의'라 부르려고 한다. 이에 따른 결과로, 정치와 정부의 실천에 근본적 모순이 생겨났다. 이 장에서는 세 가지 문제를 다룬다. '신자유주의적 민주주의'라는 허구의 핵심에 존재하는 모순을 탐색하고, 그럼에도 이런 허구가 영국이나 미국 같은 나라에서 살아남는 여러 힘을 설명하여 일상생활에서 무슨 의미가 있는지를 탐색하고, 이와 같은 분석에 토대해 우리가 어떻게 신자유주의 지평을 넘어서서 정치를 생각할 수 있는지 숙고한다.

　'신자유주의 자체'(하이에크, 미제스, 프리드먼의 유산)가 어떻게 '신자유주의 독트린'이라는 커다란 헤게모니적 참조 틀로 성장했는가 하는 이야기는 매우 복잡하다.[3] 전 지구적 규모에서 신자유주의 독트린이 워싱턴 컨센서스라는 모습으로 확대되자, 영국의 경우와는 달리 광범한 저항이 일어났다. 1980년대 이후 세계은행과 IMF의 구조조정 프로그램SAPs: structural adjustment programmes으로 강요된 '지구화'와 '현대화'에 대한 저항 등이 이에 포함된다.[4] 따라서 아이화 옹이 주장하듯, 우리는 좀더 폭넓은 지구적 규모에서 신자유주의가 불균등하게 분포되어 있다는 사실을 받아들여야 한다.[5] 그러나 이 같은 지구적 복잡성 때문에 신자유주의 정치가 갖는 역설적 성격이라는 중요한 일반 논점이 훼손되지는 않는다. 두 가지 사례를 들어보자. 1990년대 말, (당시 하버드 법대 교수였고 지금은 브라질의 장기계획부 장관인*) 웅거는 신자유주의의 지구적 확장을 이처럼 특징지었다. "[신자유주의 독트린의] 이러한 통합성은 좁은 의미에서 경제적이고 기술적이기보다는 사회적이고 정치적이다. 그것은 정부의 힘을 약화시키는 부정적 통합성이다. 그것은

* 하버드대 법철학 교수인 호베르투 웅거는 2007년 룰라 행정부 2기에서 장기계획부 장관으로서 현실 정치에도 간여하다가 2009년 다시 학계로 돌아왔다.

국가가 사회의 기존 질서에 개입하지 못하게끔 한다."[6] 남아프리카공화국의 아킬레 음벰베는 국제 채권단이 요구하는 데서 비롯한 결과를 더 어둡게 특징짓는다. "아프리카에서 일어는 변화는 (…) 독창적 방식으로 시스템을 만들어내며, 그 결과 단지 빚, 생산적 자본의 파괴, 전쟁이 발생했을 뿐 아니라 국가 해체가 진행되었으며, (…) '공공선'으로서 국가, 일반적 지배 메커니즘으로서 국가가 급격히 도전받았다."[7]

따라서 대안적 현대성 발전이라는 어려움을 보여주는 브라질에서, 국가 안정성에 위협을 겪는 아프리카에서, 오래 존재해온 민주주의의 모습이 침식되는 영국에서, 우리는 중첩되는 모순을 발견하게 된다. 그리고 이러한 잠재된 공통성은 확실히 중요하다. 여기서는 이들 특정한 모순 중 세번째에 집중할 것이다.

왜 영국 사례가 중요한가

영국 사례는 여러 이유에서 중요하다. 첫째, 영국에서 신자유주의 원리는 1970년대 말 이후 마거릿 대처에 의해 정치 독트린으로 개척되었고 이후 거의 30년간 적용되었다가 다른 원리들과 긴장이 증가하자 2000년대 말을 시점으로 거의 정치적 붕괴 상태에 이르렀다. 둘째, 영국은 '해결책'의 제안자로서 그리고 많은 논자가 주장하듯 위기를 부추기는 정책의 근원지로서, 지구적 경제위기와 시장위기에 중심적으로 관여해왔다.[8] 영국은 이 같은 위기에 대응해 장기적 비용을 가장 많이 감수해야 하는 나라로서, 2008년 지구적 금융위기 때 국내총생산^{GDP}의 거의 20퍼센트에 해당하는 금액을 금융 부문 지원에 사용했다. 이는 미국이나 노르웨이를 제외한(13.8퍼센트) 다른 유럽 국가와 비교하면 세 배에 이르는 수치다.[9] 셋째, 영국은 정치 시스템에서 점차 커지는 신뢰 위기에 직면하고 있다(가장 최근의 예는 총리의 비용 청구를 둘러싸고 지속적으로 전개되는 추문*이다). 그러나 대단히 인기 없는 정부임에도, 다음 총선에서 여러 모습으로 위장한 신자유주의 정통을 넘어서는 진정한 기회가 제공될지는 전적으로 불확실하다. 영국은 이런 점에서 신자유주의 독트린이 기존의 민주주의 시스템 안에 깊이 자리잡을 때 무슨 잘못이 벌어지는지 보여주는 좋은 사례다.

최근 30년간 영국 정치에서 두 가지 과정이 두드러진다(여기서 북아일랜드는 제외하며, 아래 인용한 정치통계 대부분은 이에 따른다). 첫째, 주요 정당 사이 신자유주의적 합의가 부상하면서 1997년 이후 신노동당은 여러 방식(사유화, 시장화, 부의 재분배라는 정치적 목표 포기, 노동시장 유연성에 중점 부여 등)으로 대처리즘적 신자유주의 정책의 본질적 모습을 이어왔다. 둘째, 영향력 있는 정치적 행위자 폭의 축소로서, 이는 노동조합과 대형 정당의 쇠퇴(다른 나라도 마찬가지다) 그리고 이에 더하여 종교와 시민사회 제도와 지방정부의 약화를 낳았다(영국에 특유하다).

그 결과 민주적 절차는 극적으로 **축소되었고**, 영국 시민은 이런 부적절한 변화를 감지했다. 최근 전국조사에서 "나 같은 사람은 정부 일에 발언권이 없다"라는 데 60퍼센트가 동의했으며(단지 25퍼센트만이 동의하지 않았다), "나 같은 사람"이 정치에 관여하게 될 때 이 나라 운영 방식이 바뀔 수 있다는 데에는 동의보다 부정이 많았다(31퍼센트 대 42퍼센트).[10] 2001년 영국 총선 투표율은 역대 최저였고(59퍼센트), 2005년

---

* 2009년 영국 의원들과 총리가 수년간 비용을 과다하게 청구한 사실이 폭로됨에 따라 내무장관과 하원의장을 포함한 많은 이가 공직에서 사퇴했으며 정치 불신이 깊어졌다.

에는 조금 올라갔을 뿐이다(61퍼센트). 이러한 환멸은 특히 젊은이들에게 영향을 미친다. 2005년 영국 총선에서 18~24세의 37퍼센트, 25~34세의 48퍼센트만이 투표를 했고 이 연령대에서 다음 선거 때 확실히 투표하겠다고 응답한 비율은 50퍼센트를 크게 밑돌았다.[11] 낮은 청년 투표율이 영국에만 나타나는 건 아니지만,[12] 영국의 투표 성향에서 보이는 '세대차'는 특히 크다.[13] 다른 집단에 대해서도 우려가 일고 있다. 미숙련 노동자 또는 무직자나 은퇴자 중 절반 이하만이 확실히 투표할 것이라 응답했고[14] 한편 소수 인종의 47퍼센트만이 2005년 선거에서 투표했다.[15] 이런 문제는 영국 시민과 정치적 대표자 사이의 접촉이라는 기본적 수준에서 좀더 일반적으로 드러난다. 2008년에 15퍼센트만이 "최근 2~3년 동안 자신의 의견을 지방의원이나 하원의원에게 제시한 반면, 2006년에는 단지 14퍼센트만이 자기 지역구 하원의원과 접촉했을 뿐이다."[16] 한 온라인 조사에서는 영국 시민의 72퍼센트가 자신의 정치적 대표자로부터 "단절되었다"라고 느낀다는 결과가 나왔다.[17] 그러나 이는 영국 시민이 정치에 대해 발언하고 싶어하지 않아서가 아니다. 영국 시민의 69퍼센트는 "나라 운영 방식"과 관련해 발언하고 싶다는 의사를 표시했으며 12퍼센트만이 그렇지 않았다.[18]

영국 정치 시스템을 이제 어떤 시민도 거의 만족시키지 못하고 있다. 영국 시민 92퍼센트는 '현재 영국의 통치 시스템'이 개선될 필요가 있다고 여긴다(62퍼센트는 개선이 크게 필요하다고 의견을 표시했다).[19] 이 수치는 2009년 총리의 비용 처리를 둘러싼 위기 이전 것이라는 점에 주목하라. 영국에서 정치인 신뢰 점수는 낮지만(영국 시민 71퍼센트는 정치인을 '그다지' 또는 '전혀' 신뢰하지 않으며, 8퍼센트만이 대체로 '정치인이 진실을 말한다'라고 신뢰한다),[20] 문제는 그보다 훨씬 크다. 2003~

2006년 사이 나는 소냐 리빙스턴 및 팀 마컴과 함께 런던정경대^{LSE}에서 '공공 연결$^{Public\ Connection}$'을 주제로 연구를 수행했다. 우리는 영국 정치 시스템이 사람들의 참여적 실천―여기에는 미디어 보도에 귀를 기울여야 한다는 (줄어들고 있긴 하지만) 여전히 지속되는 의무감이 포함된다―과, 그리고 그런 참여를 정부가 인정한다는 의식 사이에 충분한 연계를 제공하지 못한다고 결론 내렸다. 그 결과 시민의 동기 위기일 뿐 아니라 "'인정 위기' 즉 시민이 행하는 것 또는 행하려는 것과, 시민이 행하는 것에 대해 국가가 보이는 인정 간 격차가 나타났다."[21] 여기서 생겨난 결과는 정치과정과 일상 현실 사이의 단절이다. 이 연구에서 가장 활동적인 시민 응답자 중 한 명은 이렇게 말했다.

이야기를 꺼내는 것으로 끝이에요. 실제로 뭔가를 하는 건 아니죠. 생각을 쏟아내는 겁니다……. 저 꼭대기에서 일어나는 일이고 여기 밑바닥의 일은 아니에요. 밑바닥 현실은 완전히 달라요……. 그렇지만 정치인들이 이건 신경 안 쓰죠.[22]

이같이 줄어드는 민주주의는 최근의 연구 결과로 깔끔하게 요약할 수 있다. 74퍼센트는 "정부가 공중의 개개인이 내는 의견에 충분히 귀를 기울이지 않는다"라는 데 동의했다(7퍼센트만이 동의하지 않았다).[23] 한 통찰력 있는 전직 마케터(리언 메이휴)가 지적하듯, 마케팅에 토대하는 정치는[24] 정부와 유권자 사이 소통이라는 신뢰를 해칠 위험이 있다.[25] 시민을 위해 공식적 목소리를 제공하지만 전혀 듣지는 못하게 된 시스템은[26] 우리가 1장에서 살펴본 것과 같은 정치적 목소리의 위기를 보여준다. 이 체제는 목소리를 제공하지만(그렇게 하지 않을 도리가 없다), 현실로서의 목소리는 축소하며, 마누엘 카스텔이 "소통의 힘과

대의의 힘 사이 체계적 단절"이라 부른 현상을 낳는다.[27]

영국에서 정치권력의 정당성은 어디서 찾을 수 있는가? 정책집단이 이 문제에 우려를 나타내는 것은 놀라운 일이 아니다. 2006년 3월, 헬레나 케네디 경의 칙선 변호사가 주도한 권력보고서는 영국 지방정부의 위축과 영국의 공식 정치과정에 보이는 낮은 참여에 우려를 표시했으며, 사회자본과 그를 통한 시민적 활동 감소가 문제라는 로버트 퍼트넘의 생각을 기각하고 좀더 혼란스러운 결론에 이르렀다. 즉 영국에서 시민 참여는 여전히 건강하지만, 시민으로 참여하는 이들 자신은 공식 정치과정에서 배제되어 있으며 그런 정치과정에 대해 실제로 절망하고 있다는 것이다.[28]

영국 국가는 어떻게 반응했는가? 신자유주의 독트린은 결국 시장경쟁력의 조건을 유지할 수 있는 국가를 요구한다. 따라서 권력보고서가 제기하는 비판은 간단히 무시될 수 없다(미셸 푸코가 명확히 했듯, 신자유주의는 19세기 자유방임주의와는 다르다).[29] 그러나 영국 정부의 대답은 민주정치 작동에 관한 신자유주의적 관점에 의해 제한되었다. 2008년 7월 신노동당의 지역사회와 지방정부 담당 부서는 법 제정을 염두에 두고 '백서'를 간행했다(『지역사회에 힘을: 진정한 국민, 진정한 권력』). 백서에는 두 가지 공백이 눈에 띈다. 첫째, 지방의 의사결정이 어떻게 좀더 포괄적일 수 있는지 자세히 다루고 있음에도—참여 예산, 경찰이 범죄 감소를 위해 우선순위를 부여하는 것과 관련한 지역 내 협상 등[30]—그런 지방정부의 개혁이 중앙정부나 광역정부처럼 수준이 상이한 정부와 어떻게 연결되는지 또는 어떻게 그에 도전할 수 있는지에는 주의를 기울이지 않는다. 모든 방면의 지방정부 전문가들이 매우 허약하다고 간주하는 정치 시스템에서,[31]—2004~2005년에 지방정부 수입 중 거의 4분의 3이 중앙정부로부터 분배되었다[32]—이는 확실히 핵심 문제다. 둘째, 백서는 지역 시민이 하는 역할이 대체로 지역 서비스 이용자 역할에 제한되어 있다고 보고 있다. 그러나 지역 시민이 어떻게 국가정책을 놓고 논쟁할 수 있는지에 대해서는커녕 지역 시민이 어떻게 지방정책에 이의를 제기할 수 있는지 그리고 국가정책이 어떻게 지역의 의사결정을 가로막는지에도 주의를 기울이지 않는다.

민주주의 시스템에서 시민이 같은 정도로 선택을 행사하고 최상의 것을 같은 만큼 요구할 권리를 갖게끔 힘을 부여하지 않는다면, 우리는 민주주의에 대한 신뢰와 참여가 더욱 훼손되는 상황을 목도하게 될 것이다.[33]

소비주의적 언어는 정치인들이 내리는 결정에 직접 도전할 가능성을 안 보이게 밀어두는 데서 편리하다. 관건이 되는 유일한 문제는 "값어치" 또는 "서비스의 납품과 소유권[즉 그에 대한 책임]을 직접 유권자 자신들에게 넘기는 것"이 된다.[34] 백서에서는 런던에서 가장 가난한 지구 중 하나에 거주하는 부모 상당수가 자녀의 중등학교 지원을 온라인으로 하게 된 것을 민주주의의 성공이라고 내세우는데, 바로 여기서 이런 사고의 빈약함이 잘 드러난다.[35] 중등학교 지원을 온라인으로 해야 할 필요성은 유사 시장 시스템 도입을 통해 정부가 강요한 것이다. 사회정책에 대한 정부의 책임을 "모든 이에게 (…) [개인으로서] 위험을 감수하고 대면할 수 있는 경제 공간을" 부여하는 것으로 축소되는 신자유주의 독트린만이,[36] 시민들이 자신에게 요구되는 '자유'를 새로운 방식으로 행사하는 것을 민주주의의 확장이라고 간주할 수 있을 것이다.

정부가 지원하는 웹사이트에 의사, 경찰, 아동보육 서비스와 관련해 의견을 남길 수 있게 한 최근 영국 정부의 제안 역시 피상적이다.**37** 정치 시스템에서 정당성은 '상호작용성'이라는 작은 요소를 허용한다고 해서, 혹은 좀더 발전된 의사결정을 허용한다고 해서 구할 수 있는 게 아니다. 정치 시스템 전체가 정부의 적절한 책임성을 시민에게 제공하는지에는 단지 상징적 주의만 기울이면서 말이다(이를테면 총리에게 하는 전자청원을 통해).**38** 시장경쟁을 보장하거나 확장할 힘을 국가에 집중하는 신자유주의의 지상명령이 압도적인 상황에서 "지역사회에 힘을"이라는 말은 기껏해야 편리한 허구일 뿐이다.**39**

이것이 한 국민국가의 긴장에서 나오는 특이한 결과라면, 이런 긴장은 크게 관심을 끄는 일이 아닐 것이다. 그러나 제도주의 이론가 필립 보빗은 이 같은 긴장이야말로 '시장국가'에 내재한다고 본다. 2003년 이라크전쟁이 개시된 직후 쓴 글에서 보빗은 세계시장이 초국가적 노선에 의해 재구조화하면서, 국민국가는 '시장국가'로 대체되었다고 선언했다. 보빗은 국민국가가 "말뚝에 묶인 채로 움직이는 광선을 쫓아다니는 곰" 처지로 전락했다고 주장한다.**40** 중앙정부가 삼는 목표는 시민복지의 최대화에서 지구시장에 참여할 주민의 기회 최대화로 이동했으며, 고용 안정과 통화 안정 같은 정책 목표는 더 큰 지구적 공간 속에서 개인의 경제적 기회를 고양하는 보조 수단이 되었다.**41** 그 결과 보빗에게서 국가는 "정의라는 규범에 대체로 무관심하며, 또는 그 점에서 법이 경제적 경쟁에 장애물이 되지 않는 한 어떤 특정한 도덕 가치에도 대체로 무관심하다.**42**

그러나 보빗은 이에 따른 정치적 모순을 예리하게 포착한다. 정부 참여 기회는 완전히 포기될 수 없기 때문이다. 대신 그 기회는 모순적이다. "정부에 공적으로 참여할 기회는 더 많아질 것이다. 반면 그 중요성은 더 작아질 것이다."**43** 하지만 시장국가는 안보와 시장을 유지하는 데 필요한 강제력을 위해 여전히 정당성이 필요하다.[44] 더욱이, 시장국가는 보빗이 '공공재'라 말한 것을 여전히 어떻게든 만들어내야 한다. 이런 공공재는 "시장이 상황에 맞춰 만들고 유지하기 힘든" 것으로서, "충성심, 시민적 예의civility, 권위에 대한 신뢰, 가족의 삶 존중" 등이다.[45] 따라서 보빗은 정통 신자유주의가 앞문으로 쫓아낸 사회적 영역 전체를 뒷문으로 다시 들여온다.

그래서 우리는 신자유주의 정치에 내재하는 역설과 마주한다. 즉 신자유주의 원리는 정치를 불가능하게 하고 부인하지만, 신자유주의 독트린은 어떤 정치를 요구한다는 것이다. 이로부터 나오는 "신자유주의적 민주주의"라는 모순어법은, 웅거가 지적하듯[46] 단순하거나 예측할 수 있는 일련의 모순이 아니며, 바로 그런 점 때문에 더욱 중요한 모순이다.

이제 영국에서 신자유주의적 민주주의라는 모순어법이 어떻게 전개되었는지, 사회 정책과 정의에서 어떤 역설적 결과를 낳았는지에 주목하면서 좀더 그 안으로 자세히 들어가보자. 나는 최근 30년 동안 영국에서 벌어진 모든 잘못이 신자유주의 때문이라거나 영국에서 모든 것이 잘못 돌아갔다고 주장하는 게 아니다. 단지 신자유주의적 민주주의와 오늘날의 영국 국가 사이에 중요한 연계가 존재한다는 것이다(미국에 관해서는 뒤에서 살펴본다).

신자유주의 정치의 역사적 등장

신자유주의 경제학 원리는 어떻게 정치와 정부 모델로 변환되었는가?[47]

원리

밀턴 프리드먼이 정부에 대해 접근하는 방법은 모순을 슬쩍 드러낸다. 프리드먼이 견지하는 자유의 철학은 시장 원리를 확언할 뿐 아니라, 미국 자유주의라는 긴 전통에 토대하여 국가 정당성 그리고 사회적인 것의 거버넌스에 도전한다. 프리드먼은 『자본주의와 자유』에서 정부가 실제로 행하지만 하지 말아야 하는 목록 일부를 제시한다. 몇몇은 예상대로지만(수입 쿼터, 지대 제한, 세세한 산업규제), 몇몇은 보다 으스스하다(의무적 사회보장 제도, 또는 국민보험, 공공주택 제도, 공유 도로, 법정 최소임금).[48] 프리드먼은 두 가지 규범적 원칙에 따라 정부라는 개념을 제한한다. 첫째, 정부는 시장에서 자신의 이득을 추구하는 개별 시민이 갖는 자유를 뛰어넘는 목표를 가질 수 없다. 따라서 공공 목표 또는 사회적 목표라는 개념은 무의미하다. 둘째, '사회적' 이익은 존재한다 하더라도 알 수 없으며, 따라서 개인이나 기업이 그것을 목표로 해봐야 소용이 없다.[49] 이는 대담한 규범적 입장으로서, 2장에서 본 대로 자유의 가치가 향하는 최종 참조점이 개인인가 가족인가 하는 논점을 제외하고는 흔들림이 없다.

오스트리아-독일 신자유주의가 미국 신자유주의의 규범적 확신을 반드시 공유한 건 아니었다. 제2차 세계대전 이후 독일에서는 수많은 요인이 얽혀 있었다.[50] 바이마르 시기 이래 국가의 시장 개입 효과에 회의적이던 독일과 오스트리아의 경제학자들이 모였고, 정치인들은 나치 독일의 폐허 속에서 독일 국가를 완전한 무에서 다시 세우고 나치 지배하에 경제가 국가에 종속되는 것을 거부함으로써, 널리 받아들여질 수 있는 국가 운영 원리를 '자유시장'에서 찾을 필요가 있었다.[51] 이처럼 예외적인 맥락에서, 정치적 선택권은 경제정책에서 양분되었다. 푸코가 말하듯이 이는 자유주의적 "자유시장" 정치와 "여하한 형태의 경제적 개입주의" 사이의 선택으로서, 자유시장 원리를 거부하는 것은 나치즘하 최악의 국가 과잉으로 돌아가는 위험과 동일시되었다.[52] 이런 바탕 위에서, 독일에서는 불신당한 국가보다 시장이 사회질서의 타당한 원천으로 여겨졌다.[53] 그러나 2장에서 보았듯, 하이에크가 시장 자유에 보인 옹호는 국가에 표출하는 적대감이 프리드먼보다 덜 극단적이었다.

1930년대 중반 이후 경제학자들은 루스벨트가 뉴딜 시기에 추진한 개입주의 정책을 점점 더 비판했는데, 이는 미국 신자유주의에 초기 동력이 되었다. 제2차 세계대전 발발 직전 독일과 미국의 경제학자와 정치학자(신자유주의자가 아닌 미국의 정치이론가 월터 리프먼조차 여기 포함되었다) 사이의 지적 연계도 중요했다고 푸코는 주장한다. 그러나 1950년대에서 1960년대에 신자유주의 사상은 미국의 정치 주류에서 격리되어 있었다. 프리드먼은 『자본주의와 자유』 제2판 서문에서 이를 탄식했다. 1970년대 중후반에 와서야 프리드먼과 하이에크가 이끄는 신자유주의자들은 레이건과 대처 같은 우파 정치가 사이에서 명성을 얻었다. 1970년대 초반에 특히 보수 사상가들이 민주주의의 "통치 불가능성ungovernability"에 표출한 우려 역시 이런 맥락의 일부를 이루었다고 푸코는 암시한다.[54] 이때는 바로 사회적, 경제적 계획이라는 케인스주의 협약이 마지막 위기에 처한 시기로서,[55] 노동과 국가 사이 갈등이 점차 커져서 정치질서와 국가 정당성을 저해했다.

신자유주의와 장기적 합리화 과정

이 같은 이행에서 등장한 민주적 거버넌스가 보이는 역설적 형태를 들여다보자. 우선 통치기술 측면에서 접근해보자. 얼핏 보면 프리드먼이 말하는 신자유주의 독트린은 통치 확장이 아니라 통치 철회에 관한 것이다. 따라서 시장은 '자율적이고' 합리적으로 계산하는 행위주체가 자신의 개인적 목표를 만족시키기 위한 최고의 방법을 추구하는 데서 '제한받지 않는' 선택의 공간으로 상상된다. 반면 국가와 국가기구의 행동은 대중적 대의성에 토대하건 아니건 간에 개인의 선택 공간에 권력을 부과하는 것으로 간주된다. 프리드먼은 이렇게 말한다.

> 자유에 가해지는 근본적인 위협은 강제력이다. (…) 자유를 지키기 위해서는 그런 권력 집중을 최대한 제거해야 한다. (…) 경제활동 조직에서 정치적 권위라는 통제를 없앰으로써, 시장은 이 같은 강제력의 근원을 제거하게 된다.[56]

그러나 신자유주의에서조차 시장화를 도입하는 방식을 자유화하는 데 따르는 결과는 피할 수 없다.

통치 원리로서 시장 논리를 우선하는 신자유주의는 역설적이게도 장기적 합리화의 강화 과정에 기반을 두지 않았더라면 효과적이지 않았을 것이다. 이 과정에서 새로운 권력 기술이 나타났고, 시장 담론은 이를 통해 거버넌스 또는 거리를 둔 통치 양식으로서 보다 쉽게 실현될 수 있었다. 1980년대에 '국가 공급'에서 '시장 기능'으로 변화했을 때 그 이면에 작동한 힘은 신자유주의 독트린만은 아니었으며 더 폭넓은 요인들이 있었다. 정부는 당시의 실제적 도전을 점점 관리할 수 없게 되었고, 국가의 경제관리라는 정교한 모델은 1980년대 후반 이후 동유럽 국가 공산주의가 붕괴하면서 점점 불신을 받았다. "국가의 탈통치화"는 기술을 요구했고,[57] 그 하나는 수치화한 목표에 의존하는 것으로, 4장에서 통치의 미디어화와 관련해 더 자세히 논의한다.

이런 변화의 이면에서, 19세기 이래 발전하던 계산 가능성이 사회적 삶을 가로질러 폭넓게 커졌을 뿐만 아니라,[58] 좀더 특징적으로 감사—그리고 그 기반이 되는 화폐가치화—가 통치의 핵심 도구로 자리를 잡았다. 마이클 파워가 분석한 바로는, 영국에서 1980년대 말(대처가 행사하는 정치적 영향력이 최고이던)부터 일어난 "감사의 폭발"은,[59] 정책 영역에서 공공선택이론이 미치는 영향력이 커졌다는 점뿐만 아니라[60] 2장에서 논의한 대로 신자유주의 독트린이 시장조건을 확보할 셈으로 규제를 줄이는 게 아니라 늘릴 필요가 있었다는 점과 연결된다. 그러나 파워는 한 걸음 더 나아가 감사는 핵심적 문화 메커니즘으로서, 이를 통해 추상적 시장 규범이 좀더 폭넓은 사회적 실천으로 번역된다고 주장한다. 파워에 따르면, 감사는 "감사가 작동하는 외부조직 환경을 적극 창출하면서 작동한다."[61] 그 결과 모든 수준에서 공적 자원 공급이 변형되었다. 이는 조직 거버넌스를 경영 방식으로 변형해 이루어졌는데, 이런 방식은 상이한 감사가 발휘하는 효력을 선험적으로 가정했다. 이에 따른 '값어치' 담론이 지배하게 되자 영국의 통치에서 '평가 문화'는 "사회과학적 지식 기반에서 경영적 지식 기반으로" 더 광범하게 이행했다.[62] 이 같은 변화를 이끈 구실은 물론 다양하다. 여러 변화는 통치의 투명성 제고, 심지어는 민주화라는 구실로 옹호되었다. 그러나 파워가 주장하듯 이는 감사가 통치의 지배적 참조점으로 설정될 때 계산 규범으로 기우는 편향을 무시한다.

감사과정은 전문가에 대한 신뢰를 요구하며, 합리적 공공 숙의의 기반이 아니다. 이는 책임성과 관련한 주장에서 막다른 골목이다. (…) 더 많은 회계와 감사가 반드시 더 많고 더 좋은 책임성을 의미하지

는 않는다. (…) 그 가능성은 좋게 말해서 모호할 뿐이다. (…) 감사
는 이런 측면에서 민주주의를 보조하는 게 아니라 대체한다.[63]

이에 따른 변화로, 통치과정에서 숙의적이지 않은 기술이 행하는
역할은 강화된다. 이는 시장화를 향한 변화가 더 폭넓은 초국가적 압
력에 의해 추동될 때 민주주의에서 중요성이 더욱 크다. 바로 이런 일
이 영국에서 강도 높게 일어났다.

시장이 추동하는 정치

신자유주의 독트린은 최근 20년이 넘는 동안 콜린 레이스가 "시장
이 추동하는 정치"라고 부른 새로운 초국가적 정치로 나타났다.[64] 여
기서 레이스가 의미하는 '시장'이란 지구적 투자 시장이지만 시장이
추동하는 정치가 가져오는 결과는 주도된 시장화라는 실천으로서, 이
런 실천하에서 사회와 정부 행동의 전 영역은 시장 원리에 따라 변화
하게 된다. 이렇듯 국민정부가 처한 지구적 맥락의 변화는 매우 복잡
하며,[65] 여기서는 레이스의 뛰어난 설명에 의지하여 아주 간략한 개요
만을 제시할 수 있을 뿐이다. 레이스가 제시하는 국민국가 정치인들이
지구적 시장의 기능과 확장을 지지하지 않는 원리를 채택할 가능성을
극적으로 줄이는 분명한 정치적 요인 두 가지를 꼽는다.

첫째, 국민정부가 국민경제에 미치는 영향력을 극적으로 축소하는
구조적 요인이 존재한다. 레이스에 따르면, 이로 인해 "국제화한 국가"
가 나타난다.[66] 이 같은 국가는 대부분의 상황에서 초국가적 기업보다
교섭력과 재정적 힘이 상당히 약하다. 또한 모든 상황에서 지구적 자
본시장과 외환시장보다 상당히 약하다(지구적 금융위기가 얼마나 그리고

어떤 의미에서 이러한 상황을 바꾸었는가 하는 질문은 잠시 미뤄두자). 영국의 경우 시장이 추동하는 정치가 등장하면서 동시에 많은 요인이 함께 작동했다. 대처 정부가 주요 역할을 담당한 1970년대 후반 자본 흐름의 자유화, (1986년 런던 빅뱅*에 뒤이어) 국영 금융 부문의 소유권 자유화, 훨씬 복잡하고 투기적인 투자 도구의 발달과 연결된 자본시장의 엄청난 성장, 지구적 금융시장에서 전체 거래량 급증 등이다. 외국인 직접투자는 (자본의 이동성 증대와 더 빨라진 초국적 통신을 통해) 더 쉬워졌을 뿐 아니라, 자유화한 거래 환경에서 위험을 분산하고 비용을 최소화하는 데서 더욱 '필수적'이 되었다.

국제거래 증가보다 더욱 중요한 것은(20세기 초와 비교하기는 모호하다)[67] 국민경제에서 점증하는 초국가화다. 이 과정은 영국에서 특히 격렬했다. 레이스는 1990년대 후반 이후 유엔무역개발회의UNCTAD 수치를 통해, 당시 영국이 이른바 'OECD 주요국' 가운데 생산 능력과 고정자본 투자에서 해외 초국가적 기업에 의존하는 비율이 가장 높았음을 보여준다.[68] 더 근래의 수치는 레이스가 확인한 이런 패턴을 강화한다. 영국에서 외국인직접투자는 (국내총생산 비율로 볼 때) 1997년 19퍼센트에서 2007년에는 거의 50퍼센트로 증가했다. 이런 기준에서 보면 영국은 OECD 주요국 중 초국가적 투자에 가장 의존적이며, 그 의존도는 오스트레일리아와 캐나다를 오래전에 앞질렀다(이와 비교할 만한 미국의 수치는 겨우 15퍼센트에 불과하다). 고정자본 형성에서 초국가적 투자 유입 비율을 살펴보면, 영국과 주요국 사이 격차는 더욱 극적이다. 영국에서 이 비율은 1997년 45퍼센트를 기록한 이래 2007년 최고에

* 1986년 10월 27일 급격한 규제완화를 도입한 영국 금융시장 개혁을 일컫는다.

이르렀는데, 이 수치에 근접한 주요 OECD 국가는 단 하나다(프랑스, 29퍼센트).[69] 다른 요인들은 이런 경향을 강화할 뿐이다(이를테면, 국제화한 은행과 금융 부문에 대한 영국 경제의 높은 의존성).

이와 같은 모든 변화가 가져온 결과, 영국과 같은 국민정부는 국내 경제정책에 미치는 영향력이 점차 작아지고 있고, 시장에 유리한 정책을 채택해야 하는 압력을 더 많이 받고 있다. 보빗이 얘기한, 말뚝에 묶인 채로 광선을 쫓아다니는 곰 이미지를 떠올려보라. 이와 똑같이 시장이 '좋아하지 않을' 방향으로 향하는 정책은 국채시장에서 정치적 할증이 부과되어, 국민정부의 차입 비용에 즉각적이고 극적인 결과를 가져온다.[70] 이처럼 다양한 영향은 교섭이 불가능하며, 한 나라의 정치적 숙의 범위를 넘어서 작동하는 것처럼 보인다. 그 결과 발생하는 자본 축적 논리와 정치적 정당성의 요구 사이 갈등은[71] 일상 정치의 표면에는 거의 드러나지 않는다. 대신 시장이 추동하는 정치하에서 정치의 본성 자체가 변한다. 레이스가 말하듯, "정치는 더는 경제를 관리하여 투표자의 요구를 만족시키지 않고, 투표자에게 자본의 요구를 충족시키는 정책을 지지하고 있다."[72]

그렇다 해도, 정치적 장의 변화는, 특히 국가자원 공급과 관련 있는 특정 부문에서, 두번째 변화를 요구한다. 이런 특정 부문에서 사회관계가 시장화되려면 그 관계는 '변용'되어야 한다. 영국에서는 이 과정 역시 복잡하게 일어났다. 1980~1990년대 많은 국가자산으로부터 투자 회수가 일어났고, 국가의 규제와 관리 자원이 수많은 국가기관으로 분산되었다. 정부는 노동조합 쇠퇴를 촉진했는데, 노조가 쇠퇴하지 않았더라면 이런 변화에 저항했을 것이다. 그리고 이런 특정 공공부문에서 공급의 시장화를 실행하는 데 엄청난 문화적, 정치적 작업이 요구되었고 관련 전문가들에게서 저항을 받았다. 이 문화적, 정치적 작업은 담

109

론 수준에서의 변화를 포함한다. 예를 들어 공공서비스 수취자를 '환자' '승객' '학생' 등이 아니라 '고객'이라 부르고, 공공서비스 제공자(예컨대 의사 집단)를 다른 의료 '제공자'에게서 '자유롭게 살 수 있는' '구매자'라는 이름으로 부르는 것이다. 뿐만 아니라 이미 언급했듯이 이러한 작업은 통치 기술의 변화 또한 포함한다. 길지만 여전히 불완전한 영국 국가 의료 서비스 개혁과정에서, 어떻게 어느 한 시점에서 어린이에게 치아 충전 치료를 하는 데 치과 의사에게 정확하게 최대 18분만이 허용되었는지, 어떻게 고문의*가 연구에 착수하지 못하거나 심지어는 '경쟁자'와 정보를 공유하지 못하게 되었는지는, 감사 문화와 같은 강력한 메커니즘에 의해서만 설명이 가능할 것이다.[73]

그러나 시장화는 비용 증가와 비용 통제 완화로 귀결했다고 주장할 수 있다. 영국의 국가 의료 서비스에서, 환자에게 돌아가는 혜택은 적어도 증명되지 않았거나 널리 의심받고 있다.[74] (1장에서 인용한) 레이어드와 던의 『행복한 아동기 보고서』는 학교 분야에서 학교 실적 비교 데이터의 도입—그리고 미디어가 이를 바탕으로 만들어낸 '학교 순위표'—이 교육을 제공하는 데 걸림돌이 된다고 비판했다.[75] 시장에 기반을 두는 소비자의 '선택'을 위해서는 바로 이런 정보의 흐름이 필요함에도 말이다. 한편 (보건부 문서 제목을 인용하면) "보다 강한 지역의 목소리"를 만들려는 일부 시도에도,[76] 공공서비스에 관한 정부의 언어는 '상호작용성'과 경쟁적 '선택'이라는, 프리드먼식 시장 자유주의와 경영 언어가 이상하게 뒤섞인 소비자 기반의 담론에 지배되고 있다. 공공서비스를 더 '개인적인' 것으로 만드는 새로운 전략을 옹호하는

110

* 어떤 병원에서 특정 분야의 최고 전문의.

이는 이렇게 말한다.

> 1990년대에는 기업 부문에서 빌려온 경영 기법을 도입하여, 목표 설정과 철저한 실적 관리로 공공서비스 개선을 추동했다. 이런 기획은 소수의 중앙정책 입안자와 목표 설정자가 확보하고 있는 노하우에 토대하여 서비스를 재설계한다. (…) [그러나] 자기주도적 서비스는 수천 명을 동원하여 스스로에게 적절한 목표를 설정하게 한다.[77]

그러나 공공서비스를 꾸리는 데서, 이 같은 접근 전체가 사람들이 원하지 않는 무엇에 우선권을 부여한다면 어떻게 될 것인가? 이러한 접근이 "미디어를 통한 진료는 시장법칙을 따를 수 없다. 왜냐하면 환자는 보통의 소비자가 아니며 의사는 보통의 판매상이 아니기 때문"이라는 경제학자 케네스 애로의 통찰력을 무시하면 어떻게 될 것인가?[78] 그리고 그 이면에는 "민주적 책임성이 있는 공공서비스"로부터, 투표자 의향은 전혀 반영되지 않는 "완전한 의료보험 시장"으로의 변화가 자리 잡고 있다면 어떻게 될 것인가?[79] 이런 질문은 신자유주의의 소비자 선택이라는 논리에서 완전히 바깥 지점에 있다. 대신 "시장 모방"[80]이 공공서비스 제공에 부과되어 다른 정책 우선권을 가로막는다.

지구적 금융위기로 시장이 추동하는 정치는 끝장났다고 주장할 수도 있다. 확실히 지구적 금융시장의 위기로 인해 정부와 중앙은행은 최종 대출자 자리에서 상업은행과 금융기업의 망가진 대차대조표를 떠받치고, 부실 자산을 사주고, 많은 경우 거대 시장 행위자로부터 과반 소유권을 넘겨받았다. 이로 말미암아 단기적으로 국민정부는 초국가적 기업에 대해 일부 (제한적) 협상력을 확보하게 되었지만, 장기적으로 시장 압력으로부터 독립하여 움직일 능력은 늘어나기는커녕 줄어들었다. 정책 우선순위는 —그리고 막대한 국가자원이 향하는 목적지는— 시장의 기대와 더욱 가까이 묶이게 되었다. 이로 인해 영국에서 최근 20년간 진행되어온 공공서비스의 급격한 시장화가 저지되지도 않았다. 실제로 국고가 고갈되면서(이는 영국에서 극적으로 벌어지고 있다), 남아 있는 정부 재정을 따내려 공공서비스 사이에 경쟁이 강화되고 있을 뿐이다.

신자유주의 정치의 사회적 비용

우리는 보수당과 신노동당 정부하의 영국에 자리 잡은 시장이 추동하는 정치가 책임성 면에서 여러 역설을 가져왔음을 보았다. 그러나 시장화가 '사회적 보호'에 대해 가져온 결과를 개선하려는 전략을 추구하는 가운데, 사회민주주의 정당(신노동당)이 휘말리게 된 특유의 역설은 무엇인가?(이 장 서두에 인용한 웅거의 언급을 보라.) 신노동당은 단순히 보수당 정부(대처, 존 메이저) 정책을 지속하지는 않았으며 의료와 교육 영역에서 공공지출을 크게 늘렸고 사회정책에서 중요한 혁신을 도입했다. 예컨대, 많은 찬사를 받은 '슈어 스타트Sure Start' 프로그램은 아동과 부모를 위한 육아 등의 서비스를 개선하려 한 시도다.[81] 신노동당이 영국의 불평등에 미친 영향에 관한 가장 권위 있는 분석에 따르면, 그 영향은 적어도 고르지 않으며 일부 의미 있는 성공을 이루었다.[82] 그러나 이는 자유시장 원리를 고수한 정책 틀과 시장화를 밀어붙이는 가운데 이루어졌다. 여기서 나오는 역설은 우연이 아니라 신자유주의적 민주주의에 내재하며, 따라서 좀더 주목할 필요가 있다.

앞서 본 대로, 법 이론가 필립 보빗은 다양한 공공재를 생산해 시장의 한계를 조정하는 시장국가는 효과적 운영을 위한 정당성과 권위를 결여하게 된다고 지적했다.[83] 1997년 이후 영국 신노동당 정부는 특히 흥미로운 사례를 제공한다. 한편으로 정부의 주요 조언자들은 대개 시장 포퓰리즘과 신자유주의 독트린에 의심할 바 없이 영향을 받았다.[84] 다른 한편 영국의 사회민주주의적 역사로 말미암아, 신노동당은 신자유주의 프로젝트를 이어가면서도 대처, 레이건 또는 부시 정부와는 다른 균형을 취할 필요가 있었다.

신노동당은 처음부터 사회정의 측면에 헌신한다고 강조했고, 프리드먼식 독트린에 직접 반하는 최저임금 정책을 채택했다. 영국의 신노동당하에서 신자유주의 정치로 생겨난 결과를 돌이켜보면, 신노동당 정책이 등장하는 배경이 된 역사적 논쟁에 주의를 기울이기보다는 더 중요한 장기적 경향을 살펴보는 편이 중요하다. 그러나 몇 가지 단서가 필요하다. 첫째, 거슬러 올라가 블레어·브라운 정부와 그전의 보수당 신자유주의 프로젝트 사이의 연속성을 강조할 수는 있다 하더라도, 핵심 매개과정은 좌파 내에서 '제3의 길' 사고의 발전이었고 이 사고는 유럽 공산주의 체제 몰락 이후 자본주의의 불가피성을 출발점으로 삼아 좌파 정치를 위한 새로운 토대를 닦았다.[85] 둘째, 신노동당이 취한 정치전략은 처음부터 전통적인 정당정치의 미래에 대한 비관주의에 영향을 받았고, 그 비관주의는 어떤 의미에서 정치적 참여라는 합리성을 깊이 회의하는 신자유주의적 공공선택이론과 연결되었다.[86] 셋째, 신노동당이 물려받은 사회민주주의 원리(예를 들어, 사회정의 원리)와 신자유주의 독트린 사이 관계는 때로는 매우 복잡했다.[87] 하이에크와 프리드먼은 사회정의가 국가 정당성이 지향하는 바는 아니라고 주장했지만,[88] 신노동당은 사회정의라는 역사적 목표를 어느 정도 유지하려 했다. 예를 들어 복지정책에서, 1994년 노동당이 지원한 사회정의위원회Commission on Social Justice와 그 10년 후에 복지 수혜자들을 일하도록 독려한 (많은 사람들이 보기에는 압력을 행사한) 신노동당 체제 사이에는 연속성이 발견된다.[89] 그러나 시장과 사회민주주의 담론이 겹쳐지는 부분은 더 조심스럽게 다뤄야 한다. 루스 레비타스는 자세한 분석을 통해, 신노동당의 '사회적 배제' 정책에서 사회정의 요소는 모든 사람이 일자리 시장에 들어갈 기회를 누려야 한다는, 실로 그런 기회를 누리게끔 요구되어야 한다는 원칙으로 한정됨을 보여주었다. 노동을 비롯한 여러 시장 기능이 낳은 결과를 교정하기 위한 폭넓은 분배는 이처럼 얄팍한 사회정의 원칙에서는 빠져 있었다.[90]

이 같은 긴장은 다른 영역에서 더 격심하다. 얘기를 노동시장 유연성에서 시작해보자. 노동시장 유연성은 처음부터 신노동당 정부의 핵심 정책이었으며, 영국은 노동시장이 제한받지 않고 작동하는 데 대비해 여러 사회적 보호를 제공하는 유럽연합의 마스트리흐트조약 내 사회조항을 계속 채택하지 않았다. 우리는 이미 2장에서 극심하게 시장화한 경제에 만연해 있는 과로 문화에 따르는 사회적 비용을 다루었다. 영국은 주당 48시간 넘게 일하는 노동자 비율이 가장 높은 나라 중 하나로서,[91] 2007년을 기준으로 이 수치는 다시 급증했고, 영국 노동자의 25퍼센트는 장기 휴가에 들어갔거나 휴직을 고려 중이었다.[92] 보빗은 가족 존중이 여전히 국가가 보호해야 하는 핵심 재화 중 하나라고 주장하는데, 따라서 우리는 이렇게 물어볼 수 있다. 가족 존중은 '가족의 삶'에 어떤 결과를 가져오는가? 여러 통계는 눈이 번쩍 뜨이게 한다. 2007년에 '평등한 기회 위원회Equal Opportunities Commission'가 실시한 조사에서 응답자의 82퍼센트는 부모가 일과 가정생활 사이에 균형을 맞추기 힘들다고 답했으며, 대부분 문제가 더 심각해질 것으로 예상했다. 한편 영국사회태도보고서British Social Attitudes Report에 따르면, 완전 고용 노동자의 80퍼센트는 가족과 함께 시간을 보내고 싶어하며, 완전고용 남자 노동자의 77퍼센트(여자 노동자의 67퍼센트)는 친구와 더 많은 시간을 보내고 싶어했다.[93]

우리는 이를 영국 초등학교 학부모들이 하는 걱정, 즉 2007년에 케임브리지대학교가 수행한 연구에서 "현재 교육과 사회적 맥락에 대해 널리 퍼진 걱정"이라고 밝힌 것과 연결하지 않을 수 없다.[94] 다른 연령 집단과 관련한 우려스러운 지표도 존재한다. 너필드재단Nuffield Foundation이 낸 보고서는 1986년부터 2006년까지 영국에서, "제일 친한 친구가 없다"고 말한 16세의 비율이 거의 40퍼센트 높아졌다고 밝혔다. 사우스 타인사이드의 한 교사는 갓 중등학교에 들어간 11~12세 학생들 사이에 존재하는 "비관주의 문화"를 언급했다.[95] 정신질환은 젊은이들 사이에서 증가할 뿐 아니라, '전문직' 가족보다 '미숙련' 가족 사이에서 일어날 가능성이 3배 더 높다.[96] 가장 눈에 띄는 것은 많이 인용된 2007년 유니세프UNICEF의 보고서로서, 영국은 다차원적 아동복지 지표에서 21개 부국 가운데 바닥에 머물렀다. 2001년에 또래 친구가 "친절하고 도움이 된다"라고 대답한 아동이 절반 이하인 두 나라 중 하나가 영국이었다.[97] 신노동당의 공이라고 한다면, 2005~2006년 기준으로 동료의 도움 항목을 포함하여 일부 유니세프 지표가 개선되었다는 점이다.[98] 한편 신노동당의 자문 중 한 사람이었던 제프 멀건은 경제학자 리처드 레이어드와 함께 "지역복지 프로젝트Local Wellbeing Project"를 진행 중인데, 여기에는 취학 아동 관련 작업이 포함될 것이다.[99]

두번째 분야는 불평등이다. 여기서도 긴장은 격심했다. 불평등은 의심할 바 없이 처음부터 신노동당 정책이 겨냥한 표적이었지만, 불평등 감소는 제한되어 추구되었다. 신노동당이 채택한 시장 원리는, 소득

115

최상위층에서 작동하는 시장 기능에 개입하면서까지 사회정의 또는 좀더 큰 사회경제적 평등을 추구하지는 못했다. 따라서 신노동당은 부의 창출 의욕을 꺾을 수 있다는 다분히 신자유주의적 이유로, 고소득자에게 세금을 늘리는 데 단호하게 반대해왔다. 실제로 2000년대 영국에서 부는 계속 증가했다. 가장 단순한 지표는 신노동당 시절 영국에서 75퍼센트 늘어난 헬리콥터 등록 수치인데, 헬리콥터는 영국 등지에서 최고 부자들이 선호하는 교통수단이다.[100] 실체에 더 가깝게는, 심지어 현재의 금융위기가 드러나기 이전에도 경영진이 받는 보수는 통제 불능이었음을 보여주는 지표가 많다. 2007년 11월까지, 런던 증권거래소의 2부AIM, Alternative Investment Market에 상장된 일부 회사의 최고경영자들은 1년에 회사의 증권시장 가치보다 더 많은 보수를 받았다.[101] 그러나 신노동당 정부는 이런 경향에 놀라지 않았고, 반면 1997년 이후 최고경영자 보수가 노동자 평균 보수보다 150~300배까지 오른 미국에서는 우려가 일어났다.[102] 영국 기업과 개혁 조정 장관 존 허턴은 5개월 뒤에 이렇게 주장했다.

막대한 급여가 도덕적으로 정당한가 질문하기보다, 우리는 이 나라에서 사람들이 엄청나게 성공할 수 있다는 사실을 축하해야 한다. 그런 성공에 제한을 두기보다, 우리는 왜 더 많은 사람들이 그런 급여를 받을 수 없는가 물어야 한다. (…) 앞으로 몇 년간 신노동당에 주어진 핵심 도전은, 어느 한계까지만 오를 기회를 주는 평등은 사회정의를 강화하기는커녕 실제로 우리가 대변해야 하는 가치를 뒤엎는다는 사실을 인지하는 것이다.[103]

이처럼 흠잡을 데 없는 프리드먼식 논리에 따르면, 더 많은 불평등은 더 강한 가치의 신호가 된다. 허턴 장관은 2010~2011년까지 아동 빈곤을 절반으로 줄이겠다고 한 신노동당의 목표를 포기할 수 없다고 덧붙일 정도로는 품위가 있었다.

그러나 당시 사람들은 그런 목표가 달성될 가능성은 거의 없다고 믿었다. 아동 빈곤을 줄이겠다는 신노동당 초기의 선언은 칭찬받아 마땅하다. 그러나 아동 빈곤 축소 정책은 제한적으로만 성공했다. 빈곤 아동(부모 모두 또는 한쪽이 일하는 아동) 비율이 신노동당 집권 이래 3분의 1 증가했을 뿐 아니라, 영국에서 빈곤아동은 2000년대 중반부터 다시 늘었다(영국은 여전히 유럽에서 아동 빈곤 비율이 가장 높은 나라 중 하나다. 1998년부터 2006년 사이 유일한 '개선점'은 이탈리아와 스페인이 영국을 따라잡았다는 것이다).[104] 많은 이들이 주장하듯, 사회이동이 줄어들지는 않았지만, 계급 성층화를 연구한 영국의 한 주요 분석가에 따르면 하향 이동성이 상향 이동성을 압도한다.[105] 가장 중요한 것은 바로 신노동당 정부도 잘 인지하는 불평등을 가늠하는 기술적 척도인 지니계수를 사용할 때 영국에서 전반적인 경제 불평등이 신노동당하에서 심화되었다는 점이다.[106] 신노동당 집권 이래 지니계수는 33에서 36으로 높아졌다(이전 보수당 정부 때와 비교해보면 작은 정도지만 어쨌든 증가다). 이 수치 이면에서는 총가처분소득에서 영국 인구 중 가장 부유한 5분의 1이 차지하는 몫이 1996~1997년 이래 40.5퍼센트에서 43.1퍼센트로 커진 반면, 다른 모든 집단의 몫은 작아졌음을 볼 수 있다.[107] 소득 분배에서, 영국은 (약간 오래된 수치를 기준으로) 불평등 수준이 독일과 스웨덴보다 두 배, 일본보다 세 배이며, 소득 최상위 십분위의 구매력은 최하위 십분위와 비교해 거의 14배에 이른다.[108] 다수의 불평등은 영국에서 여전히 중대한 사회적 사실로서, '계몽된' 신자유주의 정책 틀에서 기인한 것이다. 기준에 따라서는 신노동당 정부의

중점 정책 실행이 유익한 효과를 낳았다고 주장할 수도 있겠지만 말이다.[109]

그러나 부의 창출이 우선이라는 이유로, 불평등이라는 엄연한 사실은 신자유주의 논평가들에게 종종 묵살된다. 이는 사회가 불평등할수록 일반 건강이나 다른 문제는 더욱 악화된다는 점점 많아지는 증거(특히 많이 인용된 리처드 윌킨슨과 케이트 피켓의 연구)를 무시하는 일이다.[110] 확실히, 더 불평등한 사회(영국과 미국)는 덜 불평등한 사회(독일, 스웨덴, 일본)보다 개인의 기대수명이 짧고 양호한 건강상태에 대한 기대연한 또한 짧다.[111] 1970년대 중반부터 대처 시기까지 지속된 불평등이 감소한 이후, 기대수명에서 불평등은 신노동당하에서 커졌다(특히 남자에게서 그렇다).[112] 여기서 지리는 중요하다. '건강이 나쁘다'고 응답한 인구 비율은 2007년에 잉글랜드 남동부(5.9퍼센트)보다 잉글랜드 북동부(10.4퍼센트)에서 일관되게 높았다.[113]

영국 전역에서 1991년부터 2004년 사이에 자살은 전반적으로 감소했지만, 그 수치는 중요한 변수를 감추고 있다. 즉 10만 명당 자살률은 잉글랜드에서 19.8에서 16.7로 줄었지만, 스코틀랜드에서는 늘었고(29.1에서 30) 잉글랜드와 비교해 거의 두 배에 이르렀다.[114]

여기서 불평등과 사회적 가치 사이 연계에 눈을 돌려보면, 신자유주의 정치의 역설이 더 명백해진다. 첫째, 1장 말미에서 언급한 과도한 개인주의에 영국이 보인 근심을 떠올려보라. 레이어드와 던은 이를 커져가는 사회적 불평등과 연결했다.[115] 협력이라는 가치가 축소되고 있다는 신호를 찾기는 그리 어렵지 않다(보빗이 필수적 '공공재' 중 하나라고 본 '시민적 예의'를 생각해보라). 영국의 사회평론가 매들린 번팅이 언급하듯, "낯선 사람[성인]끼리 일상적 상호작용이 악화되어 걱정이 늘고" 있다. 최근 20년간 시끄러운 이웃에 대한 불만이 5배 늘었다는 영국 통계청의 사회 추세 통계는 성인 사이에 관용이 줄어들었다는 증거다.[116] 재정난을 겪는 영국 지방정부는 기본 수준의 노인 돌봄을 제공하지 못하며, 그중 4분의 3은 2007년 말 노인의 상황이 '중대'하지 않다면 노인에게 돌봄 서비스를 제공하지 않겠다는 방침을 세웠다.[117] 그렇다면 영국은 여러 면에서 아이를 기르기에 나쁜 곳일 뿐 아니라 모든 수준의 사회적 상호작용과 돌봄이 악화되는 사회다.

마지막으로, 보빗이 주장하기에, 시장국가의 정부는 '충성심'과 '권위에 대한 신뢰'를 만들어낼 방법을 찾을 필요가 있다. 2009년 1월 신경제재단이 유럽사회조사European Social Survey 수치를 토대로 작성한 보고서에 따르면, 50세 미만 모든 연령집단에서 '신뢰와 소속감'은 영국이 유럽에서 제일 낮았다.[118] 비슷한 우려가 오늘날 영국 정부의 '문화'와 관련해 일어나고 있다. 영국 시민은 정부를 불신할 뿐 아니라(이는 많은 선진국에서 역시 커졌다) 서로 불신하며, 이 수치는 최근 수십 년간 눈에 띄게 높아졌다.[119] 더욱 눈에 띄는 것은 영국 정부가 주민을 점점 더 의심한다는 사실이다.[120] 영국 중앙정부와 지방정부의 정치 관리는 협력과 동의가 아니라 점점 더 '감시사회' 메커니즘에 토대하며, 세계에서 가장 비싼 공공 감시 시스템은 길거리와 여러 공공장소뿐만 아니라 학교 교실에까지 손을 뻗치고 있다.[121] 이는 공공의 신뢰, 그리고 아마도 공공서비스의 효과를 점점 더 침식할 위험이 있다. 일부는 서비스 노동자가 "공식적 제약 때문에 다른 사람과 관계를 맺는 것을"[122] 꺼린다고 주장한다. 이는 극심한 노동감시의 징후이면서, 그런 통제 문화 내에서 목표 설정이 가져온 결과의 징후이기도 하다(이 문제는 4장에서 살펴본다).

따라서 신자유주의적 민주주의가 신노동당 집권기 영국에서처럼 깨어 있고 "부드러워진" 형태를 띠든 안 띠든, 또는 그래서 더더욱, 모순적이라는 증거는 많다. 우리가 보빗의 분석을 따라간다면, 이는 자기 파괴적이라는 점에서 더욱 나쁘다. 신자유주의적 민주주의에서 신자유주의 정책에 대한 명시적 도전을 포함하여 더 폭넓은 정치적 선택이 허용된다면 이는 참을 만할지도 모른다. 그렇다면 문제는 왜 이런 정책 대안을 유권자들이 거부했는가 하는 점이다. 신자유주의 독트린이 덜 확고하게 자리 잡은 나라에서 이는 여전히 가능하다. 프랑스에서 사르코지 대통령의 시장 기반 개혁에 대항해 줄곧 일어난 저항은 신자유주의를 정상적인 것으로서 승인하는 사회적 협약이 아직 존재하지 않음을 보여준다. 2009년 1월 프랑스에서 벌어진 시위에서 '고등학생' 연합이 내세운 현수막은 이를 생생히 보여준다. "우리는 금융 위기의 아이들이기를 거부한다!"**123** 그러나 이 장 앞부분에서 보았듯, 영국에서 신자유주의 독트린의 헤게모니는 그런 대안을 오래전에 주변화했다. 시장국가가 자기모순으로부터 스스로를 구출하는 데 필요한 비판적 반대를 만들어내는 데 실패한다면, 신자유주의에서 목소리의 위기를 저지할 것은 아무것도 남지 않는다.

미국식 신자유주의적 민주주의

120

나의 주 관심은 징후적 사례로서 영국이지만, 우리는 미국 상황을 짧게라도 논의해야 한다. 미국은 신자유주의 독트린이 확산된 최근의 주요 근원지일 뿐 아니라, 부시 시기의 미국은 영국이 경험한 경향의 급진화를 표상하며 그 결과를 개선하려는 어떠한 시도 또한 없었다. 논의를 위해 나는 여기서 가장 극단적인 경향에 초점을 맞추겠지만, 미국에서 시장 합리성의 지배가 완전하다고 주장하는 건 아니다. 신자유주의 헤게모니의 확산은 어느 나라에서든지 여러 저항을 만나게 된다.

시장 자유주의에서 좀더 긴 역사를 배경으로 하는 조지 W. 부시 시기 미국에서는, 8년 동안 신자유주의의 정치적 목소리의 위기를 단번에 무시하는 게 가능했다. 부시 체제는 2008년 중반의 위기 전까지 경제 영역에서 경제성장이라는 주장에 의존했으나, 미국은 빈곤과 불평등 면에서 영국이나 다른 OECD 주요국이 경험한 수준을 훨씬 뛰어넘는 나라였다.**124** 그 결과, 미국 사회가 나아가는 방향에 대중이 표출하는 불만은 2008년 8월에 전례 없는 비율에 이르렀다(90퍼센트). 이에 관해『파이낸셜 타임스』미국 통신원 에드워드 루스는 이렇게 설명한다.

[그 이유는] 부분적으로는 최근의 경제성장이 이전의 경기변동과 같은 수준으로 일자리를 만들지 못했고, 심지어 피고용자 대부분에게 노동시간 감소로 이어졌기 때문이다. 확장기로서는 특이하게도 노동시장 참여인구 역시 줄었다. 그러나 이는 무엇보다도 경제성장과 생산성 상승에 따른 이득이 최고소득자에게 돌아갔기 때문이다.**125**

전체 국내총생산만을 측정하는 경제통계에 의존하고 불평등, 부의 재분배, 고용수준과 같은 사회적 요인을 무시함에 따라 정부가 내세우는 경제 담론은 일하는 사람들의 경험과 완전히 단절되었다. 1990년대 말부터 2000년대까지 일하는 사람들은 얻은 게 거의 없었다(폴 크루그먼이 '경제성장'은 '많은 관중이 보는 스포츠'가 되었다고 간결하게 표현했듯이 말이다).**126**

그러나 최악은 따로 있었다. '테러와의 전쟁'이라는 특수한 상황에서, 부시 체제는 애초에 정치적 정당성만 있다면—그러나 이 또한 매우 이론의 여지가 있다—어떤 법적 정당성도 필요하지 않은 양 행동했다. 불법성의 문화(또는 '예외주의')는[127] 널리 분석되었다. 미국 정부 기관 그리고 여러 국가에서 '용의자 특별이송'*을 통하려는 목적으로 선택되어 저질러진 광범한 고문은 논의로 하더라도[128]—많은 사람이 영국 정부가 여기에 추잡하게 연루되어 있다고 의심한다—적법성 일반에 대한 이들의 태도는 충격적이었다. 한편으로 관타나모 만에서 자행된 고문은 관타나모가 미국 영토의 일부라는 이유로 (해외에서 자행되는 고문과 관련한) 연방법에서 예외라고 주장되었다. 그러나 관타나모 수감자를 미국 법정에 세울 때 미국 행정부는 관타나모가 미국 외부에(쿠바의 주권하에) 있다고 주장했다.[129] 미국 법무부 법률자문실 소속 존 유는 2002년 8월의 비망록에서, 미국 헌법하에서 대통령이 전쟁 중에 '사령관'으로서 수행한 행동은 어떤 법이나 조약으로도 제한될 수 없는 만큼 대통령이 전시에 고문을 명령하는 것을 금지할 수 없다고 해 악명을 떨쳤다.[130] 한편 부시는 미국 시민을 적의 전투원으로 지목할 수 있고 법률 조언을 받을 수 없는 상태로 독방에 감금할 수 있게끔 하는 월권을 행사했다.[131] 더 일반적으로, 모든 대통령은 '서명 지침signing statements'을 내서 통과된 법률을 뒤집을 수 있다. 부시는 재임 첫 6년 동안 800번 넘게 이 권한을 행사했는데, 전임 대통령들이 행사한 횟수를 모두 합하면 600회다.[132]

이로 인해 미국의 민주주의는 어디로 가게 되었는가? 신자유주의

* 테러 용의자나 비정규 전투원 등을 고문하여 정보를 입수할 목적으로, 고문이 가능한 나라로 이송하는 프로그램이다. 조지 W. 부시하 미국에서 널리 사용됐다.

법이론가 리처드 포스너는 모든 것이 거의 예외 없이 다 괜찮다고 주장했으며, 다만 미국 시민을 적의 전투원이라고 자의적으로 규정하는 데는 선을 그었다. 부시가 취한 행동은 국가안보에 대한 엄청난 위협과, 입헌적으로 잘못된 행동으로 말미암아 개인이 져야 하는 추정 비용 사이 무게를 가늠하는 비용 균형의 행사라고 정당화되었다.[133] 여러 평론가가 다른 견해를 보였다. 그중 역사가 토니 젓의 말은 길게 인용할 만하다.

서양 근대사에서 지도자가 국가적 굴욕과 공포를 이용해 공공의 자유를 제한한 나라가 존재했다. 영구적 전쟁을 국가정책의 도구로 삼고 정적에게 고문을 사용한 정부가 존재했다. 국가적 '가치'라는 외양하에 분열적인 사회적 목표를 추구한 지배계급이 존재했다. (…) 지배 정당이 절차상 규칙을 조작하고 법을 개정해 마음대로 하려고 든 정치 시스템이 존재했다. (…) 특히 유럽인들은 최근에 이런 체제를 경험했고 그를 지칭하는 말도 있다. 그 용어는 '민주주의'는 아니다.[134]

현명하게도 젓은 그 용어를 명기하지 않는다. 로버트 팩스턴은 『파시즘의 해부』*에서 부시 체제가 파시즘의 개념에 미치지 못함을 명확히 했다. 오스트리아 질서자유주의자들이 인식했듯, 파시즘은 적어도 경제정책을 국가정치에 종속시키기 때문이다.[135] 한편 셸던 월린은 이라크 침공 직후에, 미국 시스템이 "거꾸로 선 전체주의"를 낳았다고 주

123

---

* 국내에서는 『파시즘: 열정과 광기의 정치 혁명』(교양인, 2005)으로 출간되었다.

장해 논란을 일으켰다. "전도된 전체주의"는 기업권력이 국가를 이용해 자신의 권위주의적 목표를 추구한다.[136]

신자유주의 정치가 낳은 결과를 두고 우리가 택할 정확한 용어는, 갈등에 찬 영국식에서든 더 강력한 부시식에서든, 별로 중요하지 않을 것이다. 핵심은 간단하다. 어떤 이름을 부여하든 간에, 신자유주의 원리에 따라 작동하는 '민주주의'는 민주주의가 아니라는 점이다. 왜냐하면 그러한 민주주의는 사회조직 형태로서의 민주주의적 비전을 불필요한 것으로 간주하고 폐기해버리기 때문이다. 민주주의 비전에서 정부가 확보하는 정당성은 정부가 시민의 특정 목소리에 책임을 지는 정도에 따라 평가된다. 흥미롭게도, 포스너는 이 점을 명확히 한다. "민주주의는 (…) 자기지배가 아니며" "정치는 궁극적이지 않고 부수적이며", 단지 "아고라에서 떠드는 것"은 비생산적이며 정부를 이따금 감시하는 것 이상으로 별다른 게 없는 일이다.[137] 반대로 정치적 무관심은 좋을 일일 수 있으며, "우리 시스템"이 폭넓게 수용되고 있다는 신호일 수 있다.[138] 포스너가 취하는 입장을 지지할 수 있는 중요한 회의론적 주장이 있음을 알고 있다. 최소주의적 '감시' 민주주의는 우리가 얻을 수 있는 최대한이며, 따라서 그 한계에도 현실적으로 볼 때 칭송되어야 한다는 것이다.[139] 합리적 선택이론은(그 오류에 관해서는 2장에서 다뤘다) 기술적 세부에서 이 주장을 뒷받침하지만,[140] 그 대가로 새로운 오류가 나온다. 즉 합리적 선택이론은 현재 우리에게 있는 것이 민주주의이고, 시민은 정치적 목소리를 행사해 정부 행동에 영향을 미칠 자신의 능력에 믿음을 가질 수 있다고 전제한다. 그러나 이 장에서 내가 하는 주장은 신자유주의적 민주주의가 보이는 모순은 매우 깊게 작동해서 멀리에서는 제대로 감시될 수 없다는 것이다. 신자유주의적 민주주의는 민주주의의 하나가 전혀 아니며, 단지 어떻게 민주주의에 대한 환상이 유지될 수 있는지를 보여주는 사례에 지나지 않는다.[141] 그런 환상은 일반적 수준에서 작동하는 것이 아니라 매우 급진적 방식으로 작동한다. 미국 정부는 여러 수준에서 심각한 무관심을 보여주었는데, 이는 가난한 자들의 고통을 대가로 했다. 2005년 8월 허리케인 카트리나 참사 때 뉴올리언스에 갇힌 흑인 주민의 사례를 세계가 목도했다.[142] 한편 공식적 민주주의 과정은, 부시와 딕 체니의 극단주의하에서처럼, 두려울 만큼 신보수주의적으로 변형될 수도 있다.[143] 콜린 크라우치가 쓴 간결한 표현으로는, 신자유주의는 "민주주의 이후"라는 시기를 자리 잡게 할 위험을 안고 있다.[144]

이렇듯 민주주의에서 멀어지는 신자유주의라는 궤적은, 대통령 후보로서 그리고 대통령으로서 버락 오바마에게 쏟아진 희망에도 불구하고 여전히 중요하다. 우리가 부시 시기 벌어진 정부로부터의 소외가 아니라 젊은이와 아프리카계 미국인이 2008년 선거에 대거 참여한 데서 논의를 시작한다더라도,[145] 오바마가 신자유주의에 보이는 태도는 여러 쟁점에서 여전히 모호하다.[146]

2008년 가을에 벌어진 오바마의 동원이 신자유주의 정치를 영구히 뒤집는 신호인지는 7장에서 다시 다룰 것이다. 그동안 이런 질문을 하고 싶다. 신자유주의 지평을 넘어서서 민주주의를 다시 사고하기 위한, 민주주의를 다시 한번 현재 시제로 상상하기 위한 이론적 자원은 존재하는가?

민주주의를 다시 사고하기

정부 역할을 다시 사고하려는 일부 최근의 시도에서 시작해보자.

행동경제학자 리처드 세일러와 법학교수 캐스 선스타인의 『살짝 일깨우기Nudge』*는 2008년 미국 대선 예비선거 때 나온 책으로, 정부가 그 주민들에게 어떻게 영향을 미치는지에 관해 사고전환을 꾀했다. 세일러와 선스타인은 인간의 선택은 복잡하며 항상 오류 가능성과 제한된 정보를 바탕으로 이루어져야 한다고 전제하면서, "자유지상적 가부장주의libertarian paternalism"**라는 가치를 제안한다. 즉 정부는 "선택 환경"을 좀더 잘 설계함으로써 시민들을 "살짝 일깨워야nudge" 한다는 것이다. 실제로 이런 주장은 '온건' 신자유주의자들을 청자로 삼고 있다. 그래서 자유라는 목적을 진전시키는 측면에서 이 책은 정부가 시장 작동으로부터 완전히 뒤로 물러서야 한다는 프리드먼의 입장보다 사람들이 더 잘 즉 "그들 자신이 판단하기에 (…) 더 잘" 선택하도록 돕는 편이 더 낫다고 암시한다.[147] 다른 말로 하면, "강제 없는" 가부장주의—사람들이 선택하는 방식과 맥락에 대한 환경 관리—가 가능하다는 것이다.[148] 그러나 이런 논리는 신자유주의 정치가 드러내는 모순을 제대로 다루지 못한다. 반대로, 아마도 전술적으로, 세일러와 선스타인은 프리드먼이 말한 자유의 가치가 우선적이라고 애써 인정한다. "모든 '정부 개입' 자체에 무분별하게 반대하는 것과, 정부가 선택의 자유를 고양하는 방식으로 개입해야 한다는 분별 있는 주장 사이에는 엄청난 차이가 있다."[149] 영국에서 신자유주의 담론이 완전히 다른 맥락에서 작동한다는 점은 블레어의 주요 고문을 지낸 제프 멀건이 쓴 회고록에서 분명히 읽을 수 있다. 그는 2006년 출간된 책에서, 정부와 보다 폭넓은 사회 사이의 연계를 확장하는 게 아니라 약화시키는 데

---

* 국내에서는 『넛지: 똑똑한 선택을 이끄는 힘』(리더스북, 2009)으로 출간되었다.
** 국내 출간본 『넛지』에서는 '자유주의적 개입주의'로 번역되었다.

초점을 맞추며, 정부 내 "서비스와 겸손의 윤리"와 "역동적인 시민문화"의 고양을 요청한다.[150] 정부의 실천 윤리에 관한 성찰은 환영할 만하지만, 책은 신자유주의가 정치문화에 가져온 역설적 결과를 직접 다루는 데까지는 나아가지 못한다.

두번째 접근은 창의적인 (따라서 잠재적으로 정치적인) 혁신을 일으키는 수단을 다시 사고한다. 찰스 리드비터는 1990년대 중반부터 영국 신노동당 정책에 중요한 영향을 미쳤으며 공공서비스의 '개인화'를 앞장서서 옹호한다. 그는 일상적 실천의 복잡성, 특히 디지털 시대에 나타나는 정보 과부하에서 시작한다. 그러나 그는 요차이 벤클러가 쓴 중요한 책 『네트워크의 부』에 기대어, 디지털 시대의 도래로 새로운 분산 협업과 생산이 가능하고, 이는 단지 비즈니스와 여가뿐 아니라 "민주주의, 평등, 자유"에서도 잠재적으로 긍정적인 이바지를 한다고 주장한다.[151] 리드비터는, (신자유주의 사상가가 아닌) 벤클러에 비하면 시장에 기반을 두는 생산을 넘어 사회적 생산이라는 새로운 장으로 발전할 수 있는 협업의 잠재력을 덜 강조한다.[152] 그러나 리드비터는 협업적 생산 사례를 설득력 있게 제시한다. '함께 생각하기'we-think가 작동하는 "멋들어지게 균형 잡힌 조건"을 둘러싼 논의가 특히 유익한데, 그 중 하나는 인정recognition이다.

> 사람들을 이런 [온라인] 공동체로 이끄는 가치는 (⋯) 인정이다. 함께 생각하는 공동체는 참여자들에게 그들이 가장 가치 있게 여기는 것을 제공한다. 그 참여자들이 이바지한 만큼의 가치, 그 참여자들의 아이디어 값, 그 참여자들의 거래 기술에 대한 인정이 바로 그것이다.[153]

리드비터는 찰스 테일러와 아마르티아 센 등에 기대어, "함께 생각하기"를 통해 사람들이 "자신의 목소리를 보태어 섞을 수 있다"고 간주한다.[154] 그러나 리드비터는 신자유주의 독트린의 실행과 이처럼 이상적 협력 조건 사이의 관계에 의문을 제기하지 못한다. 리드비터는 많은, 심지어는 대부분의 일이 그리 협업적으로 이루어지지는 않는다고 인정한다. 그는 또한 신자유주의 정치가 일상에서 사람들이 "창의적일 수 있는 자유"를 인지하고 인정하는지 묻지도 않는다.[155] 리드비터는 최근의 글에서는 한 걸음 더 나아가 가족과 우정의 네트워크를 갱신할 것을 요구하지만, 그것이 자신의 전작에서 강조한 시장 논리와 어떤 관계인지는 말하지 않는다.[156] 그러나 오늘날 민주주의에 관한 사고가 신자유주의 정치가 보이는 역설을 다루려고 한다면 이들 중요한 모순을 반드시 직면해야 한다. 실로 우리가 신자유주의 틀이 갖는 한계를 넘어설 때만 리드비터와 벤클러가 생각하는 잠재력이 온전히 발전할 수 있다.

그러나 신자유주의 모순이 민주주의 작동을 다시 사고하게 하는 유일한 원동력이라고 시사하는 것은 오해의 소지가 있다. 존 러기가 현대국가의 "영토성" 문제라고 밝힌 정치적 규모의 문제가 존재하며,[157] 이에 따라 민주정치의 역학이 국경을 넘어서 뻗어나가게 될 때 민주정치의 의미와 실행 가능성에 불확실성이 존재한다. 그러나 목소리라는 바로 그 개념의 가치를 부정하는 신자유주의 독트린이 지배적인 한, 초국가적 규모에서 좀더 적절한 대의 형식을 찾는 일조차 가능하지 않을 것이다. 그렇다면 신자유주의적 민주주의의 합리성에 더 깊이 도전하고, 민주주의 실천이 (그 실천이 어떻게 그리고 어디에서 제도로서 수립되든지 간에) 기반을 두는 근본적인 선good을 확인하는 수밖에는 없다.

여기서 우리는 자유와 통제 사이의 근본적인 갈등을 다룰 필요가 있다. 신자유주의는 바로 이 갈등 속에서 몰락하고 있다. 이런 갈등에 접근하는 방식은 여럿이다. 현대성에서 관료화라는 불가피한 경향에 관한 막스 베버의 분석을 통해서든,[158] 복잡성의 역설로서든 말이다. 즉 알베르토 멜루치가 통찰하기에,

복잡한 사회는 한편으로 개인이 스스로를 자율 행동의 주체로서 확인할 수 있도록 해주는 도구로서 자원을 분배하며, 다른 한편으로 바로 그 개인에게 (…) 복잡한 정보의 회로 속에서 믿을 수 있고 유효한 끝점으로서 기능하라고 요구한다. 그런 만큼 체계적인 요구는 모순적이다. 왜냐하면 동일한 자원이 분배됨과 동시에 철회되고, 위임됨과 동시에 통제에 놓이기 때문이다.[159]

이 두 분석 모두는 더 근본적인 논점을 놓치는 경향이 있다. 즉 신자유주의 정치는 불가피하게 자유와 통제 사이에 갈등을 낳는다. 왜냐하면 신자유주의에서 자유라는 개념은(2장을 보라) 순전히 개인주의적이며, 사람들이 사회에서 지향하는 목표 또는 사회적 협력의 조건과 관련해 어떠한 언급도 하지 않기 때문이다. 자유 개념이 의미를 가지려면 이런 목표와 조건이 필수다. 문제는 신자유주의에서 민주주의는 개인이 '자유'를 이루기 위한 도구에 불과하다는 점이다. 따라서 신자유주의에는 민주주의가 봉사할 수 있는 정치적 목표는커녕 사회적 목표라는 개념이 없다.

우리는 이 시점에서 민주주의를 사회적 이상으로 보는 관점으로 눈을 돌릴 필요가 있다. 이 같은 관점은 독일의 사회이론가 악셀 호네트와 20세기 초 미국의 정치이론가 존 듀이, 오늘날 미국의 정치이론가

낸시 프레이저가 공유한다. 호네트의 인정이론부터 살펴보자.

호네트는 신자유주의적 민주주의 자체에 대항하는 것이 아니라 사회 세계에 관한 비판적 사고의 가능성을 다시 마련하는 데 목적을 둔다.[160] 호네트는 프랑크푸르트학파의 비판이론에서 최근의 대표자다. 그는 일상 현실에서 동떨어진 대안적 사회조직이라는 유토피아주의에 기반을 두는 좌파적 비판도(테오도어 아도르노), 모든 사회적 삶에 적용되는 커뮤니케이션 합리성이라는 추상적 기준에 기반을 두는 좌파적 비판도(하버마스) 다 거부한다.[161] 대신 특정한 역사적 상황 속의 일상 경험에서 발견될 수 있는 규범과 참조점을 기반으로 비판이론을 재건하려고 한다. 그러나 그 결과는 전혀 진부하지 않다. 호네트는 이처럼 평범한 출발점에서 비판이론뿐만 아니라 민주주의이론을 재사고하는 토대를 제공한다.

호네트가 헤겔에게서 이끌어낸 출발점은, 인간 삶의 모든 측면에서 상호주관성은 도덕적 상처를 낳는다는 것이다. 즉 우리는 우리가 서로 어떻게 말하고 대하는지에 따라 서로의 '개인적 온전함'을 해칠 수 있다. 따라서 '선'의 개념은 그러한 도덕적 상처의 부재를, 좀더 긍정적으로 말하면 인간 행위자로서 우리의 처지에 대한 인정을 포함해야 한다. 이에 따라 정의 개념은 물질적 재화의 분배뿐 아니라 인정 기회의 분배를 포함해야 한다.[162] 이와 같은 틀에서 도덕은 상호 인정과 정치적 행동을 유지하기 위한 구조로 간주된다. 여기서 상호 인정과 정치적 행동은 인정의 가능성을 가로막는 사회조건을 일부 교정하는 것을 목표로 한다고 간주되며, 도덕과 윤리는 민주주의이론과 연결된다. 호네트는 인정을 여러 수준에서 구별한다. 첫째, '사람 자체'에 대한 기본적인 배려와 사랑이다. 둘째, 책임감 있는 도덕 행위자로서 사람에 대한 존중이다. 셋째, (공식적 민주주의와 가장 관련이 많은데) 호네트

130

가 사회적 존경 또는 연대라고 부른 것으로서, 이는 누군가를 "구체적인 공동체에 건설적 가치가 있는 사람으로서" 인정하는 것이다.[163] 여기서 호네트는 민주정치라는 프로젝트가 어떤 모습인지 구체화할 수 있게 된다. 그것은 바로 상호 인정이라는 폭넓은 선이다. 그러나 호네트는 '인정'이 제도적 실천과 사회조직으로부터 떨어져서 단지 상호인지mutual acknowledgement라는 문제가 된다면, 이 원리만으로는 부족할 것이라고 인식한다. 여기서 두 논점이 특히 유용하다. 인정을 둘러싼 논쟁에서 낸시 프레이저가 행한 개입, 그리고 존 듀이의 민주주의이론에 관해 호네트 자신이 행한 분석이다.

　프레이저와 관련하여 나의 관심은, 물질 '자원'이 정의의 별도 차원인지 아니면 물질 자원의 공정 분배가 인정이라는 일차적 선을 위한 전제조건인지를 두고 프레이저와 호네트가 벌인 논쟁 자체는 아니다.[164] 나는 프레이저가 인정 원리를 집단 정체성 주장이라는 단순한 정치로 환원하여 사용하는 방식에 반대하며 취한 좀더 근본적인 개입에 관심이 있다.[165] 인정을 이처럼 이해하면 인정의 성취를 제도적 배경(예를 들어 대의적 정치 메커니즘)에서 분리할 뿐만 아니라, 인정의 실패(오인)와 그런 오인을 낳는 종종 사회경제적인 동학을 분리한다.[166] 프레이저는 공정한 자원 분배가 효과적 인정을 위한 근본적 전제조건이며, 인정에 대한 정체성 모델은 이 원리의 핵심을 오독한다고 강력하게 주장한다. 인정을 둘러싼 이처럼 부적절한 이해는 "오인을 독립된 문화적 해harm" 또는 "정신적 기형으로 간주함"으로써, 인정의 핵심이 "사회 생활에서 종속된 측을 타인과 동료로서 함께 행동할 수 있는 완전한 동반자로서 설정"하는 데 있음을 무시한다.[167] 실로 인정 개념은 바로 이런 의미에서만 목소리에 관한 우리의 넓은 주장에 유용하다.

그러나 인정에 대한 호네트의 접근은 이런 움직임을 쉽게 끌어안는다. 사회 협력 원리는 앞서 논의한 인정의 세번째 차원에 내재해 있으며, 이 원리는 호네트가 듀이의 민주주의이론이 보여주는 현대적 타당성을 유용하게 분석하는 과정에서 명백하게 드러난다.**168** 성숙한 듀이의 이론은 상호 공통 감정이라는 의미 또는 (하버마스에게서 그렇듯) 상호주관적 담론의 규범에 토대하지 않으며, (호네트가 지적하듯 듀이가 헤겔에게서 영향받은 초기 저작의 오류에서처럼) 개인과 공동체 사이 자연적 공명에 토대하지도 않는다. 듀이의 이론은 **공동행동**이라는 성취된 선에 토대한다. 이런 관점에서 보면 민주적 제도는 "사회가 자신의 문제들을 처리하고 해결하려 노력하는 매개"가 되며,**169** 그것이 작동하는 방식에 관한 우리의 이해는 사람들이 공식적 정치에 관여하는 (또는 그로부터 거리를 두는) 데서 사회적인 것과 가족이라는 배경에 관해, 특히 일터가 있는 경우 자신의 일터에서 대우받은 방식에 관해 생각하는 것을 포함한다. 호네트가 지적하듯 이는 민주주의를 '정치적' 이상이 아니라 '사회적' 이상으로 이해하는 것이다.**170** 이를 통해 우리는 민주주의의 성취를 보다 넓게 이해할 수 있게 된다. 민주주의 성취는 특정한 일련의 대의 메커니즘 그 이상이며, 열린 과정으로서 "사회의 모든 성원이 공정한 분업조직을 통해 협력적으로 상호 관계를 맺는다면 경험할 수 있는 결과"가 될 것이다.**171**

듀이에 토대하지만 호네트의 인정이론에 의해 강화되고 프레이저에 의해 심화 해석된 민주주의 이해를 바탕으로 하면, 민주적 삶의 형태와 일반적으로 우리가 인간으로서 우리 능력을 실현할 방식 사이에는 간격이 없으며 실로 직접적인 관계가 있다. 여기서 레이먼드 윌리엄스가 반세기 전 『기나긴 혁명』에서 제시한 주장과의 유사성을 지적하는 것은 흥미롭다. "인간이 본질적으로 배우고 창조하고 소통하는 존재라면, 그 본성에 적합한 사회조직은 참여 민주주의뿐이다. 참여 민주주의에서 우리 모두는 유일무이한 개인으로서 배우고 소통하고 통제한다."[172] 이러한 접근은 정치이론의 경계와 관련해 중요한 함의가 있다. 순수하게 경제적인 원리는 더는 정치의 종말이라는 이야기를 외부에서 떠들 수 없으며, 공공재를 유지하는 문제에 있어 시장의 성공이나 실패는 더는 경제적 논리의 '외부성'이 아니며 정치적 사고의 중심 쟁점이 된다.

결론

신자유주의 자체를 통치 원리로 실행하게 되면 민주주의 실천에서 중요한 모순을 낳게 된다. 그런 만큼 '신자유주의적 민주주의'는 형용모순이다. 그러나 신자유주의라는 공식은 영국 등지에서 여전히 강력한 이데올로기이며, 이는 신자유주의 독트린이 행사하는 광범한 헤게모니로 이어진다. 우리는 영국과 미국에서 신자유주의 독트린이 '새로운 정치'로서, '현 상태' 그리고 '현대'로서 자리를 차지하게 된 여러 방식을 검토했다. 이에 대응하여 민주주의의 작동을 근본부터 재평가하는 것이 필요하다.

여기서 호네트와 프레이저, 그리고 그보다 앞서 듀이가 수행한 작업을 통해, 모든 인간 행위자에게 합당한 인정을 제공하는 것을 지향하는 사회조직—단지 국가 규모만이 아니라 어떤 규모든지 간에—의 양식으로서 민주주의를 다시 사고할 수 있다. 앤 필립스가 지적하듯,[173] 프레이저가 인정 원리를 해석할 때 인정 투쟁에서 암묵적으로 관건이 되는 주요 용어는 바로 정치적 목소리다. 1장에서 목소리를 공

133

식 정치보다 폭넓게 정의했음에도, 나는 필립스가 제기한 지적을 채택하려고 한다. 민주주의이론을 이처럼 재구성하게 되면 경제학에 대해 센의 작업이 그랬듯이(2장 말미에서 논의했다), 경제이론과 정치이론은 다시 균형을 잡는다. 우리가 정치의 종말을 완전히 다시 정의하면, 그런 종말은 상호 인정이라는 차원을 무시하는 추상적 경제 원리로 더는 찬양될 수 없다. 같은 이유에서 시장 기능이라는 '우선적' 요구로 추동되는 이른바 '민주적' 과정은 실제로는 전혀 민주적이지 않다.

4장

미디어와 신자유주의 가치의 증폭

자기실현이라는 개인주의는 (…) 경제발전의 도구가 (…) 되어 표준화를 확산시키고 삶을 허구로 전락시킨다.

_악셀 호네트[1]

우리가 시도하는 바를 우리 자신에게 그리고 의회와 공중에게 철저히 설명할 시간이나 능력이 우리에겐 없으며, 따라서 무엇이 실용적이고 무엇이 작동할지 합리적으로 확신할 만한 시간이나 능력 또한 (…) 우리에겐 없다.

_크리스토퍼 포스터[2]

우리는 지금까지 신자유주의 경제학 원리 속에서, 그리고 여러 방식으로 민주주의 정치 안에 자리를 차지한 신자유주의 독트린 속에서 오늘날 위기에 처한 목소리를 추적했다. 나는 신자유주의 경제학이 목소리를 가치로서 받아들이기를 거부한다는 점 그리고 신자유주의 독트린에 기반을 두고 조직된 민주적 정치 시스템은 모순을 보인다는 점에 집중했다.

대조적으로, 이 장에서는 우리가 종종 목소리를 찾아 눈을 돌리는 영역인 미디어 내에서, 좀더 복잡하게 얽힌 목소리의 위기를 탐색한다. 특정 조건하에(이 조건 자체는 신자유주의와 연결되어 있다), 주류 미디어가 제공하는 '목소리'의 일반적 공간이 신자유주의에 한몫하는 가치와 메커니즘을 증폭하거나 최소한 정상화하는 방식으로 작동한다면, 그리고 그와 별개의 운동을 통해 그런 가치와 메커니즘을 오늘날의 거버넌스 문화 속으로 더욱 깊이 들여놓는다면 어떻게 될 것인가? 나는 리얼리티 TV 엔터테인먼트*의 대조적 사례 그리고 미디어의 압력 아래 작동하는 오늘날의 통치형태와 관련해 주장을 펼칠 것이다. 그러나 주류 미디어 일반과 신자유주의의 관계를 둘러싼 주장을 펴는 것은 아님을 강조하고자 한다. 그 관계는 내가 여기서 다룰 수 있는 것보다 훨씬 복잡하다. 대신 내가 견지하는 논점은 미디어가 목소리를 증폭하리라고 기대하지만 자세히 살펴보면 그렇지 않은 두 중요한 영역을 따로 떼어내서 검토하는 것이다.

장을 열며 인용한 문장이 시사하는 대로, 개인 라이프스타일의 세계와 오늘날의 거버넌스는 서로 예상하지 못한 방식으로 공명한다. 필립 보빗이 내리는 시장-국가 진단을 떠올려보라. "시민으로서 시민의 역할은 대폭 줄어들고 관객으로서 시민의 역할은 늘어날 것이다."[3] 이에 따라 오늘날 목소리 위기의 해결책은 단순히 '좀더 많은 목소리'가 될 수 없다. '좀더 많은 목소리'가 이 장에서 논의되는 것과 같은 미디

---

* 각본 없이 실제로 벌어지는 '현실' 상황을 주로 관찰자 시각에서 영상에 담는 장르로서, 1990년대 이래 널리 유행하여 수많은 하위 장르를 낳았다. 낯선 참가자들이 상호작용하는 과정을 보여주거나(「서바이버」), 개인 행동을 세세히 노출하거나(「빅 브라더」), 참가자들이 경쟁하도록 해서 잠차 탈락시키는(「팝 아이돌」) 등의 포맷이 사용된다.

어 목소리의 증폭을 의미한다면 말이다. 좀더 '현실'에 토대한 사회과정을 제시하거나 통치가 모든 수준에서 어떻게 작동하는지 미디어가 좀더 강력하게 감시하는 것은 그 자체로서 해답이 아니다.

의도적으로, 나는 이 장에서 광범한 미디어 공간(블로그에서 시민 저널리즘까지)이 보이는 긍정적 잠재력을 논의하지 않는다. 온라인에서 등장하는 "대안적 미디어 하부구조"[4]가 새로운 목소리, 그리고 목소리를 위한 새로운 조건을 만들어내리라는 점은 의심할 바 없다. 그 잠재력은 7장에서 다시 다룬다. 여기서는 "대안적 미디어 하부구조"가 아직 사람들이 대부분 소비하거나 통치가 일상적으로 관계 맺는 미디어는 아님을 기억하자. 영국과 미국 같은 신자유주의적 민주주의에서 주류 미디어가 체현하는 특정한 목소리의 위기는 그냥 그렇게 무시될 수 없다.

문제는, 거칠게 말해, 주류 미디어가 내는 제도적 목소리가 특정 방식으로 작동하여 오늘날 사회적 설명의 언어와 정책 결정을 가로막으면서 간접적으로 신자유주의 담론의 지배를 강화하는 데 한몫 거드는지 여부다. 3장에서 우리는 엘리트가 '통치 가능성'에 보인 걱정이 1970년대 미국, 영국 등지의 정치 엘리트 사이에서 신자유주의가 확산된 맥락의 일부를 이루었음을 얼핏 살펴보았다. 이렇게 오랫동안 잊힌 것을 자세히 숙고함으로써, 우리는 아이러니한 해답의 실마리를 찾을 수 있다. 1970년대 초반 미국을 중심으로 한 3국위원회Trilateral Commission는 세 주요 정치평론가에게 '민주주의의 통치 가능성'을 연구해 보고하도록 요구했다. 그중 한 명인 프랑스 사회학자 미셸 크로지에는 미디어 역할이 통치를 더욱 어렵게 한다고 우려하는 논평을 내놓았다.

텔레비전은 (…) 전통적 형태의 통제를 집행하는 데 필수인 문화적 파편화와 위계[원문 그대로]를 유지하지 못하게 만들었다. (…) 이 [미디어의] 공명판이 행위자의 '삶의 경험'에 감정적 호소를 강조할 수록—이는 특히 미디어 기법에 의해 편향된다—정치적 리더십이 수행해야 하는 복잡한 게임을 실제로 분석하기는 어려워진다.[5]

오늘날에는 이런 엘리트적 관점이 노골적으로 드러나지 않겠지만, 1970년대에 또다른 3국위원회 위원인 하버드대학 정치학자 새뮤얼 헌팅턴(나중에 '문명의 충돌' 테제로 악명을 떨쳤다)은 이렇게 직설적으로 말할 수 있었다.

우리는 경제성장에서 잠재적으로 바람직한 한계가 존재한다는 인식에 다다랐다. 마찬가지로 정치적 민주주의가 무한히 확장하는 데서 잠재적으로 바람직한 한계가 존재한다.[6]

너무 많은 민주주의에 표출되는 이 같은 우려는 신자유주의의 역사 내내 울려 퍼진다.[7] 이런 관점에서 보면, 미디어가 주민의 삶의 경험에 관해 '목소리를 내는 것voicing' 자체가 문제였다. 크로지에는 미디어가 효과적인 통치에 던지는 문제를 분석했는데, 이는 통치의 미디어화 초기 단계를 잘 보여준다.

크로지에에게, 문제는 "홍보 문제에 의해 왜곡된 의사결정 시스템"과 관료적으로 제한된 "집행 시스템" 사이에 틈이 벌어지게 된다는 점이다.[8] 오늘날의 영국과 미국 관점에서 보면, 문제는 그와는 정반대인 듯하다. 미디어가 내는 제도적 목소리는 미디어, 상부 의사결정, 정책 집행을 홍보(또는 종종 그렇게 불리듯이, '스핀spin'*)라는 공통의 공간 속으로 **통합되도록** 이끈다.

만약 그렇다면, 미디어를 통한 목소리의 물질화가 제기하는 질문은 특히 복잡하며 쉬운 해법을 찾기 어렵다. 우선 리얼리티 TV라는 영역에 초점을 맞춘 다음에, 어떻게 미디어가 행사하는 압력이 통치와 정책 형성을 변화시키는가 하는 논의가 덜 된 질문으로 넘어가보자.

리얼리티 TV의 헛된 기대[9]

1990년대 중후반, 나는 주류 미디어 제도에서 엄청난 스토리텔링 자원이 집중하는 데 도전하는 잠재적 장소로서 리얼리티 TV에 관심을 기울이게 되었다. 이는 여전히 나의 주요 관심사로서 리얼리티 TV 가 전 세계에 확산됨에 따라 비교 분석을 위한 흥미로운 질문이 여기서 제기된다. 그러나 시간이 지나면서 나는 미국과 영국의 리얼리티 TV가 앞세우는, 예를 들어 감시에 대한 수사와 같은 특정 유형의 사회적 수사에도 관심을 쏟게 되었다.[10] 2005년 초, 활동가 저널리스트 매들린 번팅이 영국의 과로 문화에 드러나는 모순과 관련해 펼친 탁월한 설명을 읽다가[11] 나는 오늘날의 노동 문화와 리얼리티 TV가 수행의 규범에서 겹치는 부분이 있다는 사실에 놀라지 않을 수 없었다. 어떻게 미디어 문화와 이들 규범 사이의, 단지 모방이 아닌 관계를 이해할 것인가? 이는 단지 모방의 관계가 아니다. 그러나 아래 분석이 신

141

---

* 정치 홍보에서 사안을 특정 프레임으로 해석함으로써 여론을 조작, 왜곡하는 전략을 일컫는 용어다. 이런 전략을 구사하는 정치가 또는 정치홍보 전문가를 '스핀 닥터spin doctor' 라 부른다.

자유주의가 여러 나라에서 리얼리티 TV를 해석하는 유일한 렌즈이며, 더군다나 많은 나라에서 주요한 렌즈임을 의미하는 것으로 받아들여져서는 안 된다.[12]

물론 갖가지 유형의 '리얼리티 TV'가 존재한다. 대중의 투표에 기반을 두는 노래 경연이나 춤 경연(「팝 아이돌」「아메리칸 아이돌」「브리튼스 갓 탤런트」)은 청중에게 '목소리'를 제공하는 것으로 해석되기에 딱 알맞다. 이런 엔터테인먼트 중심의 목소리는 정치적 맥락에 따라 정치적 울림을 더 많이 낼 수도 있고 더 적게 낼 수도 있다. 중국 후난 성湖南省의 지역 프로그램(「슈퍼 걸스 보이스」*)은 시청자 2억 명을 끌어 모으는 성공을 거두었다.[13] 그러나 내가 고려하려는 것은 보다 폭넓은 현상으로서, 영국 같은 신자유주의적 민주주의에서 사회적 또는 정치적 목소리와 관련되는 리얼리티 TV다.

리얼리티 TV와 신자유주의적 일 규범

첫째, '자본주의의 새로운 정신'과 그 모순으로 형성된 오늘날 일터의 규범을 떠올릴 필요가 있다. 우리는 2장에서 몇몇 쟁점을 다른 각도에서 살펴보았다. 고용주가 직원에게 열정을 요구하는 것은 해결될 수 없는 모순을 (과도한 실천을 통해) 가리는 한 가지 방식으로 볼 수 있다. '열정'은 신자유주의 일터에서 필수품이 되었다. 왜냐하면 [현실을] 부인하는 열정은 모순을 지우고 노동자의 시간에 대한 전유專有의 확대를 정당화하기 때문이다.

---

* 중국 후난위성TV의 가수 오디션 프로그램 「차오지뉘성超級女聲」을 말한다.

오늘날의 일에서는 좀더 일반적으로 감정노동이 요구되며, 이를 바탕으로 열정 또한 요구된다.[14] 영국 콜센터경영자연합Call Centre Managers Association 의장 앤 마리 스태그가 번팅에게 언급한 바로는, "서비스센터 고용주는 노동과정에서 요구되는 겉모습에 부합하는 감정이 속에서 우러나오도록 연기하고 연습하며 감정을 변화시키게끔 직원에게 요구한다."[15] 연기를 요구하는 것은 전혀 놀랍지 않지만, 속에서 우러나오는 연기를 바라는 것은 놀랍다. 요구되는 감정을 확실히 연기하는 것으로 충분하지 않은가? 그러나 첫째, 많은 서비스산업에서 그런 연기는 고용주가 언제나 감시할 수 있다는 조건하에서 실시되어야 함을 기억해야 한다. 일터에서 이루어지는 감시는 화장실 가는 시간을 포함하여 수행의 모든 측면에 적용되는데, 이는 확실히 감정을 감시하는데 적합하지는 않다. 마찬가지로 감시는 워낙 단단히 자리를 차지한 실천으로서, 직원에게 요구되는 수행이 감시자 없이 이루어진다고 상상하기는 어렵다. 감시자(고용주)는 수행이 (필연적으로 제한적인) 감시의 순간을 넘어서 반복 재생산되도록 보장받고 싶어한다. 바로 여기서 내면화한 수행규범을 바탕으로 우러나오는 연기가 단지 선택 사항이 아니라 필수적 가치가 된다.

여기서 문제를 알아보기 위해 인간의 '진정성'이라는 단순한 관점을 택할 필요는 없다. 주디스 버틀러가 보여주듯, 진정성은 수행 과정일 뿐이다.[16] 여기서 문제는 이렇게 압력을 받는 수행 환경에서 어떤 유형의 진정성이 지배적이 되는가 하는 점이다. 번팅이 시사하는 대로, 미디어 수행의 표준과 일터의 규범은 넓은 순환 안에 수렴된다. "인적 자원 담당 이사가 직원에게 '자기 모습 그대로 자연스럽게' 고객을 대하라고 지시할 때, 직원이 이해하는 자기 자신 또는 자연스러움은 대중 심리학, TV, 잡지, 친구 등 이질적이고 다양한 데서 나온다."[17] 번팅은 아스다 슈퍼마켓 체인 직원과 대화를 하며 보낸 시간을 묘사한다. 일터(잉글랜드 북부의 슈퍼마켓)의 공간 배치까지 수행을 위해 작동한다. 번팅은 슈퍼마켓 매장 입구로 향하는 계단에서 "전신 거울과 그 위에 걸린 '당신은 아스다의 무대를 위해 준비가 되었는가?'라는 커다란 문구를 발견한다."[18] 슈퍼마켓 '무대' 위에서 수행의 진정성은 정기적으로 그러나 '미스터리 쇼퍼'가 남몰래 평가한다. 그 결과 진정한 수행에 영구적인 감시가 이루어지며, 이런 진정한 수행은 전반적 '가치'에 대한 호소에 의해 정당화된다.

'동료들'—직원을 이렇게 부른다—은 '한없는 미소'를 보여주라고 권유받는다. [아스다 영국 본부 인적 자원 부문장] 스미스는 이렇게 말한다. "진정한 미소여야 합니다. (…) 아스다 가족들은 가치를 체현하고 있다고 생각합니다. 사교적이고, 엉뚱하고, 익살스럽고, 유연하고, 가족 중심적이고, 사람들에게 진심으로 관심이 있고, 개인을 존중하고, 격식을 차리지 않지요. 이것이 바로 우리가 비즈니스를 하는 방식입니다. 우리는 개인의 느낌, 가족의 느낌, 공동체의 느낌을 담습니다."[19]

이 인용문에서 우리는 고용주가 직원의 사적 시간뿐 아니라 사적 시간과 관련된 가치 또한 재전유함을 볼 수 있다. 지그문트 바우만이 내놓는 주장처럼, 정치 담론 내에서 사적 삶과 공적 세계 사이에 연결이 사라진 것은 놀라운 일이 아니다. 그 상당수는 기업 가치가 이미 점령했다.[20]

일부는 이 같은 변화를 일터의 '인간화'라 보았다. 이를테면 사회학자 폴 힐라스가 그렇다. "일을 통해 (…) '스스로에게 공을 들이고' '성장하고 (…) 인간으로서 더 효과를 발휘할 기회가 마련된다……. 판매원은 판매만을 위해 일하는 게 아니라 일에서 자기 자신으로 존재하고 자기 자신이 되기 위해 일한다."[21] 힐라스가 여기서 아이러니를 의도했다면, 그는 의도를 잘 감추었다. 사실 그는 더 나아가 새로운 경영과 '뉴에이지'의 영성이 겹친다고 언급한다. "사람들은 이제 그런 영성을 경험하기 위해 자기 자신에게 공을 들인다. 그 영성은 사람들의 본성 또는 본질 자체에 필요 불가결한 일부다. 일터는 (…) 자기신성화 목표에 이르는 도구로서 가치가 부여된다."[22] 이런 과정이 행사하는 상징 폭력이 손에 잡힐 듯 느껴질 정도다. '자기신성화'는 고용주가 일자리를 가져가버리면 언제라도 끝장날 수 있는 만큼 실은 취약하다. 이런 취약성은 아마도 감정 수행이라는 위장이 필요할 것이다.

비교의 다른 쪽인 리얼리티 TV는 어떤가? 온종일 '진짜로 웃도록' 요구받는 비합리성이 스크린 위에서 그럴듯하고 긍정적인 무언가로 변형되는 방식을 이해하려면, 특히 리얼리티 TV의 하위 장르인 '게임독 gamedoc' 장르(「빅 브라더」처럼 '리얼리티'에 기반을 둔 게임)*를 살펴보아야 한다. 「빅 브라더」 포맷이 보이는 주요 특징에 초점을 맞춰보면, 그 포맷이 오늘날 일터에서 수행이라는 의례와 어떻게 관련되는지가 드러날 것이다.

「빅 브라더」**에서 특정한 수행이 지니는 '가치'는, 엔터테인먼트 형식에 내재하는 특징을 배제하면, 오늘날 노동의 실천이 부과하는 요구와 잘 맞아떨어진다. 첫째, 절대적인 외부 권위. 「빅 브라더」 같은 게임

---

* 게임독은 전통적 텔레비전 장르로서 경쟁을 기본 틀로 하는 게임쇼와 다큐멘터리 스타일을 결합한 리얼리티 TV의 하위 장르다.
** 외부 세상과 단절된 채 텔레비전 카메라의 감시를 받는 큰 하우스에서 24시간 함께 생활하는 동거인들을 보여주는 프로그램. 끝까지 남는 한 사람이 상금을 차지한다.

독 리얼리티 TV 쇼는 외부적 권위에 의해 통치되며 그 외부적 권위의 타당성이나 합리성은 전혀 의문시되지 않는다. 물론 그런 권위가 사적으로 문제시되는 예가 있지만, 이러한 경우는 방송물에서는 거의 드러나지 않는다. 둘째, 팀 순응. 「빅 브라더」는 개인끼리 벌이는 경쟁에 기반을 두지만, 경쟁에서 기본 규칙은 강제적 팀워크를 받아들이는 것이다. 「빅 브라더」하우스에서 배정되는 많은 임무는 팀이 기반이 되며, 시청자는 '다른 사람과 잘 지내는' 능력이라는 기준에 따라 참가자들을 평가하여 통과시킬지 탈락시킬지를 투표한다고 추정된다. 이와 같이 요구된 사교성에 반대하는 의견은 받아들여지지 않는다. 셋째, 강요된 진정성. (눈에 보이지 않는 시청자를 염두에 두고) 연기해야 할 필요성과 균형을 이루어, 결국은 '진정한' 너 자신이 드러나야 한다고 흔히 주장된다. 이는 아스다 인사 담당 매니저가 하는 주장 즉 매일 '한없는 미소'를 지어야 하고 모든 미소는 진짜여야 한다는 주장과 비슷하지만 더 어처구니없다. 넷째, 적극적이기. 전국에 전파를 타는 텔레비전 카메라 앞에서 연기하는 데서 진정성을 확신케 해줄 잠재적 원천(의심, 반성적 불확실성)은 대개 배제되거나 적어도 최대한 통제된다. 직원이 '열정적'이어야 하고 연기하는 데 따르는 모순을 성찰하지는 말아야 하는 것과 마찬가지로, 리얼리티 TV 쇼 참가자는 적극적이어야 하며 모순되는 생각을 떨쳐내야 한다. 다섯째, 자의적 결정 수용. (허시먼의 표현을 빌리면) 결국 당신은 하우스에 '들어가'거나 '나오'게 되며, 당신의 '탈락'은 보이지 않는 시청자의 '목소리'로 결정된다. 회사가 내리는 인원 감축 결정에 개인적으로 도전할 수 없듯이, 전국 투표에 이의를 제기할 근거는 없다. 바버라 에런라이크가 미국 저임금 노동 연구에서 한 논평은 비유로서 되새길 만하다. "저임금 일터에 들어갈 때 (…) 당신은 시민적 자유를 문 앞에 놓아두고 가는 것이다……. 그리고 근무시간 동안 입을 닫는 걸 배우는 것이다."[23] 여섯째, 개인화. 빅 브라더 하우스가 보여주는 사회적 측면이 어떻든 간에(강제적 사교를 포함하여), 참가자는 서로에게 개인으로서 평가받는다. 팀워크 규범은 도전받을 수 없는 만큼 그것이 갖는 허위 또한 (이런 관점에서) 도전받을 수 없다. 게임의 결과는 어떤 경우에도 개인으로서 감내해야 한다.

리얼리티 TV의 '가정'은 이처럼 여러 방식으로 오늘날 일터의 역학을 놀랍도록 정확히 따른다. 리얼리티 TV는 강제적 자기연출self-staging, 강제적 팀워크, 도전받지 않는 외부적 권위가 지배하는 규제의 공간이다. 여기서 마찬가지로 의문시되지 않는 규범 또는 '가치'에 의해 그와 같은 규제가 매개되며, 노동자/참가자는 '게임'의 장기적 결과를 홀로 견디면서도 그 규범이나 가치를 '긍정적' 또는 심지어 '열정적'으로 받아들이면서 복종해야 한다.

일부 논자는 리얼리티 TV가 텔레비전의 내러티브 목소리를 통해 풀기 힘든 사회적 긴장을 다룬다고 주장한다. 그러나 이는 「빅 브라더」라는 다수에게 시청되는 표면과 신자유주의적 일터라는 극심하게 체험되는 현실 사이에 성찰적 연결이 부재하다는 점을 무시한다. 게임 독이 굴절시키는 신자유주의 규범은 대개 알아차리기가 어려우며, 이 스펙터클 극장에서 현실의 참조점은 사라진다.[24]

리얼리티 미디어를 떠받치는 시장 동학에 관해서는 곧 다루겠다. 그전에 리얼리티 텍스트와 사회 규범 사이 관계가 좀더 직접적으로 드러나는 몇 가지 사례를 살펴보자.

리얼리티 TV와 신자유주의적 민주주의의 사회규범

다른 리얼리티 TV, 특히 명백하게 교육적 의도가 있는 리얼리티 TV

는 더 직접적으로 사회 관리 규범을 재생산한다. 영국에서 두드러진 것은 리얼리티 TV의 규범과 신자유주의적 민주주의의 사회적 결과 간 수렴 현상이다. 로리 울렛과 제임스 헤이가 수행한 미국 리얼리티 TV 연구는 신자유주의 거버넌스 안내서로서, 이 책의 연구에 중요한 실마리를 주었다.[25]

영국의 리얼리티 TV는 종종 '진정한' 경험을 재현한다는 주장에 근거하여 사회적 지식에 대한 권위를 주장하며, 이상한 방식으로 BBC의 리스주의적* 강박을 보여준다.

「캐스트 어웨이 2000」은 독특한 실험으로서, 오늘날 영국 사회를 대표하는 한 집단이 현대적 삶에서 떨어져나가면 무슨 일이 일어나는지를 알아보려 한다.[26] 이들은 더는 무슨 음악을 좋아하거나 무슨 운동복을 입었는지에 따라 관계를 맺지 않을 것이다. 이들은 몇 주 동안 너무 많이 변한 채 집에 돌아가서 옛 친구를 만나는 일조차 쉽지 않게 되었다.[27]

2004년 영국 BBC 「어프렌티스」 제작사인 토크백Talkback의 편집 담당 이사 데이지 굿윈은 이 쇼가 "진정으로 일리 있는 첫 엔터테인먼트 쇼"로서, 이 업계에서 앞서가려면 어떠해야 하는지를 보여준다"[28]라고 말했다. 2008년 채널5는 리얼리티 프로그램 「뱅드 업」을 내놓았는데, 여기에는 전 내무장관 데이비드 블렁킷이 가상의 가석방위원회 위원

---

* 존 리스John Reith는 1927년 설립된 영국의 공영방송 BBC를 초창기에 이끌었으며, 대중의 교화와 교육을 공영방송이 견지해야 할 원칙으로 내세웠다. 리스가 확립한 이와 같은 원칙을 리스주의라고 부른다.

장으로 출연하며, 프로그램은 잠재적 범죄자에게 감옥의 냉엄한 '현실'을 가르치는 것이 목표다. 전 교도관이며 방송의 주요 참가자인 짐 도킨스는 이렇게 말한다. "아이들한테 진짜와 같은 경험을 만들어줄 수 있다는 사실에 (…) 깜짝 놀랐다."[29]

그러나 [리얼리티 TV가 진정한 경험을 제공한다는] 이런 주장은 '리얼리티'라는 단어가 이미 오래전에 시청자에 의해 해체된 죽은 은유일 뿐이라는 근거로 흔히 기각된다. 그렇다고 해서 이것이 시청자가 (그리고 TV 마케팅 담당자가) '리얼리티'에 관한 이 같은 주장을 시시하게 여김을 의미하지는 않는다.[30] 반대로 베브 스케그스, 헬렌 우드, 낸시 투밈이 행한 최근 연구가 제기한 대로,[31] 사람들이 그런 '리얼리티'를 무시하는지 아닌지 여부는 사람들이 그런 주장에 따라 행동하는지 아닌지에 영향을 미치지 않으며, 사람들은 리얼리티 쇼를 지식의 근원으로서 또는 현실의 도덕적 선택을 제시하는 것으로서 간주한다. 아넷 힐은 대규모 시청자 연구를 통해, 수행에서 진정성이야말로 사람들이 리얼리티 TV에서 주시하는 것이라고 말한다.[32] 실로 리얼리티 TV 장르의 뿌리는 초기 다큐멘터리 전통으로까지 거슬러 올라간다.[33]

게임독이든 교육용이든 간에 리얼리티 TV 형식에서 바탕을 이루는 경제적 압력과 문화적 적응 사이의 교차를 이해할 필요가 있다. 이 두 형식은 모두 시장과 관련 있는 여러 단순화의 압력에서 비롯한 결과다. 즉 텔레비전 제작이 좀더 개방된 다채널의 장이 되면서 1980년대 말~1990년대에 제작비 압력이 커졌으며, 이는 영국에서 BBC가 프로그램 제작을 점점 더 외부 제작 시장에 아웃소싱해야 한다는 대처 정부의 주장과 연관되었다.[34] 리얼리티 TV에서 핵심은 플롯을 미리 짜지 않고도 시청자의 관심을 잡아둔다는 점인 만큼, 놓치면 '안 되는' 이벤트를 중심으로 한 시간 구조가 필요하다. 리얼리티 프로그

149

램은 2~3년 전에 기본적으로 관찰(공항, 호텔 등에서 참가자를 관찰하기)에 내러티브 구조를 부여하려 했다. 그러나 이런 프로그램이 프로그램 자체를 목적으로 하는 이벤트 구조 내에서 존 코너가 말한 대로[35] "자기 자신의 사회를 구축하는" 프로그램(「빅 브라더」「서바이버」「엑스 팩터」「아메리칸 아이돌」)으로 대체되었다는 사실은 우연이 아니다. 이같은 이벤트 구조에는 결정적 순간을 창출해내는 도구가 필요하다. 등장인물 즉 '경쟁자' 간 행동을 판정하는 것보다 더 나은 방식이 무엇이겠는가?

이런 식으로 판정을 내리려면 다시 인지할 수 있는 판정 기준이 필요하며(그렇지 않다면 왜 참가하겠는가?) 또한 인지 가능한 형태의 권위가 필요하다(이를 통해 결정이 승인된다). 에스펜 위트레베르그가 노르웨이 리얼리티 TV를 주제로 진행한 연구가 잘 보여주듯, 즉흥적인 듯 보이는 연기를 '스크립트'하는 편집과 연출의 힘을 경시하면 안 된다.[36] 리얼리티 제작에서, 미디어는 다양한 외부적 권위에 의존한다. 인간 본성 전반에 관한 '사실'을 판정하는 심리학자, 개별화한 교육을 제공하는 안내자(「마스터셰프」) 또는 집합적 스펙터클의 최종 결정권자(「팝 아이돌」)로서의 산업 전문가 등이다. 기술적 권위는 때때로 무대 바깥에서 행사되지만(「빅 브라더」의 심리학자) 종종 카메라 앞에서 참가자와 직접 상호작용하며 행해진다. 이런 경우 상당한 공격성이 일어날 수 있다. 「패스트푸드 중독에서 자연식으로Fast Food Junkies Go Native」에 출연한 영양학자 피 람스덴 박사는 참가자에게 이렇게 통지했다. "일찍 죽어버릴 수도 있고 당신 인생을 바꿀 수도 있다."[37] 「벤 포글의 극한 모험 Ben Fogle's Extreme Adventures」에 출연한 참가자의 대화를 들어보자. 이 참가자는 가족을 다 돌보고 나서야 자유시간이 생겼다고 말한다.

심리학자 신시아_ 살면서 당신 자신을 위해 뭔가를 해본 적이 있나요?

참가자_ 없어요.

심리학자, 웃으며_ 그렇다면 자신을 다른 사람을 위해 바친 거 아닌가요?[38]

여기서 우리는 리얼리티 TV가 특정 유형의 개인주의, 즉 타인을 향한 배려에 높은 우선순위를 둘 필요가 없는 자기개선 프로젝트를 규범화할 잠재력을 본다. 조 리틀러와 나는 다른 지면에서, 영국판 「어프렌티스」 같은 리얼리티 TV에서 나타나는 공격성이 신자유주의 일터에서 적용되는 다른 규범과 어떻게 공명하는지 탐구한 바 있다.[39] 이 같은 연결이 견강부회라고 생각할 수도 있겠는데, 신노동당 정부는 이런 논점에 확증을 제공해준다. 정부는 쇼에 나온 유명 기업가 앨런 슈거경을 2009년 6월에 상원의 비즈니스 고문으로 임명했는데, 여기에는 어떠한 아이러니도 없었다!

그렇다면 영국 리얼리티 TV는 판정 문화를 제공한다. 판정은 눈에 보이지 않는 거대한 시청자 앞에서 특정인들을 상대로 이루어진다. 최근의 리얼리티 TV는 판정을 강조한다는 점에서 미디어를 기반으로 교육과 라이프스타일을 제시하는 더 역사가 오랜 프로그램과 구별된다. 그뿐 아니라 이런 점은 신자유주의적 일터와 거버넌스에서 매니지먼트의 감시 문화 그리고 자기규율 문화와 더 잘 들어맞는다.[40]

이러한 판정 문화가 다른 사회적 구분과 어떻게 교차하는지를 놓고 많은 얘기를 할 수 있을 것이다. 「트리니와 수재나」(옷 고르기)와 「체인징 룸」(집 꾸미기) 같은 BBC 인기 프로그램은, 드러내놓고 계급적 판정을 내리면서 아무런 문제가 없는 양한다.[41] 이런 프로그램이 신노동당 시기에 등장했다는 사실은 결코 우연이 아니다. 블레어가 초기에 계급 없는 사회에 대해 전망을 내놓기도 했지만, 영국 인구 대부분은 여전히 자신이 계급으로 평가받는다고 생각한다.[42] 사실 영국 영어에서 계급 관련 새로운 욕설이 용인되고 있다. 2004년의 영국에서 '차브chav'라는 단어는 청년문화 용어로서, 미국에서 "과시적 소비자인 가난한 백인white trash'에 해당할 것이다. 리얼리티 TV가 하향적 계급 판정에만 집중하는 건 아니다. 스케그스와 우드가 지적하듯 영국의 리얼리티 TV는 노동계급 여성이 동료를 평가하는 자리가 되었지만,[43] 이런 선택적 적용은 리얼리티 TV 텍스트가 애초부터 계급에 의해 구조화해 있음을 반영하기도 한다. 영국의 리얼리티 TV가 계급의 기호로 가득차 있다는 점은 영국에서 심화하는 불평등, 증가하는 하향 이동성, 심각한 아동 빈곤, 낮은 대인 신뢰 등과 무관하지 않다. 젠더 측면에서도 마찬가지로 강력한 주장이 성립한다. 수많은 이가 지적했듯, 리얼리티 TV 프로그램(이를테면 모델처럼 인기 있는 커리어를 쌓는, 언뜻 보기에 '민주적'인 길을 제공하는 프로그램)은 젊은 여성에게서 신자유주의적 경쟁의 이상 그리고 포스트페미니즘 시대에 성애화한 여성의 몸에 대한 새로운 요구에 걸맞은 행동규범을 재생산한다.[44]

이와 같은 방식으로 '자기개선'이라는 구실은 리얼리티 미디어에서 적극적으로 작용하면서 신자유주의 문화의 여러 특징을 반영하며, 이에 거의 저항하지 않는다.

리얼리티 TV와 왜곡된 인정

여기서 셀러브리티 문화라는 더 폭넓은 현상에서 리얼리티 미디어 가 보이는 맥락을 살펴볼 여유는 없지만─'셀러브리티' 범주는 어쨌든 리얼리티 TV 형식에서 결정적이다─이 둘 사이의 공통 원칙에 주목 할 필요가 있다. 바로 3장에서 소개한 호네트의 인정 개념이다. 사회 적 형식으로서 리얼리티 TV를 쉽게 무시할 수 없는 이유 하나는, 리얼 리티 TV가 다른 곳에서 충족되지 않은 인정에 대한 요구를 어느 정도 충족시켜준다고 약속하기 때문이다. 스티븐 콜먼이 진행한 연구는 이 런 가능성을 진지하게 여긴다는 점에서 중요하다.[45] 어떤 유형의 요구 (그리고 충족)인지는 프로그램이나 나라마다 크게 달라질 것이다. 그러 나 '리얼리티'에 토대하는 미디어의 일반적 틀은, 특정 시간과 장소에 서 그 권위가 무시될 수는 있으나, 눈에 띄고 인정받으려는 개인과 집 단이 제기하는 요구에 잠재적으로 연결된다. 뤽 볼탄스키와 로랑 테브 노는 오늘날 삶에서 여섯 가지 '정당화의 언어'를 분석하면서 '명성의 세계'를 포함시켰는데,[46] 이 분석은 셀러브리티의 언어를 복잡한 사회 가치를 둘러싸고 벌어지는 폭넓은 사회적 경쟁 내에 정당하게 위치시 킨다.

그러나 매개된 가시성에서 인정으로 나아가기는 쉽지 않다.[47] 사실, 이 길은 여러 이유에서 사회조직을 특징짓는 목소리의 물질적 부재에 의해 이미 체계가 잡혀 있다. 사회학자 카린 크노르세티나는 어려운 질문을 던진다. 오랜 믿음과 가치체계가 무대에서 퇴장한다면, 무엇이 사회 세계의 "질감"을 "채울" 것인가?[48] 그녀가 내놓은 대답은 흥미롭 다. 어떤 긍정적 가치가 아니라 미디어에 의해 유지되는 "부재의 구조 가 펼쳐질 것"이라고 말한다.[49] 셀러브리티(또는 셀러브리티를 향한 욕망)의 부재를 "부재의 구조가 펼쳐지는 것"이라고 이해할 수 있을까? 2006년 11월 『타임스 교육 증보판』 보도는 그렇다고 시사한다.

오늘 나온 조사를 보면, 취학 전 아동 대부분은 커서 셀러브리티가 되고 싶어하며 (…) [부모의] 거의 3분의 1(31퍼센트)은 자기네 아들 딸이 유명 연기자가 되기를 원한다고 말했다.

동시에 악셀 호네트가 최근에 언급한 대로,**50** 개인이 사회 세계에서 살아감에 있어 가치를 보여주는 분명한 신호는 적어지고 소비를 통해 타인에게서 자신을 구별하려는 욕망은 점점 더 자극받으며 그들의 '수행'을 측정하는 추상적 방법은 늘어간다. 호네트는 이런 갈등이 "[개인을] 허구의 세계에서 살게끔 만든다"**51**라고 주장한다. 허구는 사람들의 삶과, 삶을 이해하는 데서 얻을 수 있는, 실은 필요한, 내러티브 사이의 틈에서 나온다. 이런 틈 또는 부족으로 말미암아 사람들이 얻을 수 있는 많은 목소리는 사람들의 폭넓은 욕구나 이해와는 멀리 떨어져서 작동하게 된다.**52**

리얼리티 미디어와, 볼탄스키와 치아펠로가 자본주의의 새로운 정신에 내재하면서도 해롭다고 본 '인간의 상품화' 사이의 연속성을 부정하기는 힘들다.**53** 유튜브 같은 '리얼리티 미디어'가 제공하는, 미디어 제도의 방해를 받지 않는 확장된 자기전시self-display 구역은 이런 연결을 심화할 뿐이다. 유튜브가 제공하는 플랫폼에서 사람들이 스스로 수행하거나 그저 '자기 모습 그대로 보여주는' 포스팅의 페이지뷰와 그에 달리는 긍정적 코멘트는 세라 바넷와이저와 앨리슨 헌이 말한 '자기 브랜딩' 과정의(2장을 보라) 일부로서, 말 그대로 계산되고 현금화된다. 새로운 리얼리티 미디어는 네트워크화한 자본주의가 "인간을

(…) 이윤의 동학 속으로 그 어느 때보다도 깊숙이" 끌어들이는 방식을 확장하며,[54] 반헤게모니적 약속에도, 신자유주의적 민주주의가 시민에게 요구하는 바를 홍보하고 정상화하는 적합한 연기의 공간을 제공한다. 영국판 「빅 브라더」가 배출한 스타로서 암에 걸려 생존하던 마지막 몇 달간 TV 카메라에 철저히 노출된 고故 제이드 구디가 한 말은 이런 양가적 역능화 과정을 적합하게 증언한다. "빅 브라더 하우스를 떠나기 전날, 나는 일기 쓰는 방에 들어가 내가 어떻게 기억되기를 원하는지 질문을 받았어요. 난 이렇게 말했죠. '모든 면을 모든 사람에게 드러낸 사람으로서 기억되고 싶어요. 그래서 사람들이 좋아하기도 하고 좋아하지 않기도 한 사람으로요.' 글쎄요, 내 목표를 이룬 것 같아요."[55]

신자유주의 경영과 미디어·정치의 순환

여기서 우리는 미디어 텍스트로부터 물러서서 좀더 일반적으로, 미디어의 권위와 위상이 신자유주의 거버넌스에 봉사하는 다른 권위와 병존하는 방식을 생각해보아야 한다.

나는 지금까지 텔레비전 산업과 미디어 산업에서 시장경쟁 강화라는 조건 아래 '리얼리티' 엔터테인먼트가 사회적 가치를 확장하는 주요 공간으로 등장해 안정적으로 자리 잡았다고 주장했다. 영국과 같은 신자유주의적 민주주의에서, 미디어 형식은 특정 방식으로 발전했다. 그것은 '유연한' 신자유주의적 일터에서 부재하는displaced 형태의 규범을 제공한다. 또는 신자유주의 통치가 기대하는 특정한 주체 그리고 신자유주의적 사회 정경이 만들어내는 일반적 특징(불평등 심화, 계급

차이 격화 등)에 들어맞는 교육학의 한 형식을 제공한다. 그 결과, 단순히 신자유주의 가치가 강화되는 것만은 아니며, 또한 신자유주의 독트린 자체가 명시적으로 재생산되거나 정당화되는 것만도 아니다. 우리는 리얼리티 TV가 보여주는 이러한 측면에 시청자가 어떻게 반응하는지 거의 알지 못한다. 그러나 미디어가 리얼리티 프로그램을 통해 '목소리'를 제공한다 해도 신자유주의에 대한 대항 합리성이 발전하는 데는 전혀 도움을 주지 못한다.

미디어가 일상의 정치와 얽히는 데서도 신자유주의 문화를 강화하는 비슷하게 복잡한 과정이 작동함을 볼 수 있다. 영국 등에서 시장 합리성이 정치적 독트린과 행정에 깊이 자리 잡는 여러 방식을 다룬 3장의 논의를 반복할 필요는 없을 것이다. 그러나 이렇게 물어볼 필요가 있다. 여기서 미디어의 목소리는 어디에 있는가? 역사적으로 미디어가 해온 역할은 정부가 책임성을 유지하게 하는 것이었고, 신자유주의 개혁은 여러 측면에서 논란거리였다. 그렇다면 왜 미디어는 신자유주의 독트린의 진행이 저지될 장소를 제공하지 못했는가?

많은 논자는 빠른 속도로 움직이며 자원이 한정된 상업 미디어에서 보수주의와 자본주의 가치에 가해지는 압박에서 그 대답을 구한다. 토비 밀러는 최근 미국 미디어에서 벌어진 이 같은 압박에 관해 충격적인 설명을 했으며, 제임스 커런과 진 시턴은 영국 미디어에서 "책임 없는 권력"이 여전히 근본적이라고 분석했다.[56] 대신 나는 미디어가 정치에 영향을 미치는 메커니즘으로 초점을 좁히려 한다. 이를 통해 미디어로 가득 찬 정치와 신자유주의적 민주주의라는 특정한 모순 사이에서 선별적 친화력을 발견할 수 있다. 이를테면 '텔레비전'이 이미지와 소비주의에 편향되어 민주주의를 망쳤다는 불만은,[57] 구체적 실천 영역에서 특정한 정부가 어떻게 정책을 만들고 이행하는지와 관련해서는 아무것도 말해주지 않는다. 미디어가 '일반의지'를 텅 비운 것이 아니라, 독일의 정치학자 토마스 마이어가 말하듯 "'생산'의 수준에서" 정치를 "식민화"해[58] 어떻게 정치를 변형했는지를 말하는 설명이 더 도움이 된다.

여러 나라에서 미디어가 개입하는 특정 정책이 만들어내는 정경은 잠시 옆으로 밀어두자. 마이어의 주장에 따르면 정책 맥락에 관계없이 최근 40년간 수많은 논자가 언급한 미디어와 정치 사이 실제적 공생은[59] 숙의라는 구별되는 공간으로서 정치에 해를 끼쳤다. 첫째, 정치와 미디어의 상이한 시간적 순환은 수렴하는 경향이 있다. 원칙적으로 정치—여러 사람, 집단, 목적 사이 복잡한 균형 맞추기—는 "확장된 시간의 지평"을 요구하는 반면, 미디어의 테크놀로지 능력과 경제적 동학은 뉴스 제작 순환에서 가속화와 상품으로서 뉴스의 교환이라는 방향으로 나가는 경향이 있다.[60] 이런 갈등은 정치적 시간이 미디어의 시간을 모방함으로써, 실은 정치적 시간이 미디어의 시간과 거의 동일해짐으로써 '해소'된다. 이는 뉴스를 더 빨리 생산하는 것뿐 아니라(이로 인해 미디어로 가득 찬 과거를 붙잡는 일이 점점 어려워진다. 여기서 온라인 아카이빙이 이에 반대되는 요인이기는 하지만 말이다), 마이어가 주장하듯 미래를 축소하는 파괴적 결과를 가져온다. 정치적 미래는 아직 결정되지 않은 숙고에 개방되는 대신 현재의 욕구에 의해 집어삼켜진다.

미디어는 '현재적'인 즉 진행 중인, 그러나 완성된, 다시 말하자면 분명한 시작과 끝이 있어서 전체 과정이 조망되고 이해되는 사건에 관심을 갖는다.[61]

그 결과 정치에 내재하는 복수적 시간성(단기, 장기)이 즉각적인 것이라는 한 가지 시간성으로 포개진다.[62] 신노동당 정부와 그 이전 보수당 정부에서 일했던 어느 고위 공직자는 생생한 관련 사례를 제공한다.

> [블레어] 총리와 캠벨[블레어의 공보비서]은, 전임자들보다 더더욱, 새로운 정책 제안이 최고의 뉴스거리가 되기를 추구했다. 그러나 미디어와 10번지[다우닝 가]*의 입장에서 보면, 미디어에 보도되는 새로운 아이디어나 계획은 다 달성된 것이나 다름없었다.[63]

둘째, 정치의 맥락과 경계는 미디어와 정치 사이 긴밀한 공생에 의해 변형된다. 이는 자주 논의된 정치의 개인화 그리고 공식 정치와 엔터테인먼트 사이 흐려진 경계를 뛰어넘는 현상이다.[64] 효과적인 정치 개입의 장소로 전면에 제시되는 정책 영역에서, 그리고 동시에 후면으로 희미하게 물러서는 정책 영역에서, 더 은밀한 변화가 일어난다. 일부 정책 문제는 선택되고 일부는 배제된다. 3장에서 어떻게 영국에서 (그리고 많은 다른 곳에서), 좀더 포괄적인 이유로, 시장 친화적이고 시장 창출적인 정책을 지향하는 편향이 커졌고 또 감사 문화의 메커니즘에 의해 강화되었는지를 보았다. 또한 신자유주의적 거버넌스가 전혀 자유방임이 아니며, 이른바 시장경쟁 조건을 부과하고 유지하는 규제에 대해 특정한 요구가 있음을 보았다. 다른 시장(지구적 금융시장?)에는 특정한 자유가 허가되는데도 말이다. 미디어·정치 순환 자체의 작동이 정치가 미디어를 통해 유권자에게 갖는 책임성을 크게 하기는

---

* 영국 총리 관저가 있는 곳.

커녕, 정치적 숙의에서 벗어나 테다 스카치폴이 "경영"으로서 정치라고 부른 것으로 변화하고[65] 더 나쁘게는 공포의 조작에 토대하여 좀더 폭력적인 "선제 정치preemptive politics"로 변화하고자 한다면 어떻게 될 것인가?[66]

여기서 앞서 인용한 최근 20년간 막후의 정치 관행이 어떻게 변했는지 설명하는 영국의 내부자에게로 눈을 돌려보자. 크리스토퍼 포스터는 존 메이저 정부와 토니 블레어 정부에서 고위 공직을 지냈다. 그는 은퇴 후 『위기에 빠진 영국 정부』라는 책을 썼다.[67] 그가 출발하는 지점은 마이어와 비슷하다. 즉 미디어 공개 문제는 오늘날 정부에서 엄청나게 중요해져서, 문서는 정책 전개를 크게 가속화했다. 문서는 보다 적게 내각에 제출되고, 내각 회의는 대개 공식 의제 없이 짧게 이루어지며, 총리의 보도 담당관이 모든 회의에 참석한다.[68] 포스터는 변화를 이렇게 요약한다. "블레어를 움직이게 하는 고려사항은 (…) 정치 문제 또는 미디어 공개 문제다. 그에게 이 둘은 같았다. 미디어 공개 문제는 모든 회의에서 큰 비중을 차지했다."[69] 여기서 분명 개인적 혐오감이 느껴지는데, 포스터가 수행하는 분석에서 무엇이 중요한지를 이해하려면 이를 무시해야 한다. 미디어로부터 긍정적인 주목을 끌기 위한 끊임없는 싸움은 정책 전개에 영향을 미쳤다. 정책 공식화 이전에 미디어의 주목을 얻기 위해 정책 변화 제안을 발표했다. 미디어의 주목을 위한 싸움은 그 자체가 다툼의 장이 되어, 내부자에 의한 미디어 '유출'은 완결된 문서에 토대하는 토론에 반하는 경향을 강화했다.[70] 더 중요한 것은 미디어의 주목이 필요해지면서, 통치는 미디어가 주목할 법한 것이라면 무엇이든 하는 것으로 축소될 위험이 있었다. 포스터는 이렇게 비난한다.

자기 역할에 관한 총리[블레어]의 생각 그리고 위임된 블레어 각료들의 생각에서 중심 관념은, 뉴스 관리를 이유로 정당화할 수만 있다면 자신들은 비용을 고려하지 않고 정부 또는 공공 서비스의 모든 일상 영역에 개입해야 한다는 것이었다. 이는 좋은 관리와는 반대였고 효율성 개선으로 이어지지도 않았다.[71]

포스터가 밝히는 견해로는, 그 결과 정부의 문화는 층위를 건너뛰고 카리스마가 추동하는 권위와 매우 비슷하게 변했다. 리처드 세넷에 따르면 이런 권위는 오늘날 기업 환경의 특징이다.[72]

이렇게 미디어화한 방식의 통치에서 정치적 숙의의 시간은 최상위 층뿐 아니라(이 장의 처음에 나온 인용을 보라) 다른 층들에서 좀더 강제적으로(위로부터 지시받기 때문에) 사라진다. 3장에서 보았듯, 영국 지방정부는 그리 많은 숙의의 목소리를 부여받지 못한다. 중간 관리자가 주식시장 발표를 앞둔 시점에서 중요하다고 간주되는 목표치를 놓고 협상할 자유가 별로 없는 것과 마찬가지다. 실로 즉각적인 방식으로만 작동하는 정치는 두 가지 이유에서 필연적으로 하향적이다. 첫째, 숙의와 논쟁은 시간이 걸리지만, 즉각적인 방식으로 작동하는 정치에서는 그런 시간이 없다. 둘째, (중앙정부가 미디어의 주목을 얻는 대가로) 정책 결과가 이미 예상될 때 정책 이행은 어떠한 탐사적 측면도 결여되고 단지 "납품"이 된다.[73]

이 같은 변화에 따르는 비용은 관점에 따라 달라진다. 정치적 가치를 애당초 무시하는 엄격한 신자유주의 독트린 관점에서 보면, 여기에는 어떠한 긴장도 없으며 실은 민주주의가 치르는 비용이 한방에 감소되었다고 볼 수 있다. 그러나 신자유주의 독트린이라는 역설적 세계 바깥에서 보면, 우리는 이렇게 마음 편할 수만은 없다. 이런 변화는 정

160

치문화에만이 아니라 정부가 규제하려는 부문과 행위자에게도 영향을 미친다. 신자유주의 정부는 많은 부문에서 그리고 종종 정부행정 자체 내에서 행동을 변화시키고 감시해야 할 필요가 있으며, 따라서 시장경쟁에 더 순응하기 시작한다. 결정을 내리는 중심에서 이를 행하는 한 가지 방식은, 재정적 또는 다른 불이익을 제재로 부과함으로써 목표 지향적 경쟁의 조건을 생겨나게 하는 것이다. 물론 일부 목표설정이 민주주의를 증진한다는 강력한 주장이 있다. 정부 수준에서 이런 목표설정은 정치적 책임성을 유권자가 쉽게 감시할 수 있는 혹은 적어도 감시할 수 있는 것으로 보이는 명확한 기준으로 변환시키며, 주요 개혁 영역에서 여러 행위자의 진척 상황을 측정하는 유용한 수단을 제공한다. 그러나 신노동당하 영국의 사례가 널리 보여주듯, 이 같은 목표설정이 정부 내에서 그리고 정부가 규제하려는 조직 내에서 지배적 조직 양식으로 해석될 때 문제가 발생한다.

목표로 가득 찬 환경에서, 조직 문화가 보이는 복잡성은 감시를 통해 미디어 보도를 즉각적으로 강화할 수 있는가 하는 차원으로 축소된다. 목표설정은 정부가 성공한 신호를 미디어가 알아차리기 쉽게 할 목적으로 원래 신노동당이 개발했고, 그런 만큼 하향적 정부 통제를 행사하기 위한 미디어 친화적 도구를 제공한다. 이는 성찰의 시간과 성찰의 습관을 해치는 만큼, '납품'을 해야 하는 이들에게는 적응성이 아니라 경직성을 일으킬 위험이 있다.[74] 영국에서는 여러 부문에서, 정부의 목표설정이 서비스의 유연성과 효과를 감소시켰다는 주장이 나왔다. 영국 초등학교 교육과정을 다룬 주요 보고서에서는, 정부가 '세부까지 관리'함으로써(예컨대, 목표 그리고 개별 학교 경쟁력 발표 등) 현 교육과정의 문제를 악화시켰다고 주장한다.[75] 한 주요 보고서는, 영국 사회 서비스는 이전의 실패에 제기된 비판에 맞추어 변화하는 데 실패했고, 이 실패는 부분적으로 "과정과 목표를 과도하게 강조"함으로써 질 높은 사회복지 업무가 이루어지지 못한 때문이라고 주장한다.[76] 한편 역설적으로 국민건강보험NHS 직원 중 절반 이하가 환자를 보살피는 것이 자기네 최우선 업무라고 생각한다.[77] 이 글을 쓰는 시점에서 신노동당은 유권자의 지지가 곤두박질치는 데 대한 대응으로 '목표문화target culture'를 종결짓고 이를 '권리'로 대체할 것이라고 발표했다 (예컨대, 일정 기간 병원 치료를 받을 권리). 이는 목표를 또다른 말로 대체한 데 불과하다.[78]

　3장에서처럼, 나는 영국 사례를 통해 좀더 큰 얘기를 꺼내려고 한다. 어느 나라에서든 주류 미디어 목소리가 신자유주의적 민주주의의 모순을 교정하리라고 볼 수 없으며, 이러저런 모순을 낳는 경향을 증폭할 것이다. 이런 경향은 신자유주의 독트린 자체에 의해서 뿐 아니라 피에르 로장발롱이 "반反정책"이라 부른 것(즉 건설적 정치 논쟁에 전혀 토대하지 않는 정치적 불만의 문화)[79]으로 이끄는 오늘날의 압박에 의해서 결정된다고 주장할 수 있다. 그러나 근본 원인이 무엇이든 간에, 주류 미디어와 신자유주의 정부 사이 공생은 정부의 위임 또는 정책 지시가 규범적 논쟁보다 낮은 수준에서, 경제사회학자 로랑 테브노가 "탈중심화할 수 있는 목표"라 부른 수준에서 작동하는 경향을 강화하는 것으로 보인다.[80] 정치를 위한 숙의의 언어 상실은 신자유주의적 민주주의가 남긴 가장 영향력 큰 유산일지도 모른다. 목표설정을 통한 통치는 제대로 작동하는 민주주의 모델을 제공하는 데서 신자유주의의 실패를 바로잡기는커녕 신자유주의가 현실이 되게 한다. 그 결과, 정치는 엄청난 속도로 쉴 새 없이 움직이지만 과거든 현재든 미래든 그 운동을 중단시킬 참조점은 거의 없어서 무용지물이 된다.

162

신자유주의적 민주주의 중단시키기

전 지구적 경제위기로 인해 시장 근본주의의 일부 핵심 가정은 사실에 반하는 것으로 드러났지만, 신자유주의 독트린은 (앞의 세 장에서 훑어보았듯이) 경제적, 정치적, 사회적, 문화적 삶에 깊이 자리를 차지하고 있어서 한 번에 뒤집히기는 힘들다. 웬디 브라운이 말한 신자유주의에 대한 '대항 합리성'의 구축 그리고 그런 대안적 합리성이 영국과 미국 등 많은 나라에서 삶을 가득 채운 신자유주의 합리성만큼이나 효과적으로 자리 잡게 하기란 의심할 바 없이 장기적 과정이 될 것이다.

미디어가 이러한 과정에 어떻게 이바지할 것인가 하는 예측은 우리가 미디어 제도의 미래를 바라보는 관점에 따라 달라진다. 이 장을 마무리하기 위해 신자유주의적 변화가 미디어 자체에 미친 영향을 짧게 생각해보자.

현재 미디어 제도에 영향을 미치는 위기의 많은 측면은 디지털 미디어 인터페이스가 급증하고 그에 따라 광고 수입의 출처와 규모가 불확실해지는 것 같은, 신자유주의 독트린과는 무관한 동학과 관계 있다. '일과 삶' 균형의 변화가 미디어 소비 습관에 미치는 변화와 같은 여러 측면은 신자유주의가 노동조건에 미치는 영향에 따른 부차적 영향이지만, 그 규모를 잘 알기란 어렵다. 이 문제는 자세한 고찰이 필요하지만 다른 책에서 다룰 일이다. 그러나 적어도 여기서는 정부기관의 뉴스 수집 자원이 최근에 눈에 띄게 줄어든 것 때문에,[81] 정부가 주민과 소통하는 데 어려움을 겪는다는 점을 언급해야 한다. 정부가 이런 문제에 보이는 대응은 신자유주의가 인정의 조건에 가하는 공격을 뒤집는 데는 별 도움이 되지 않는다. 다만 영국 총리는 이 문제에 적극적인 움직임을 보였다.

타블로이드 신문은 (…) 1997년과 비교해 2200만 부 적게 팔렸고, TV 뉴스 채널 시청자는 급감했다. 성장하는 것은 뉴미디어로서 페이스북과 유튜브와 무료신문에 1억 명이 모여 있으며, 정부는 바로 이들에게 손을 뻗어야 한다……『데일리 메일』이 정부의 의제를 설정한다는 건 과거의 생각이다.[82]

소셜 네트워크 서비스를 어떻게 정부와 소통하는 공간으로 사용할 것인가 하는 새로운 과제는 말할 것도 없고, 인터넷에 쉽게 또는 효과적으로 접속하기 어려운 영국 인구 30~40퍼센트가[83] 여기서 어떻게 고려되는지는 명확하지 않다.

한편 기성 신문은 폐간하거나 파산에 직면하고 있다. 2009년 2월 한 주 동안, 미국 필라델피아 지역 두 개 지역신문『필라델피아 인콰이어리』와『필라델피아 데일리 뉴스』가 법정관리에 들어갔으며, 콜로라도 지역『로키마운틴 뉴스』는 폐간되었다. 영국 트리니티 미러 그룹은 2008년 27개 영국 지역신문을 폐간했으며[84] 2009년 초 영국 텔레비전 회사(ITV, 채널 4, 채널 5)는 생존을 위해 합병을 고려하고 있다고 보도되었다. 미디어 부문 대부분은, 재정 면에서 생존 위협을 받고 있을 뿐 아니라 미디어 제도 내에서 뉴스 관련 목표보다 재정 목표를 과도하게 강조함으로써 이미 타격을 입은 상황임을 덧붙여야 한다.『로스앤젤레스 타임스』가 그 일례다.『로스앤젤레스 타임스』는 무자비한 뉴스룸 감축에 저항하여 편집주간이 줄줄이 사퇴해 한 시대의 종국을 이루고는, 2008년 12월 법정관리를 신청했다. 처음 사퇴한 존 캐럴이 한 연설은 많이 인용되었는데, 그는 미디어의 공적 역할과 완전히 단절된 "탈조합적 소유 국면post-corporate phase of ownership"을 문제로 보았다.

우리는 신문이 내세우는 목적이 소유주 관점에 따라 축소되는 것을 목도했다. 과거에 지역 소유주하에서 신문이 돈을 벌 수 있는 능력은 그 가치 가운데 단지 일부였다. 오늘날 그것은 모든 것이다. 신문이 앞서가야 하고, 공동체에 의무가 있고, 공공에게 책임이 있다는 건 옛일이 되었다.[85]

신자유주의적 원칙을 지향하는 정부가 공적 숙의 과정을 존중하리라고 기대할 수는 없듯이, 순전히 재정 원칙에 따라 운영되는 신문이나 미디어가 신자유주의적 민주주의의 실패 같은 사안은 고사하고, 어떤 사안에라도 개입하는 데 자원을 분배하리라고 기대할 수는 없다. 일부에서는 개인 블로거 또는 허핑턴포스트와 같은 블로그 포털이 수행하는 비판적 역할, 또는 '시민 저널리즘'과 이용자 생산 콘텐츠가 부상하는 데 큰 기대를 건다. 이런 동학은 경시되면 안 되지만 비판세력으로서 온전한 지원을 받는 뉴스룸과는 상당히 차이가 있다. 주류 미디어 외부에서 모범 활동 사례는 얼마든지 찾아볼 수 있지만, 주류 미디어 제도 외부에서 새로운 탐사 저널리즘을 구축하는 데 존재하는 장기적 제한 또한 경시되어서는 안 된다.[86] 이를 달성한다더라도, 토마스 마이어가 수행한 분석에 비추어보면 새로운 미디어·정치 순환이 정부 내부에서 그리고 정부를 넘어서 정책 숙의를 현재보다 더욱 촉진하는 데 효과적이리라고는 가정할 수 없다.

대신, 영국 정부가 미디어를 거치지 않고 메시지를 증폭할 방법을 찾는다고 가정해보자. 그 결과는 민주적으로 긍정적이지 않을 수 있다. 이를테면 지역신문이 형사재판 보도를 하지 않게 되자 내무부 관료는 범죄자와 범죄사실이 실린 전단을 동네에 배포함으로써 지역에 거주하는 범죄자에게 직접 망신을 주는 방안을 고려하고 있다고 시사했다.[87] 겁주는 정부, 그리고 점점 스캔들에 추동되어 가속화하며 또 점점 재정이 부족한 가운데 소수에 의해 유지되는 뉴스 순환. 이런 맥락에서 미디어화한 정치에 내재하는 보다 긍정적인 잠재력은 7장에서 다룬다.

이제 이 책의 전반부를 한 가지 진지한 깨달음으로 끝맺음해보자. 신자유주의 합리성은 더 광범한 인간 활동은 물론이고 경제적 행동을 하는 모델로서 심각하게 결함이 있다. 영국과 같은 신자유주의 민주주의하에서 정치는 철저하게 훼손되어, 사회적 삶에서 그리고 민주주의가 가져오는 변화의 가능성에 대한 사람들의 믿음에서 부정적 결과를 가져왔다. 그리고 이 장에서 주장한 대로, 대중적 목소리의 한 가지 큰 영역인 미디어는 오늘날 명백하게 신자유주의적 가치를 강화하고 정치적 삶을 훼손하는 방식으로 작동한다. 한편 미디어 부문에서 시장조건은 비판적 대안 자원을 위한 기반을 약화시키고 있다.

현 시장 작동의 실패만을 지적하며 마술 같은 변화를 바라는 것만으로는 충분치 않다. 우리에게는 신자유주의의 지평을 넘어설 다른 사회조직 모델을 상상할 자원이 필요하며, 이런 자원이 미디어 영역에서 나오리라고는 가정할 수 없다. 우리는 좀더 멀리 바라보아야 한다.

166

5장
—
목소리의 철학

1장에서 가치로서의 목소리가 주의를 기울이는 과정으로서의 목소리 측면을 살펴보았다. 중요한 것은 목소리에서 소리의 측면보다는(귀가 들리지 않는 사람들이 사용하는 수화 역시 음성언어만큼이나 목소리다),[1] 자기가 행동하는 세계를 설명하는 수단으로서 목소리가 수행하는 역할이다. 이처럼 목소리는 사회에 기반을 가지며, 교환을 통해 수행되고, 성찰적이고, 체현되며, 물질 형식에 의존한다.

우리는 이런 목소리 개념의 철학적 기반에 관해, 그리고 이런 목소리 개념이 내러티브가 인간 경험에서 행하는 역할을 인정하는 데 근거한다고 암시적으로만 언급했다. 이후 장에서는 철학에 영향 받은 다른 접근, 우선 경제조직(아마르티아 센의 자유와 발전 이론), 그리고 정치조직과 사회조직(악셀 호네트의 인정이론)에 대한 접근과 목소리를 연결했다. 그때 경제학과 민주정치가 겨냥하는 목적을 다시 사고하려는 각각의 시도와 목소리 간의 연계는 자세히 언급하지 않았다. 이제 그 연결을 시도해야 할 필요가 있다.

철학적 배경에 별다른 관심이 없는 독자라면 이 장 대부분을 건너뛰어도 문제가 없지만, 목소리를 떠받치는 철학을 다루는 절은 1장에서 제시한 목소리 설명에 중요한 세부사항을 덧붙인다는 점에 유의해야 한다.

서론

'목소리'에서 무엇이 철학적으로 특별한지를 해명하는 출발점은 목소리와 소리 사이 연결을 숙고하는 데서 나온다. 현상학자 돈 아이디는 1970년대 선구적인 책 『듣기와 목소리』(2007년에 재간행되었다)*에서 이렇게 주장한다. "목소리는 우리 인간에게 매우 중심이 되는 현상이다. 목소리는 우리가 사용하는 언어를 떠받치며, 언어가 없다면 우리의 지각 또한 달라질 것이다."[2]

목소리와 소리

목소리가 종종(반드시는 아니지만) 소리^{sound}가 될 가능성이 있다는 점은, 소리가 우리 삶에서 맡는 특별한 역할이 함의하는 바를 철학이 탐구할 수 있도록 해준다. 첫째, 소리의 중요성을 인정하기는 시각적 은유가 지식을 지배하는 데 도전한다.[3] 둘째, 듣는 사람에게 "소리는 스며들어가고 뚫고 들어가"는 터라, 듣는 행위는 공간에 확장된 몸 그 자체가 하는 경험으로서가 아니면 의미를 지니지 못한다.[4] 셋째, 소리는 공간적으로뿐 아니라 시간적으로도 확장한다. "청각적 장^{field}의 경

---

* 국내에서는 『소리의 현상학』(예전사, 2006)이라는 제목으로 출간되었다.

우, [지각의] 지평은 [공간에서가 아니라] 시간에서 가장 두드러지게 나타난다. 소리는 시간을 드러낸다."[5] 따라서 목소리는 애초부터 시간 속에 확장된 과정으로 이해되어야 한다. 넷째, 언어를 소리로 경험하는 것은 자기와 타인 사이 교환과정과 분리될 수 없다.

> 우리가 듣는 타자의 목소리는, 내가 말 속에 들어가 있는 채로 말을 '듣는다'는 점에서 나를 언어 즉 나의 가장 내면적 존재를 이미 관통하는 언어에 몰두하게 한다. 타자와 나 자신은 소리로 된 말의 존재 속에서 서로 얽힌다. (…) [나의] 경험은 언제나 이미 '상호주관적'이다.[6]

따라서 소리가 인간 삶에서 수행하는 역할에 비중을 두는 철학적 틀이 애초부터 데카르트적 전통을 거부하는 데는 많은 이유가 있다('가장 내면적 존재'라는 문구가 도전받을 수 있음에도 말이다. 아래를 보라). 17세기 철학자 르네 데카르트로부터 나온 이 전통은 사고가 탈체현되어 있다고 가정한다.[7] (데카르트는 "나는 하나의 물질로서, 그 본질 또는 본성은 생각함이며, 존재하기 위해 어떤 장소에 있을 필요도 없고 어떤 물질에도 의존하지 않는다"라고 했다. 그러나 또한 "영혼과 신체 사이 '물질적 통합'이 존재한다"라고 믿었다. 데카르트는 이 두 입장을 조화하는 데 큰 어려움을 겪었다!)[8]

이러한 반反데카르트적 출발점은 대륙 전통이든 영미 전통이든 간에 많은 현대철학이 공유한다. 그러나 돈 아이디가 정식화한 대로, 반데카르트적 출발점은 개별 주체 그리고 상호 주체와 관련해 서로 연관된 두 장점을 가지며, 이는 잠재적으로 더 논쟁적이다. 각각의 주장에 대한 옹호, 실은 목소리 맥락에서 각각이 하는 주장이 왜 필요한지는 이 장 후반에서 다룬다. 우선 모순 없는 '진정한' 자아와 관련해 어떠한 가정도 하지 않는다는 점을 강조하는 게 중요하다. 실로 아이디는 다음과 같이 비판적으로 언급했다(그의 『듣기와 목소리』 초판은 1976년에 나왔는데, 영어권에서 '존재의 형이상학metaphysics of presence'에 대한 데리다의 공격이 큰 영향력을 미치기 전이다).

> 철학은 종종 다성polyphony이 일차적임을 인정하는 데 저항했다. 철학의 욕망과 목적은 단일한 목소리를 향해왔고, '내부'와 '외부'의 동일함을 향해왔다. 이처럼 단일한 목소리는 말하지 않음unsaying 또는 맞서서 말함countersaying이라는 숨은 측면을 품지 않는다. (…) 그러나 단일한 '진정한' 목소리는 어떤 특권화한 순간에만 일어난다. (…) 모든 '표현'은 또한 여전히 숨겨진 뭔가를 감추며 따라서 '순수하게' 되지 못한다.[9]

실로 이는 '탈체현된 사고'라는 데카르트적 개념의 거부가 내포하는 의미다. 체현된 주체 간의 교환이라고 이해하지 않는다면, 생각을 일관되게 이해할 방법은 없는 것이다. 아이디는 이를 더 음악적으로 '다성'이라고 불렀다. 따라서 이런 이해가 이미 목소리에 대한 설명에 내장되어 있음을 인식하는 것이 중요하다. 포스트구조주의가 '진정한 자아' 개념에 가하는 공격은(특히 자크 데리다는 '목소리'와 '글쓰기'라는 대립항의 정식화를 통해 '존재의 형이상학'을 해체한다)[10] 애당초 목소리의 가치를 침식하지 않는다. 그럼에도 여기서 포스트구조주의 철학과 관련하여 논의할 만한 쟁점이 있다.

'경험 문제'를 넘어서

1980~1990년대라면, '목소리' 같은 것을 설명하는 일은 '경험 문제' 논의에서 시작해야 했을 것이다. 즉 어떠한 규범적, 정치적, 실로 철학적 입장의 기반으로서 일관되고 진정한 '경험'에 의존하는 것으로서 문제 말이다. 그러나 오늘날 다음 같은 진술이 분석적, 정치적 진전을 대변하는 것처럼 보이며, 따라서 시간을 문제 틀로 내세우는 게 더 일리 있어 보인다.

> 심리적 내부psychological interiority라는 모든 효과는 다른 모든 역능 및 관계와 마찬가지로, 인간을 다른 대상과 실천, 복수성과 힘에 연결하는 고리를 통해 구축된다. 이처럼 다양한 관계와 연결고리가 주체를 조립한다. 우리 시대에 이런 관계와 연결이 만들어내는 모든 현상을 통해[11] 인간은 자신의 심리적 내면과 관계를 맺는다. 주체로서 행동할 수 있는 욕망하는 자신, 성화된sexed 자신, 일하는 자신, 생각하는 자신, 의도하는 자신으로서 말이다.[12]

니콜라스 로즈는 여기서 내부라는 개념뿐 아니라 개별 주체라는 개념도 내던져버린다. "주체, 영혼, 개인, 사람이라는 개념 자체는 설명되어야 하는 것으로서, 우리가 너머의 일을 보기see beyond 원하는 우리 생각의 지평 그 자체다."[13]* 이런 주장을 진지하게 받아들인다면, 우리가 상상하는 세계를 설명하는 지속적이고 체현된 과정, 또는 '목소리'의

173

---

* 콜드리가 인용하는 로즈의 원문에서는 "*the subject, the soul, the individual, the person*" 문구에서 정관사 the를 강조해 각각이 일반적 의미임을 명기하고 있다.

가치는 증발해버린다. 목소리는 기껏해야 '흩어진' 것(이 가능성은 뒤에서 살펴본다)이며, 이 견해에 따르면 신자유주의가 개인적 또는 집단적 목소리에 보이는 무관심은 아무런 해가 없고 더 나아가서는 통찰력 있는 것일 수 있다. 볼탄스키와 치아펠로가 강조하듯, 이 같은 관점과 급진적 시장자유주의 사이에서 부지불식간 생겨나는 근친성은 우리를 당황스럽게 한다. "자본주의로부터 거리를 둔 좀더 '진정한' 삶의 가능성이라는 믿음이 용인되지 않는다면 (…) 무엇이 상품화과정을 저지할 수 있겠는가?"**14**

그러나 다양한 방식으로 포스트구조주의에 영향을 받으면서도, 개인이 세계를 바라보는 관점에 비중을 두는 필자를 멀리서 찾을 필요는 없다. 앤절라 매크로비, 엘스페스 프로빈, 발레리 워커딘, 캐럴린 스티드먼, 코넬 웨스트 등이 그들이다.**15** '경험'이라는 용어를 둘러싸고 벌어진 초기의 논쟁 ─레이먼드 윌리엄스와 저널 『뉴레프트 리뷰』측 토론자 세 명(페리 앤더슨, 앤서니 바넷, 톰 네언) 사이에 벌어진 논쟁─ 또한 시사적이다. 토론자들은 '산 경험'을 개념을 비판하면서, 윌리엄스가 이전에 말한 '감정구조'라는 개념이 이면에 숨어 있다고 간주했다.**16** 표현과 침묵이 사람들의 삶에서 어떻게 함께 작동하는지 변호하는 윌리엄스는 유창하며 전혀 단면적이지 않다.

감정구조라는 특이한 위치에서는 표현된 것과 체험된 것 사이의 의식과정에서 끊임없는 비교가 일어난다. 체험된 것은 (…) 경험의 다른 말에 지나지 않는다. 그러나 우리는 그 정도 수준에서 단어를 찾아야 한다. (…) 경험과 같은 강력한 단어는 주장을 펴는 데서 불행한 영향을 미칠 수 있다. (…) 그러나 나는 이런 비교과정이, 종종 또렷하지는 않은 방식으로 일어나지만, 우리의 표현 내에서 결국에는 분명해지는 많은 변화의 원천이라고 믿기 때문에, 많은 침묵 속에서 완전히 표현되지는 않은 것 또는 완전히 편안하지는 않은 것에 해당하는 용어를 찾아야 한다······. 나는 그 용어가 무엇이 되어야 할지 모를 뿐이다.[17]

따라서 윌리엄스는 '경험'이라는 용어의 사용이 아무리 문제가 있더라도, 그 용어가 지시하는 수준에 귀 기울이기를 멈추지 말기를 요구한다. '경험 문제'는 1980년대 페미니즘에서도 격렬한 논쟁거리였는데, 사회학과 과학의 표준적 내러티브에 도전하는 데서 여성의 경험에 의지하는 것이 초기에는 생산적이었으나 이후에는 도전을 받았다.[18] 윌리엄스가 '경험'이 지칭하는 수준에 대해 강조하는 바는 여전히 중요하다. 특히 최근에 두드러진 담론인 신자유주의가, 전혀 급진적이지 않은 목표를 위해 '경험' 수준을 간단히 생략한다는 점을 감안한다면 더욱 그렇다.

로즈가 자아를 설명하면서 보인 철학적 단락을 어떻게 설명할 수 있을까? 한 가지 이유는 자아를 설명하면서 그가 완전히 결정하는 조건과 제한하는 조건 사이를 오간다는 것이다.[19] 로즈에 따르면, '언어와 규범'은 우리의 '자아' 동일화 과정을 완전히 결정하며[20] '자아'라는 이름의 공간으로부터 완전히 외부에 존재하는 것으로 간주된다. "심리적 내부라는 모든 효과는 (···) 인간을 다른 대상과 실천, 복수성과 힘에 연결하는 고리를 통해 구축된다."[21] 그러나 "우리 자신을 사고하는 데 사용하는 어휘는 우리 역사에서 나오지만, 언제나 모반의 흔적을 보이는 것은 아니"라면서 자기비판을 위한 공간을 마련한다.[22] 여기서 외부의 힘은 갑자기 그저 제한하는 것이 된다. 이런 양보로 로즈의 좀더 포괄적인 주장은 와해되지만, 모순은 인지되지 않고 지나간다.

175

한편 경험에 관한 로즈의 환원적 설명은 개인의 성찰을 불가능하게 하며, "주체를 단지 탈중심화되고 분산된 것으로 내버려둔다"(제시카 벤저민). 그리고 어떠한 변화지향적 정치도 불가능하게 하는데, 아킬레 음벰베는 아프리카 '포스트식민지' 분석에서 "개인을 단순히 충동의 흐름과 '욕망'의 네트워크로 환원하는 (⋯) '주체'의 죽음"이라는 설명을 기각한다.[23] 행위주체성agency 공간을 가능케 하려는 저자들에게서도 동일한 환원, 비슷한 모순의 흔적이 나타난다. 조앤 스콧은 잘 알려진 에세이 「경험」에서 행위주체성의 중요성을 주장하면서도, "담론을 통해 주체를 위치 지우고 주체의 경험을 생산하는 역사적 과정"을 검토하고, 경험이 있는 '개인'에 관한 사고로부터 "경험을 통해 구축되는 주체"로의 이동을 검토할 것을 주장했다.[24] 1990년대 유행한 '주체 위치subject-positions' 용어 그 자체는 경험의 흐름과 과정을 설명하지 않는 만큼 문제가 있다.[25]

그러나 단지 용어만의 문제는 아니다. 이처럼 경험에 환원적으로 접근하는 이면에는 철학적 선차성이 자리 잡고 있다. 이는 그레고리 시그워스가 부른 바, "내면화한 주관성 [대] 외부세계라는 잘못된 [철학적] 문제"에 답하여 나온 것이다.[26] 이 문제는 데카르트에서 시작된 경험에 관한 환원적 설명에서 비롯됐으며, 개인과 사회가 어떻게 서로 연관되는지 효과적으로 사고하는 것을 가로막았다. 경험에 다르게 접근하기가 필요하며, 운이 좋게도 20세기 철학사에서[27] 그러한 접근을 많이 찾을 수 있다. 조지 허버트 미드가 사회를 지향하는 자아에 대해 전개하는 설명과 루트비히 비트겐슈타인이 밝히는 '사적 언어 논증private language argument' 등은 언어가 사회적인 게 아니라 개인적 성취라고 보는 관념의 비일관성을 보여주었다.[28] 중요한 참조점 또 하나는 찰스 테일러가 존 로크의 '엄밀한' 자아 또는 '중립적' 자아라는 개념에 가

하는 맹렬한 비판이다. 이런 자아는 물질세계 내의 "구성적 측면으로부터 추상화한 것으로 정의"되며, 이는 경험을 단지 '현상'으로 묘사하면서 로즈가 언뜻 불러오는 개념이다.[29]

또 한 가지 유용한 접근은 질 들뢰즈가 주관성 과정에 대해 제기하는 주장으로서, 이는 20세기 철학자 앙리 베르그송에게서 가져온 것이다.[30] 베르그송은 지각과 의식을 근본적으로 재사고했다. 베르그송에게 (미드와 비트겐슈타인과 마찬가지로) 의식은 근본적으로 체현된 것이며, 따라서 행동·지각의 '내부' 이미지로부터 그리고 행동의 공간인 '외부'세계를 향한 지향으로부터 분리될 수 없다. 베그르송은 또한 '외면' 세계를 향한 신체적 관여에서 완전히 분리되어 세계를 지각하는 '내면'의식이라는 데카르트적 개념을 기각했다. "지각은 (…) 순수한 지식이 아니라 완전하게 행동을 지향한다."[31] 유아론 문제, 즉 고립된 '내면'의식이 어떻게 '외부'세계가 존재한다고 확신할 수 있는가 하는 문제는, 문제가 아님이 드러난다. 그 결과 베르그송은 우리가 우리의 '내면'이라 칭하는 흐름의 존재를 부정하지는 않지만, 그것을 '내면'과 '외면'이라는 오도된 대립항에 의해 만들어진 게 아닌 걸로 다시 묘사할 것을 주장한다. 베르그송은 신체가 의미와 세속적 경험의 장소임을 확언한다.

> 정서 감각은 의식의 깊이에서 자연스럽게 나와 점점 약해지면서 공간으로 확장하는 게 아니다. 그것은 필히 변형되어야 하며, 우리 각자가 몸이라고 지칭하는 특정한 이미지는 그 몸에 영향을 미치는 주변의 이미지의 한가운데서 그런 변형에 종속된다.[32]

이로부터 어떤 결론을 내릴 수 있는가? 첫째, 신체 경험의 '수준'(레이먼드 윌리엄스의 용어)은, 기억과 같은, 체현되고 누적되는 자아의 과정에서 분리될 수 없다.[33] 둘째, 일단 '내면'과 '외면'이라는 언어를 버리고 나면, 우리가 이전에 마음과 연결 지은 성질(성찰, 기억, 감정)을 '신체'가 어떤 식으로든 가지지 않은 것으로 보는 것은 별 도움이 되지 않는다. 셋째, 따라서 브라이언 마수미가 주장하듯 외부 담론이 '결정'하거나 '구축'하는 신체 경험이라는 관념 그 자체는 일상적 실천 내에서 "[구축]과정에 내재하는 본성"이라는 정작 중요한 것을 놓쳐버린다.[34] 아마도 우리는 "육체적 표면corporeal surfaces"에 관한 얘기도 의문에 부쳐야 할 것이다. 들뢰즈가 베르그송을 변용하면서 유행했던 이 용어는 내부/외부의 은유라는 짐을 여전히 지고 있다.[35] (더는 엄격하게 '내부'이지는 않은) 의식과정 안의 많은 것은 개별 자아에게 '개인적'인 것으로 남으며, 다른 '신체들'(주체들)과 협의가 불가능해지며, 따라서 '표면'이라는 용어는 (무제한의 접근 가능성을 시사하기 위해 고안된 용어로 보임에도) 오해를 낳는다.

넷째, 중요하게도, 앙리 베르그송의 의식철학은 체현된 개별 행위주체—세계에서 행동하기 위한 의식이 있는 사람—의 경험 방향을 향했다. 이를 통해 의식의 개별성 그리고 개별 의식이 매개되는 상호주관적 과정 거부를 출발점으로 삼는 최근 포스트구조주의의 회의적 갈래가 부적절함을 보여준다.[36] 이런 회의주의는 다른 방식으로도, 예컨대 우리가 언어를 사용하는 방식에 관한 설명을 통해서 그리고 우리가 서로를 상호 인정하는 것에 토대하는, 하버마스가 "상호주관성의 역설적 성취"라 부른 것을 통해서 무력화될 수 있다.[37] 또한 자아의 내러티브 차원에 관한 설명을 통해서도 무력화될 수 있다. 1장에서 강조했듯이, 이 측면은 언제나 상호주관적 기반을 갖지만 개별적으로 경험되며, 아드리아나 카바레로가 "다른 것이 아닌 바로 이런 삶 이야기의 시간적

확장 속에서 모든 자아가 지니는 친근한 감각"이라 부른 것이다.[38]

이 같은 모든 주장은 경험이 논의되는 출발점을 바꾼다. 내면/외면, 정신/신체, 개인/사회의 문제—계몽주의적 회의주의(흄)와 지식을 초월적 형식의 지반에 다시 세우려 한 칸트의 시도는 모두 여기서 비롯했다—를 잘못된 문제로 본다면, 이런 문제에서 시작할 필요가 없다. 따라서 (내부라고 잘못 이해되는) '주체'의 공간을 부정할 필요도 없으며, 또한 그 공간이 외부라고 이해되는 힘에 의해 완전히 점유된다고 주장할 필요도 없다. 그런 주장은 쓸모없는 논쟁 속 용어를 뒤집은 데 불과하다! 로즈가 취하는 입장은 이제 거꾸로 선 초월론이라 이해할 수 있다. 그것은 초월론 주장이 발휘하는 힘을 개별적인 것의 공간으로 다시 가져온 후 자의적으로 지워버린다.

목소리에 관한 우리의 설명은, 카바레로가 "개별적인 것의 말할 수 없음"이라는 "불필요한" 문제라고 부른 것을 비켜서서[39] 체현된 경험이라는 개념에서 시작한다. 체현된 경험은 지각과 행동, 발화와 성찰의 상호주관적 과정(비트겐슈타인이 "삶의 형태"라 부른 것)을 통해 나타나지만,[40] 그렇다고 덜 현실적이거나 덜 실체적이거나 덜 중요하지는 않다.[41] 1장에서 목소리는 우리가 행동하는 세계를 설명하는 과정이라고 했는데, 그 철학적 기반이 바로 이것이다.

목소리가 기대는 철학적 기반

아직 세 가지 중요한 질문에는 대답이 나오지 않았다. 첫째, 우리 자신과 우리가 행동하는 세계를 설명하는 것이 인간으로서 우리에게 왜 중요한가? 둘째, 이런 기본적인 인간 가치—그런 게 있다면—와 복잡한 사회를 평가하는 좀더 정교한 규범 틀을 어떻게 연결 지을 수 있는가? 셋째, 우리는 경제학(자유에 관한 센의 설명)과 정치학(정치에 관한 호네트의 설명)이 지향하는 목적을 해석하는 기존의 틀과 목소리의 가치를 어떻게 연결 지을 수 있으며, 그런 틀 속에서 이것을 어떻게 작동하게 할 수 있을까? 이 문제를 차례대로 다루려고 한다.

내러티브와 자기해석

찰스 테일러는 이렇게 말한다. "나는 어떤 대화자와의 관계 속에서만 자아다. (…) 우리 언어의 본성으로 인해, 그리고 근본적으로 우리 사고가 언어에 의존함으로 인해 (…) 우리는 대화에서 벗어나지 못한다."[42] 그러나 언어의 상호주관적 영역에 젖어들어 있다는 사실에 뒤따르는 건 무엇인가? 테일러는 인간이 고통 또는 감각을 경험할 뿐만 아니라 '주체를 가리키는' 특별한 감정(이를테면 수치심)을 보인다고 주장한다. 이런 감정은 "인간이란 어때야 하며 (…) 인간으로서 우리에게 중요한 것은 무엇인가에 관한 감각을 통합한다."[43] 테일러는 여기서 출발하여 "인간은 자기해석적 동물"이라고 주장한다.[44] 왜냐하면 우리 자신의 삶과 더 폭넓은 도덕 틀 사이에 우리가 만드는 '접합'은 필연적으로 해석이기 때문이다.

180 여기서 테일러는 우리의 도덕적 우주에 관해 특유한 정식―이를 받아들이지 않을 수 있다―을 취하며 논지를 전개한다. 그가 제시하는 주장은 우리 언어 능력에 보다 폭넓게 바탕을 둔다.[45] 1장에서 우리는 사람들에게 자기해석의 가능성을 부인하면 어떤 결과가 따르는지 살펴보았다. 프리모 레비의 설득력 있는 아우슈비츠 회고를 다시 떠올려 보라. 아무것도 더는 우리에게 속하지 않았다. 그들은 우리 옷, 우리

신발, 심지어 우리 머리카락을 가져갔다. 우리가 말을 해도 그들은 듣지 않았고, 그들이 들을 때도 그들은 이해하려 하지 않았다. 그러나 자기이해를 구체적으로 이해하게 되는 규범 틀에서 테일러는 이렇게 말한다. "인간이라는 동물은 종종 자신과 자신의 목표를 해석해야 하는 상황에 처할 뿐 아니라, (…) 언제나 어떤 해석 안에 있으며 이 사실에 의해 인간으로 구축된다."[46] 여기서 나는 '인간'이라는 용어를 굳이 해설해서 변호하지 않으려 한다. 이 용어를 사용하지 않고도, 우리는 '존중' 개념으로부터 비슷한 결론에 이를 수 있다. 테일러가 이전과는 대조적으로 니체에 의지해 쓴 다른 에세이에서 그렇게 했듯이 말이다. "누군가 평가와 선택을 통해 스스로 이해할 능력을 덜 부여하는 것은, 우리가 그를 사람으로서 존중해야 한다는 명령을 완전히 부정하는 일이다."[47] 여기서 해석과 선택 사이 연결은 뒤에서 아마르티아 센을 살펴볼 때 중요해진다.

우리는 세계에 관해 끊임없이 새로운 해석을 자유롭게 내릴 수 있기에, 해석은 내러티브의 끊임없는 과정과는 관계가 없다는 주장이 나올 수도 있다. 그러나 생각하는 자아라는 데카르트적 개념, 즉 시간과 공간에 체현되어 지속되는 과정과 별개인 생각하는 자아라는 개념을 버리면, 해석과 내러티브 사이 연결은 불가피해진다. 우리는 시간 속에서 지속되는 만큼, 우리가 시간 속에서 어떻게 지속되는가 하는 것은, 우리 각자가 이해해야 함에 있어서 환원 불가능한 차원을 이룬다. 즉 "나라는 존재'가 어떻게 '내가 되는 존재'인가?[48] 이 때문에 내러티브는 인간이 자기이해를 하는 데서 필수적 특징이며, 또 이 때문에 시간성은 인간 내러티브에서 필수적 측면이다. 수많은 저자가 (테일러 말고도, 철학자 아렌트, 버틀러, 카베레로, 매킨타이어, 리쾨르, 심리학자 제롬 브루너 등)[49] 인간이 된다는 것과 내러티브를 만든다는 것 사이의 내재적 연결을 강조했다. 그러나 내러티브와 시간성 사이의 연결을 가장 잘, 게다가 테일러가 하는 설명을 특징짓는 도덕적 비교 틀에 의존하지 않으면서 이끌어낸 이는 바로 폴 리쾨르다.[50] 리쾨르에게 내러티브는 언어적 형식으로서, 우리는 그것을 통해 인간 삶의 시간적 측면을 표현한다. "시간성[은] 존재의 구조로서 내러티브성 안에서 언어에 이르며, 내러티브성[은] 시간성을 궁극적 참조점으로 하는 언어구조다."[51]

리쾨르는 어떻게 문학적, 역사적 내러티브가 '형상화' 행위를 통해, 아직 내러티브의 일부가 아닌 사물의 '형상 이전의 시간'을 내러티브의 '재형상된 시간'으로 전환하는지 상세히 설명하는 데 관심을 둔다. 여기서 우리는 리쾨르가 제시하는 세부 설명에 몰두할 필요는 없으며, 다만 그가 보여준 통찰력 즉 내러티브가 "사물을 함께 붙들어 맴"을 통해 그리고 "하나의 연쇄에서 형상화를 짜냄"을 통해 작동한다는 통찰력이 핵심적이다.[52] 그 함의를 뒤집어 생각하면, 이는 우리가 이야기할 수 없는 세계에서 잃어버릴 수밖에 없는 게 무엇인지를 암시한다.

이야기를 따라간다는 것은, 예측하지 못하는 가운데 (…) 이야기의 '결론'에서 끝맺음이 이루어지리라는 기대가 이끄는 대로 앞으로 나가는 것이다. (…) 한편 이 '종점'은 이야기를 전체로서 지각할 수 있는 관점을 제공한다.[53]

여기서 우리는 왜 신자유주의가 사회 세계를 특정 관점에서 서사화하지 못하도록 해서는 자유에 중대한 결과를 초래하는지 알 수 있다. 이런 이유에서 켄 플러머가 "자신이 선택한 조건하에서 이야기를 말하는 힘은 (…) 정치과정의 일부"라고 하는 주장은 옳다.[54] 버틀러는 자신에 관해 설명하는 것과 윤리 사이의 연결을 논하면서 "누구도 철저하게 비내러티브적 세계 또는 철저하게 비내러티브적 삶에서 살아남을 수 없다"라고 언급하지만,[55] 왜 그런지는 말하지 않는다. 리쾨르는 내러티브, 시간, 윤리의 가능성 간 연결을 통해 그 이유를 시사한다. "삶이 내러티브 형식으로 함께 묶일 수 없다면 행동 주체가 자신의 삶에 윤리적 자격을 부여할 수 있겠는가?"[56] "본질적으로 (…) 이야기하는 동물"로서 인간이 차지하는 지위와 관련한 이 같은 함의는,[57] 우리가 자유에 관한 센의 설명으로 넘어갈 때 중요해진다.

여기서 다시 강조하면, 나는 내러티브의 의미 또는 종결점이 자아의 단순한 '통일성'이라고 가정하지 않는다. 오히려 리쾨르는 자기내러티브의 미해결된 성격, "내러티브적 정체성의 허약함"을 강조하는 데 힘쓴다. 리쾨르에게 삶의 역사는 문학의 내러티브와 구별되는데, 내러티브의 상호주관적 기반 즉 "우리 이야기를 타인 이야기와 뒤엉키게" 하는 개방된 과정으로 인해 삶의 역사는 절대 전체로서 이해될 수 없다는 점 때문이다.[58] 그 결과 "삶의 내러티브적 통일성은 (…) 우화와 실제 경험의 불안정한 혼합물로 보아야 한다."[59] 그러나 이것이 우리의 삶을 이야기할 필요가 모순적이거나 비일관적임을 의미하지는 않는다. 왜냐하면 과정으로서 내러티브가 의미하는 바는 최소한 그것이 하나의 특정한 체현된 의식에 초점을 두고 있음을 상정할 뿐이기 때문이다. 리처드 월하임이 지적하듯이, "특정한 내러티브가 개입되는 정체성-관계에 조건을 제공하는 것은 [체현된] 사람 그 자신이다."[60] 바로 이것이 그 자체로서 특수하고 가치 있는 인간 개개인의 내러티브를 만든다. 이런 관점에서 카바레로는 일반성을 향하는 철학의 의지와 이야기하기의 개별화한 실천 사이의 긴장을 추적한다. "이야기하기는 그 연약한 유일무이함에서 유한함을 드러내"기 때문이다.[61]

183

이 논점은, 내러티브와 목소리에 관한 설명이 '진정성'이라는 순진한 개념에 의지할 수밖에 없다는 비난을 방어하는 데 중요하다. 또한 우리가 내러티브를 통해 어떤 자아의 완성 또는 일관성을 획득할 수 있다는 단순한 주장으로부터 우리 주장을 단절하기 위해서도 중요하다. (행동과 이야기에 관한 아렌트의 설명을 발전시킨) 카바레로는 여기서 특히 도움이 된다. 윤리의 참조점은 "단일한 삶 안에서 체현되는 내러티브의 통일성"이라는 매킨타이어의 주장은 지나치게 깔끔하다.[62] 삶-내러티브가 지향하는 목적이 간단하게 '일관된 줄거리'를 획득하는 것인가? 더 복잡한 방식으로 작동하는 또는 꼭 작동하지는 않는 고통스러운 자기내러티브는 어찌 되는가? 버틀러는 내러티브에 대한 방해 그리고 그 내러티브 내부의 파열을 파악하는 것이 자신에 관해 이야기하는 것만큼이나 중요하다고 시사한다.[63] 카바레로는 내러티브에서 문제가 되는 통일성—"누구나 (타인에 의해 또는 스스로에 의해 이야기되는) 이야기 속에서 자기 정체성의 그러한 통일성을 추구한다"—은 "욕망에 그칠 뿐임"을 보여줌으로써 이 같은 명시적 역설을 해결한다.[64] 카바레로는 또한 우리의 자아 감각이 우리가 말하는 이야기의 "산물이 아니며", "이야기의 구축 속에 존재하는" 게 아니라 "이야기하는 충동" 속에 존재함을 명확히 했다.[65]

우리 앞에 나타나는 사람은 (…) 육체적 형태와 목소리의 소리에서 유일무이한 것으로 나타날 뿐 아니라, 바로 이 사람은 유일무이한 이야기를 가진 이야기될 수 있는 자아로서 우리에게 즉각 지각할 수 있게끔 다가온다.[66]

이는 이야기하는 우리의 행동 또는 목소리 자체가 자아를 지탱한다는('자아를 이야기하기' 개념에 암시된 것과 같은), 우리를 안심시키는 관념을 침식한다는 점에서 중요하다.[67] 카바레로가 오이디푸스 신화 논의에서 유창하게 제기하듯이, 이야기하려는 우리의 개별적 욕망이 우리를 안심케 하는 것일 필요는 없다.[68]

자기해석이 단순한 일관성을 획득한다고 상정하지 말아야 하는 이유가 적어도 두 가지 더 있다. 첫째, 예를 들어 20세기 서양문학에서는 이야기하는 행위와 획득된 일관성의 감각 사이에 존재하는 틈을 성찰하는 것이 중요하다. 문학이론가 리처드 올니는 사뮈엘 베케트와 프란츠 카프카를 18세기말 장 자크 루소의 자서전과 구별 짓는 것이 무엇인지를 논의하면서, "자신에게 말하고 자신에 관해 말하는 이야기 속에서 자아가 창조된다"라는 상투적 생각이 부적당함을 보여준다.[69] 둘째, 자아에 관한 만족스러운 내러티브로서 간주되는 것은 서로 다른 시대에 엄청나게 다양한 형식(종교적, 문화적, 정치적)을 통해 정의되어 왔음을 고려할 필요가 있다. 올니는 '비오스bios(일생의 과정)'에서 '아우토스autos(글 쓰고 글로 쓰이는 자아)'로의 이동이라는 관점에서, 고대 후기부터 이어진 '삶의 글쓰기'에 전체적으로 평가를 내린다. 여기서 '비오스'와 '아우토스'는 각각 '삶'과 '자아'에 해당하는 그리스어다.[70] 인류학자 루이 뒤몽Louis Dumont은 '전체론적holistic' 사회(이런 사회에서 개별적 차이화를 획득할 유일한 가능성은 사회 외부에 서는 것이다)와 '개인주의적' 사회(일상 내에서 개인으로서 차이를 획득할 수 있다) 사이에 존재하는 마찬가지로 근본적인 차이를 발견한다.[71] 한편 문학으로 다시 돌아오면, 리처드 프리드먼은 '인간 의지'라는 독특한 개념을 끄집어낸다. 이 개념을 통해 4세기 북아프리카에서 성 아우구스티누스는 왜 자신의 삶을 이야기하는 것이 앞서 존재한 어떤 것과도 구별되는 중요성을 띠는지를 의식하게 되었다.[72] 내러티브의 일관성이라고 간주되는 것의 역사적 우연성은 차이를 통해 형성된 복잡한 공동체와 관련해 우리가 사고하는 방식에 도움을 줄 것이며, 이 논점은 나중에 다시 다룰 것이다. 내러티브에 관한 우리의 설명이 다양한 사회, 시간, 민족, 계급에 관해 타당한 일반적 인간 가치를 지지할 수 있을 만큼 포괄적이고자 한다면,[73] 진정한 정체성이 단순하게 획득될 수 있다는 어떠한 가정도 다 배제해야 한다.

이 모든 것에서 '목소리'는 어디에 있는가? 이제 그 대답은 상대적으로 명확해진 듯하다. 목소리는 우리 자신을 이야기하는 과정이며, 지금까지 우리는 목소리의 특징적이면서 절대 단순하지 않은 도구(내러티브)를 탐구했다. 반면 가치로서 목소리는 사람들이 과정으로서 목소리에 대해 갖는 기회에 가치를 부여하고 인간의 삶을 조직하는 방식을 제대로 인식하게 하는 이차적 가치다. '목소리'라는 용어를 이처럼 사용하는 것은 특정한 텍스트가 다양한 장치를 통해 구축되는 일관된 관점을 내러티브 목소리라 보는 문학이론과는 다르다는 점을 인정한다.[74] 그러나 리쾨르는 문학을 둘러싼 논의에서 '목소리'라는 용어를 사용하면서, 우리 주장에서도 잠재적으로 중요한 의미를 포착한다. "목소리는 형상화와 재형상화 간 변화의 순간에 위치한다. (…) 내러티브 목소리는 텍스트 세계를 독자에게 제시하는 침묵의 발언이다."[75] 내가 사용하는 방식은 또한 특히 대체의학과 심리치료 등의 의학 영역에서 내러티브와 목소리에 보이는 관심과도 다르다.[76] 왜냐하면 여기서 목소리가 자아를 특정한 방식으로 치유하거나 유지한다고 주장하지는 않기 때문이다. 실로 목소리의 가치는 특정한 목소리 자체에 대한 단순 찬양에서 나오지 않는다. 목소리의 가치는, 카바레로가 "모든 인간은, 심지어는 알고 싶은 욕구 없이도 스스로 이야기될 수 있는 자아임을 안다"라고 말하듯 "우리가 그들의 이야기를 전혀 모를 때조차" 타인에게서 지각할 수 있는 자아의 한 차원이다.**77** 자아에 내재하는 이런 측면을 부정하기란 누군가가 사람으로서 갖는 지위를 부정하는 것이다.

복잡한 사회에서 목소리

그러나 모든 형태의 삶과 모든 규모의 사회조직에 타당한 목소리가 지니는 일반적 가치는, 그 자체로서는 특정하고 복잡한 사회의 조직에서 그러한 가치를 충족시킨다는 게 무엇을 의미하는지 사고하기에는 불충분하다. 목소리 가치가, 우리가 효과적인 목소리라고 인지하는 교환과정을 독특한 참조점으로 삼는다면(1장을 참조하라), 어떻게 이런 과정이 상이한 규모에서 활성화될 수 있는지 구별할 필요가 있다.

1 개인이 직접 상호작용하는 수준의 규모(내러티브의 교환 등).

2 대가족, 소집단 또는 소조직, 소규모지만 제도화한 공동체. 직접 상호작용의 순간이 필요하다.

3 대규모 '공동체'. 많은 집단, 조직, 제도를 포함하며 개인에게 복수의 역할을 제공한다.

4 정체polity. 이는 많은 대규모 공동체와 그 공동체를 함께 연결해주는 공식 대의구조로 이루어지며 여기서 중요한 유형의 내러티브 교환은 결코 이루어지지 않을 수도 있다.

목소리의 철학

5 그런 정치 단위가 보다 큰 국가를 이룬 연방.

6 전 지구적 단계에서 등장했고 앞으로 등장할 정치조직 수준의 규모.

이처럼 다양한 규모에서 목소리를 중시하는 데 따르는 조직 수준의 어려움은 상당히 달라진다. 큰 규모에서는 (그 큰 규모에 포함되는) 작은 규모에서 목소리가 어떻게 고려되었는지를 반드시 고려해야 한다. 그렇게 하면 어떤 순간에, 목소리를 중시하는 것은 '일차적' 행위—상대방과 서로 말하고 듣는 행위—에서 일차적 행위와 이차적 행위(목소리의 일차적 행위를 고려하는 메커니즘과 관련되는 행위) 사이의 조합으로 전환된다.

규모 2와 규모 3 사이에서 전환이 발생하는데, 여기서 우리는 말하기와 듣기의 짝짓기를 지연하고 재조직하는 대의 메커니즘이 필요해지기 시작한다. 이런 짝짓기는 규모 1과 2에서는 부족하지 않던 것이다. (이런 지연은 일반적인 ['존재'의] 연기—데리다가 모든 자기인식에 내재적이라고 본 차연^{différance}—의 문제와는 아무 관계가 없다는 데 주의하라.[78] '자기존재'의 환상에 관한 일반적 주장을 통해서는 더 큰 규모의 조직에서 무엇이 특징적인가 하는 문제를 다룰 수 없다.) 이런 규모를 통해 제기되는 상당히 독특한 철학적 문제는, 우리가 수준이 다른 목소리 과정에서 어떻게 대의 메커니즘이 적절한지를 평가할 수 있는가 하는 점이다. 여기서 '적절하다는 것'은 무엇을 의미하는가?

그 대답은 1장에서 시작했다. 우리는 1장에서 모든 목소리에는 형식이 필요하고, 내가 특정한 산출물 속에서 목소리를 만드는 나의 행동을 인정하지 않으면 효과적인 목소리는 없다고 했다. 개인의 목소리에서조차 이렇게 하는 것이 문제가 되는 경우를 제쳐두면, '인정'[79]의 필요는 개인적인 것을 넘어서 어느 수준에서든지 자동적으로 나타난다. 내가 일원으로 있는 집단이 나를 위해 말을 한다고 내가 느끼기 위해서는, 그 집단이 말하고 행하는 것 안에서 내가 투여한 것을 내가 인지할 수 있어야 한다. 그렇지 않다면, 나는 그런 불일치를 바로잡을 충분한 기회를 가져야 한다. 종종 나는 그런 기회를 갖는다. 소집단에서 이는 이의를 제기하고 질문을 던지는 문제다. 더 큰 집단에서 일치는 언제나 뚜렷하지는 않겠지만, 내가 나의 투여를 특정한 산출로 이끄는 메커니즘을 신뢰한다면 충분히 달성될 수 있다. 집단적 결정을 내리는 데서 개별 투표를 위한 메커니즘, 조직행동을 조직 내 좀더 작은 부분집단의 집단적 목소리에 토대하게끔 하는 메커니즘이 그렇다. 민주정치는 집단적 목소리 내에서 개별적 목소리를 인정하는 행위의 가능성에 토대한다. 나는 선거 결과나 투표 결과에서 나의 개별적 목소리를 인정할 필요가 있다(적어도 내가 투표할 나의 기회를 행사했더라면 가질 수 있었던 목소리). 비록 패배한 당/입장 쪽에 일치하더라도 말이다.

그러나 분산된 목소리는(여기서는 우리의 특정한 투여와 특정한 산출을 직접 연결할 방법이 없다) 독특한 문제를 제기한다. 우리는 투여와 산출의 특정한 분산을 '목소리'라 볼 수 있는지를 가늠할 기준이 필요하다. 이 문제는 많은 이들이 분산 네트워크가 중요하다고 강조하는 사회적, 정치적 생산에서 긴급해진다. 최근의 여러 정치적 형태의 행동주의는 공식적, 조직적 정치의 대의과정을 출발점으로 삼기를 거부한다. 대신 오늘날 네트워크화한 온라인 행동으로 인해, 여러 규모에 걸쳐 전례 없는 속도로 그리고 '구성원'이 정당 노선에 순응하기를 요구하기보다 참여자의 다양성을 더욱 존중하는 방식으로, 새로운 정치행동이 가능해진다고 주장한다. 탈중심화한 네트워크가 동원과 조정을 위한 중요

자원을 가져다준다는 점은 의심할 바 없으며, 이 논점은 7장에서 다시 다룰 것이다. 그러나 분산 네트워크가 원칙적으로 목소리라고 간주될 수 없다면, 오늘날 많은 정치적 실천에서 두드러진 특징, 즉 "자기생성적 네트워크" 개념을 통해 "수평적 협력, 참여 민주주의, 그리고 자율성과 다양성을 통한 조정에 토대해 사회를 재조직하는" 모델을 제공한다는 주장에 딱히 동의할 수는 없을 것이다.[80]

기업 주도 지구화 반대운동에 관한 제프리 저리스의 민속지학은 여기서 특히 소중하다. 그가 보여주는 명징한 분석은 네트워크화한 정치가 실천에서 보이는 긴장과 곤란을 드러내기 때문이다. 저리스의 설명에서 기본적으로 두 가지 문제가 제시된다. 네트워크가 그 참여자를 무엇에 접합시키는가? 그리고 그런 네트워크는 무엇의 접합인가? 첫 문제에 관하여, 저리스는 특정 활동가 네트워크 내부에서 커지는 논쟁, 즉 합의된 정치 강령이 필요한지, 더 광범한 정책과정에 직접 접합하는 행동에서 그 강령을 사용할 수 있는지를 둘러싼 논쟁을 끄집어낸다.[81] 그리고 두번째 질문에 관해 그는 네트워크의 운영 방식 그리고 그 커뮤니케이션의 여과 방식 등에서 이러저러한 집단이나 단체가 적절하게 대변되는지 여부를 놓고 네트워크 내에서 투쟁이 지속된다는 점을 끄집어낸다. 놀라울 것 없이, 활동가 대부분이 어느 정도 집중과 위계가 불가피함을 인지하기 때문이다.[82] 이런 문제들은 실제로 목소리의 문제다. 저리스가 이 용어를 사용하지는 않지만 말이다. 첫번째는 목소리가 효과적인가 하는 문제고, 두번째는 일치, 또는 네트워크 참여자가 어느 특정한 결과에서 자신의 투여를 인지할 수 있는가 하는 문제다. 그 대답으로 종종 "자기조직화" 개념이 제시되지만,[83] 이는 목소리의 문제가 부분집합 수준(이상하게도 여기서 '자기'라고 지칭된다)에서 더는 나타나지 않는다고 상정할 때만 작동하며, 보다 폭넓은 네트워크를 가로지르는 일치라는 지속적 문제를 외면한다. 만약 이것이 목소리의 문제라면, 저리스가 강조하듯, 활동가 네트워크가 하는 일 상당 부분은 바로 이런 문제를 놓고 벌이는 논쟁이다.

이 책에서 탐구하는 네트워크 커뮤니케이션 중 상당 부분은 네트워크 구조와 과정을 중심으로 구성된다. 이 같은 의미에서 사회운동 네트워크 자체는 대개 사회운동 네트워크를 둘러싼 논쟁으로 이루어진다.[84]

네트워크가 새로운 정치적 생산에서 지니는 중요성은 목소리 문제를 회피하는 데서 나오는 게 아니다. 사실, 네트워크 투쟁은 대개 목소리 문제의 측면에서 이해될 수 있다.

그렇다면 우리는 분산된 목소리가 효과적이도록 해주는 수단을 어떻게 더 정확하게 사고할 수 있을까? 리언 메이휴가 쓴 『새로운 공중』에서 실마리를 찾을 수 있는데, 그는 어떻게 복잡한 정치과정에서 규범적 정당성이 나오는지 숙고한다. 메이휴는 일반화한 매개 커뮤니케이션에 점점 의존하는 정치제도에서 신뢰가 감소하는 문제에서 출발한다.[85] 그의 핵심 아이디어는 좀더 큰 사회에서 숙의와 대의는 좀더 명시적인 직접 논쟁을 대신하는 "축약된 명목상의 주장" 없이는 작동할 수 없다는 것이다. 그러나 결정적으로, 그런 수사적 명목은 정당성을 지니기 위해 어느 시점에 "복원될" 수 있어야 한다.[86] 복원이란 (일반에서 특수로) 번역 행위를 의미하는데, 여기에는 "청자가 만족할 수 있도록 명확화, 명시화, 증거화하라는 요구에 응답[하는 것]"이 포함되며, 이때 청자는 "공백을 채우는" 데 충분한 암묵지를 화자와 공유하게 된다.[87] 도전에 직면한 정치가가 면 대 면 모임에 나와 자기 행동에 제기된 비판에 대답하는 것이 일례다. 메이휴는 이 같은 개념을 정치가가 대중에게 행하는 성명에 적용했으나, 목소리의 '상향적' 과정에도 마찬가지로 적용될 수 있다. 즉 투여와 산출의 분포가 목소리로서 자격을 확보할 수 있으려면, 그로부터 나타나는 표현-명목은 말하기와 듣기라는 특정 과정으로 번역되어야 하며, 그 과정은 그것을 뒷받침하는 수많은 개별적 말하기 행위와 듣기 행위를 그럴 법하게 대의代議할 수 있어야 한다.

정의상 '대의'과정이 대의되는 것과 다를 수밖에 없다면, 어떻게 그러한 과정이 작동할 수 있는가? 번역 행위가 성공적이려면 구별과 원칙이라는 더 폭넓은 틀 내에서 작동해야만 한다. 이런 원칙의 전조는 저리스가 논의한 네트워크인 지구적 저항운동의 선언문에 이미 나타나 있다.

우리가 이해하는 자유는 비판적으로 사고하고 우리에게 영향을 미치는 활동에 개입하는 것이다. 따라서 정치에서 민주주의라는 중요성을 재발견할 필요가 있다.[88]

이는 목소리에 대한 서로의 능력을 암묵적으로 확인(집합적 인정)하는 것을 기반으로 한다. 이와 같은 연결과 그 규범적 기반을 좀더 명확히 하기 위해, 목소리 가치에 보완적인 가교 개념을 덧붙일 필요가 있다. 우리가 의지할 두 개념은 '인정'(호네트의 특정한 의미)과 '자유'(센)다. 각각은 어느 규모에나 적용될 복합적 규범이다. 그러나 두 개념은 '목소리'와는 달리 각각 정치, 경제 조직이 추구하는 목표를 사고하기 위한 더 포괄적인 틀에 연관되어 있다. 목소리의 가치를 이 두 가교 개념에 접합할 수 있다면, 목소리는 어떠한 규모의 정치, 경제 조직이라도 평가할 수 있을 만큼 가치가 강력해질 것이다. 이를 통해 가치로서 목소리를 둘러싼 논의가 완성될 수 있다.

목소리, 자유, 인정

목소리, 자유, 인정이라는 세 개념이 더 큰 개념 체계 내에서 완전히 통합되거나 통합될 수 있다고 말하는 것은 무의미하다. 이들 개념은 서로 기원이 다르다. '목소리'는 신자유주의 독트린이 그림자를 드리운 규범적 영역을 지칭하고자 내가 발전시킨, 특정한 목적을 지닌 포괄적 용어다. '자유'는 아마르티아 센이 오늘날의 경제학을 비판하는 데 초점을 맞추어 사용한 용어지만, 여전히 많은 면에서 자유주의와 공리주의 전통에 의지한다. '인정'은 악셀 호네트가 비판이론이라는 매우 상이한 철학적 전통에서 변용하여 오늘날의 사회조건에 연결한 용어다.

내가 삼는 목표는 이 세 개념 사이 대화를 통해, 연결 개념으로서 목소리의 특정 역할을 부각하고 경제적, 정치적 목적을 놓고 벌어지는 좀더 포괄적인 논쟁 내에 목소리가 차지할 자리를 마련하는 데 있다. 이는 부분적으로 리쾨르가 그의 마지막 책 중 하나인 『인정의 과정』에서 남겨놓은 길을 따라가는 것이다.[89] 또한 나는 호네트와 센이 취한 개념을 그 독특한, 그리고 완전히 양립할 수 없는 각각의 기반으로부터 살짝 느슨하게 만들기도 할 것이다. 호네트에게 그 기반은 합리적 자유라는 독특한 구상의 이행을 지향하는 칸트의 도덕 자율성 개념이며, 센에게 그 기반은 넓게 보면 인간 자유에 관한 자유주의적 설명이지만, 그 자유는 자기실현과 연관되기보다는 자신이 우선시하는 것을 추구하는 데서 인간이 자신에게 주어진 범위의 인간 역능으로부터 선택할 수 있는 능력과 연관된다. 그러나 이러한 절충주의에서 장점은 이 두 접근 간 공통점과 상호작용을 볼 수 있다는 점이다. 목소리 개념과 함께 이 두 접근이 결합하여 신자유주의에 대한 대항 합리성에서 풍부하고 포괄적 기반을 이룰 수 있다.

센의 자유 개념에서 출발해보자. 센이 경제학에 제기한 비판은 2장에서 논의했고, 여기서는 센이 『자유로서의 발전』에서 경제발전과 관련해 제시한 긍정적 모델을 바탕으로 한다.[90] 여기서 센은 소득이나 GDP 같은 표준적 측정을 넘어서서 경제학의 목표를 재사고하는 프로젝트를 이어가며, 발전은 "실질적 자유를 확장하는 통합과정"이라 정의한다.[91] 물론 이런 자유에는 경제적 기회뿐 아니라 '정치적 자유' '사회적 능력'(읽고 쓰는 능력을 포함한다) '투명성 보장'과 보호 및 '안전'이 포함된다. 센은 효과적인 정치적 자유를 위한 사회적 조건(읽고 쓰는 능력의 불평등 그리고 젠더, 계급, 문화적 불평등)에 민감하며, 이는 목소리 사회학에 표출하는 우리의 관심(6장을 보라)과 잘 맞아떨어진다. 발전에 관한 설명은 좁게 '개발도상' 국가만을 겨냥한 것이 아니라 이를테면 아프리카계 미국인이 겪는 빈곤을 포함하며,[92] 2, 3장에서 다룬 영국의 사회적 결핍에도 의미가 있다.

센이 제시하는 설명이 목소리와 어떻게 구체적으로 공명하는지 진가를 알아보려면 좀더 깊이 들어가야 한다. 센은 두 이유를 들어 자유가 부수적이 아니라 본질적임을 보여준다. 첫째, 어떤 주요한 자유(정치적 자유, 경제적 교환의 자유)는 부분적으로 발전을 '구성'하는 일부이기 때문이다. 둘째, 특히 정치적 자유는 발전의 다른 측면이 성취될 수 있게 해주고, 사람들이 정부에 관해 그리고 사람들의 구체적인 경제적 욕구에 관해 생각하는 바를 표현할 수 있게 해주기 때문이다.[93] 센이 자유에 취하는 접근은, 2장에서 본 대로, 신자유주의 독트린보다 훨씬

194

풍부하다. 개입으로부터의 부정적 자유가 아니라 "실질적 자유, 가치를 부여할 이유가 있는 삶을 선택할 수 있는 역능"과 연관되기 때문이다.[94] 따라서 자유는 표준적인 경제적 추론에서 상정하는 효용의 극대화 그이상이다. 자유는 필연적으로 개인적 성찰과정을 수반한다.[95] 센이 규정하는 역능은, 사람들이 삶에서 어떤 특정한 역능에 의존할 것인가에 관한 개인적 선택 기회뿐만 아니라 개인의 다양한 욕구 기회를 포괄한다(따라서 장애인은 특정한 역능을 효과적으로 행사하기 위해 상이한 재화 꾸러미가 필요하다).[96] 이 모든 것을 이루는 바탕에는 행위주체성이 기본적인 선이라는 이해가 깔려 있으며, ─"보다 큰 자유는 사람들이 스스로를 도우며 또한 세계에 영향을 미치는 능력을 향상시킨다"[97]─ 이런 행위주체성은 잠재적으로 언제나 자아를 넘어서기를 지향한다.

> 일단 자기이익에 따른 동기라는 구속을 벗어던지면, 사람의 행위주체성은 자신의 행복으로 포괄되지 않는─적어도 완전하게는 포괄되지 않는─고려를 향해 나갈 수 있다는, 반론의 여지가 없는 사실을 인정하는 게 가능하다.[98]

따라서 센이 말하는 자유 개념은 목소리와 마찬가지로, 자유를 성취하는 데서 복수 형태를 포괄한다.

그러나 센의 이론은 두 가지 측면에서 보완되어야 한다. 첫째, 센이 하는 주장이 '개발도상' 국가뿐만 아니라 '선진국'까지 포괄하지만, 센에게 주요 관심은 인간의 기본적 욕구(식량, 물 등)를 충족시키지 못한 나라들에서 기본적, 정치적 권리를 세우는 데 있다. 따라서 존재하는 민주적 자유가 완전하게는 활용되지 않을 가능성을 슬쩍 인정하면서도, 센이 내세우는 주장은 어떻게 민주적인 기본 권리가 일단 안정화하는가에 중점을 둔다. 3, 4장에서 진행한 분석에 비춰보면, "민주주의에서 사람들은 자신들이 요구하는 것을 얻는 경향이 있는지, 더 중요하게는 자신들이 보통 요구하지 않는 것을 얻지 못하는지" 하는 면에서 센만큼 낙관적이지 못할 것이다.[99]

둘째, 센은 어떤 조건에서 실질적 자유가 유효하게 되고 유효하게 지속되는지 상세히 설명하지 않는다. 자유가 "가치를 부여할 이유가 있는 삶을 선택할 역능"이 있는 것을 의미한다면, 투표라는 기본적 메커니즘을 넘어서 어떻게 이유 있는 선택이 귀 기울임을 받고 또 어떻게 분별을 만들어내는 역능이 유지되는가? 센은 "정치적 자유"를 사람들이 "누가 무슨 원칙에 토대해 통치하는지와 관련해 결정해야 하는 기회"라는 관점에서 논의한다.[100] 그러나 잘 구축된 대의정치 시스템이 목소리 가치를 체계적으로 무시하는 정책을 낳을 때, 어떻게 정치적 자유가 충족될 수 있는지는 별로 말하지 않는다. 그러나 선택이 해석과 불가분하다면, 그리고 윤리적 성찰이라는 바로 그 가능성이 우리 삶을 이야기하는 행위에 의존한다면, 센이 발전에 대해 취하는 접근을 떠받치는 것은 바로 목소리가 지니는 가치다. 센이 주도적 역할을 한 최근의 프랑스위원회에서(2장을 보라), '정치적 목소리'를 복지의 한 차원으로 포함했다는 점 역시 이를 시사한다.[101] 센은 추상적 자유가 아니라, "가치를 부여할 이유가 있는 삶을 선택할 역능"을 지향하는 자유를 우선시한다. 따라서 우리 삶(실제 우리의 삶, 가능한 우리의 삶)에 이유를 부여하는 내러티브 행위는 센의 자유에 대한 이해를 실체화하는 데 결정적이다. 센에게 자유는 우리 삶을 설명하는 과정에 의존하며, 따라서 민주주의가 자리 잡은 곳에서조차 그런 과정을 침식하는 힘으로부터 그 과정을 방어하는 목소리의 가치에 의존한다. 이런 방식으로 목소리는 센이 말하는 정치적 자유 개념에서 결정적 측면을 명시화하는 한편 경제적 발전, 실로 경제학 그 자체가 목표로 삼아야 하는 선의 포괄적 모델에도 잘 맞아떨어진다. 센이 취하는 규범적 틀의 뿌리에 "역능에 대한 권리"라는 그가 내세우는 개념이 자리 잡고 있다면,[102] 나는 그런 핵심 역능 중 하나는 바로 목소리 역능이라고 제안한다.

인정으로 눈을 돌려보면, 센이 경제학에 그랬던 것처럼, 호네트의 이론은 정치적 실천 목표를 완전히 새로운 틀에서 이해하기를 목적으로 한다. 통치 목표가 사적 목적의 총합을 극대화하는 것으로 협소하게 보는 (공공선택이론 같은) 이론을 넘어서서, 호네트는 민주주의란 상호 인정에 토대하는 "사회적 협력" 목적에 의해 조직되는 함께 살기의 방식이라고 분석한다.[103] 호네트도 센처럼 정치 참여 그 자체를 목적으로 우선시하는 것(공화주의)과 거리를 두지만, 센과는 달리 사회적 욕구를 경제적 욕구보다 우선시한다. 동시에 호네트는 경제발전의 어떠한 결과(이를테면 노동분업에 내재하는 불평등이 미치는 심리적 영향)가 더 폭넓은 정치 목적을 훼손할 수 있다고 여긴다는 점에서 센보다 민감하다.[104]

호네트가 인간 삶의 조직을 개혁하는 데서 의지하는 도구는 '인정'이다. 호네트는 인정을 정의하면서(3장을 보라), 인정이 도덕적 책임성과 연관될 때를 제외하면 목소리의 역할에 관해서는 놀라우리만큼 명확히 언급하지 않는다. 인정의 일반적 개념에 내러티브 교환 가능성이 암시되어 있는 반면, 우리 삶을 이야기할 역능과 필요는 어디서도 인정 측면에서 명시적 주제가 되지 않는다.[105] 더욱이 호네트는 우리가 서로에게 목소리를 통해 구체적 의사결정에 한몫할 능력을 인정해야 한다고 명시하지도 않는다. 호네트는 인정의 사회적 차원을 논의하면서 타인이 "구체적 공동체를 구성하는 데 가치가 있는 역능을" 지닌다는 점을 인정해야 한다고 할 뿐이다.[106] 그런 역능이란 무엇인가? 호네트가 내리는 정의는, 언뜻 보기에, 여성에게 투표권이 주어지기 전에 형성된 정치적 노동의 불평등한 분업과도 양립할 수 있는 것처럼 보인다. 왜냐하면 호네트는 공유된 의사결정에 모두가 한몫할 역능이 이런 역능에 포함되는지 명시하지 않기 때문이다. 여기서 호네트가 전개하는 설명은 센이 제시하는 행위주체성 개념으로 보완될 수 있다. 센이 말하는 이 개념에서 삶의 조건을 성찰하여 선택할 가능성은 근본적이며, 우리가 방금 본 대로, 이 개념 자체는 목소리로 보완될 수 있다. 실은 어떻게 타인이 "구체적 공동체를 구성하는 데 가치가 있는 역능"을 지닌다고 인정할 때조차 목소리를 향한 그들의 역능을 고려하지 않을 수 있는지 이해하기 어렵다. 목소리 가치를 통해 인정은 센이 말한 "사람들이 어떤 전통을 따르기를 바라는지 또는 바라지 않을 수 있는지 자유롭게 결정하도록 허용되어야만 하는 기본적 가치"와 좀더 유효하게 연결될 수 있다.[107]

그러나 호네트가 강조한 인정이 갖는 특별한 장점은, 타인이 스스로에 대해 하는 이야기를 인정하는 것이 공정한 사회적, 정치적 삶에서 행하는 역할에 민감하다는 점이다. 복잡한 사회 속의 한 수준에서 행사된 목소리의 결과를 다른 한 수준에서 인정해야 하는지를 놓고 벌어진 앞서의 토론을 상기해보라. 여러 수준을 가로지르는 하나의 가치로서 작동하는 목소리의 복잡성을 조절하는 잠재적 원칙으로서 인정이라는 개념은 여기서 특히 유용하다. 7장에서 이 주제에 짧게 관심을 돌릴 것이다.

그러나 여기서 이렇게 물을 수 있다. 호네트의 '구체적 공동체'는 무엇을 의미하는가? 짐작건대, 이는 사람들이 그 속에서 안정적으로 협력하는 집합을 의미한다. 그러나 '공동체'라는 용어에는 '우리'로부터 '그들'을 구별 짓는 암묵적인 경계가 뒤따르지 않는가? 호네트는 에세이 「전통 이후의 공동체」에서, 사회적 존중과 관련되는 인정의 차원은 철저하게 다원적으로 이해되어야 함을 명확히 한다.[108] 이런 방식에 의해 "사회의 모든 성원은 윤리적 가치의 지평이 철저하게 열림을 통해 자신의 성취와 능력을 인정받을 위치에 놓이게 되어 자신을 존중하고 가치 있게 여기는 법을 배우게 된다."[109] 가치로서 목소리는 이같은 움직임 역시 떠받친다. 왜냐하면 상호주관적 내러티브 교환을 통해서만 그러한 상호 존중이라는 변화 과정이 일어나기 때문이다.

목소리는 센의 자유 개념 그리고 호네트의 인정 개념과 양립할 수 있을 뿐 아니라, 오늘날 경제와 정치에 다가서는 이 두 중요한 접근을 유용하게 보완할 수 있다. 목소리 가치는 이런 식으로 신자유주의 실천과 경합하는 데 사용될 수 있으며, 서로 인정하는 개인과 집단 사이 사회적 협력으로서 민주주의라는 3장에서 논의한 존 듀이의 설명과도 연결될 수 있다.

사회적·정치적 오인

리쾨르는, 철학적 용어로서 "인정recognition이 완전한 자율성을 확보하게 되는 것은 오인misrecognition* 가능성" 때문이라고 말한다. 반면 호네트는 자신의 작업을 떠받치는 추동력이 "인정의 조건을 체계적으로 위반하도록 만드는 사회적 원인"임을 인정한다.[110] 이는 정치적 삶의 핵심에 파열―오인의 장기적 과정을 드러내고 그에 도전하는 데서 나올

---

* 인정 논의와 관련하여 'misrecognition'은 '인정하지 않음'을 의미하지만, 여기서는 관례상 '오인'으로 옮겼다.

수밖에 없는 파열—을 설정하는 것이다. 또한 경제적 삶에서도 마찬가지라 주장할 수 있다(고전 시대의 세계는 결국 노예를 정치적, 경제적, 심지어 도덕적 행위주체로서 오인하는 것에 기초했다).[111] 그러나 우리가 지금까지 사용한 개념을 가지고 어떻게 이를 할 수 있는가? 목소리를 잠시 한쪽으로 미뤄두면, 센이 말하는 자유 개념은 인정된 보편역능에서 나오며 이런 점에서 파열의 문제를 다루지 않는다. 비록 발전에서 오랫동안 오인된 여성의 권리에 한 장 전체를 할애하기는 하지만 말이다.[112] 한편 호네트는 정신분석학이 남긴 유산과 도덕적 자율성을 위한 자아의 언어적 기반을 다루는 에세이(「탈중심화된 자율성」)에서 이렇게 결론짓는다. "자신의 삶 전체를 윤리적으로 성찰된 방식으로 제시할 (…) 위치에 있는 사람만이 (…) 자율적 인간으로 간주될 수 있다."[113] 그러나 이는 '파열'을 개인의 심리 영역에서 찾으려는 것으로 정치 문제와는 거리가 멀다. 대신 우리는 오인이라는 주제를 사회적인 것과 정치적인 것의 핵심에서 찾아야 한다.

여기서 정치이론가 알레타 노발이 유용한 길잡이가 된다. 그녀는 포스트구조주의(데리다, 에르네스토 라클라우와 샹탈 무페)와 후기 비트겐슈타인에 의지하여 민주정치를 설명하면서, 정치에서 목소리 개념을 단순하게 취급할 수 없다고 주장한다. "'인간의 목소리'에 열려 있는 장소는 미리 구축된 정치 주체화의 장소가 아니다."[114] 노발은 우리가 "정치 틀의 구조화 자체 그리고 주체의 가시성이 구조화하는 방식에 주의를 기울이지 않은 채 원칙적으로 모든 목소리가 들릴 수 있는 틀이 존재한다고 상정"하는 것을 피해야 한다고 주장한다.[115] 그렇다면 정치에서 목소리 지위를 성취하는 것은 '가시적'으로 되기에 의존한다. 여기서 '가시적'으로 된다는 것은 앞서 목소리 자체가 반드시 물리적으로 들린다는 데 의존하지는 않음을 강조했듯, 물리적으로 보인다는 의미가 아니라 말할 기회를 분배하는 데서 적합한 것으로 간주된다는 의미다. (가시성과 목소리라는 은유의 충돌은 노발에게 의도적인 것으로 보이며, 또한 목소리 과정과 그 전제조건이 되는 이질적 과정 사이에는 매끄러운 연속성이 존재하지 않음을 지시하기 위한 것으로 보인다. '물질화'에 대해서는 6장을 보라.) 18세기 말 이후 영국이 지나온 역사적 과정에서, 여성이 정치적 목소리를 획득하기 위해서는 먼저 여성이 '목소리'라는 적절한 속성을 지닌 인간으로 간주되어야 했음을 논의하면서 노발은 그런 변화, "새로운 [정치] 주체가 탄생한 단절의 순간"을 위해 요구된 파열을 부각시킨다.[116]

노발은 중요한 질문을 던진다. "보이지도 들리지도 않는 무언가 또는 누군가가 가시적이 되고 목소리를 찾는 순간에 어떤 일이 벌어지는가?"[117] 노발이 설명하듯, (랑시에르와 같은) 포스트구조주의 저자들은 이런 파열의 순간, 그리고 그 순간이 대개 무시되는 정치 규범의 일상 세계에 그러한 순간이 주는 함의를 특히 잘 포착했다. 실로 "포스트구조주의자들은 바로 정체polity에서 배제된 자의 관점으로부터 '목소리'를 주제로 삼는다."[118] 그러나 노발이 정확하게 지적하듯, 그 결과 다른 어떤 차원도 아닌 바로 그 배타적 차원에서만 정치공동체를 이론화한다는 문제가 생겨난다(신자유주의에 대항하는 민주주의의 가능성을 옹호하려면 이렇게 해야 한다).

노발이 적절하게 제기하는 문제는, 우리가 어떻게(새로운 주체의 등장을 위해 요구되는) 정치구조 파열과 정치적 연속성 과정 사이 관계를 철저하게 사고할 수 있는가 하는 점이다. 노발은 언어에 관한 비트겐슈타인의 설명을 통해 한 걸음 나아갈 계기를 제공한다. 비트겐슈타인에게 언어는, 우리가 깊이 젖어 들어 있지만 때로는 다르게 행할 수 있는 실제 활동이다. 왜냐하면 "언어는 고정되거나 변경이 불가능하지 않으며 내재적으로 미래에 열려 있기" 때문이다.[119] 때때로 우리는 사물과 단어를 새로운 측면에서 보게 되지만, 그렇다고 해서 그런 단어를 사용하거나 사물을 지칭하기를 그만두지는 않는다. 그 결과 우리의 정치적, 사회적 언어 내에서 파열 가능성을 인정한다 해도 연속 가능성을 부정하지는 않으며, 둘은 사실 서로 얽혀 있다.[120]

새로운 정치 주체의 파열적 등장이라는 관점에서 정치 공간을 재상상하는 또 한 가지 방식은 '전형성exemplarity' 개념을 통해서다. 이는 노발이 스탠리 카벨로부터 가져온 개념으로, 카벨은 이 개념을 니체에 관한 독해에서 이끌어냈다. 나는 특정 조건에서, 누군가와 나의 차이가 아무 상관 없는 게 아니라 나에게 전형을 제공함을 깨닫는다. 이런 전형은 내가 누가 될 수 있는지에 관해 내 의식을 바꾼다. 내가 나의 가능성에 대해 스스로 느끼는 바에 미치지 못한다는 걸 전형을 통해 인정하게 될 때, 전형성은 수치심을 통해 작동한다.[121] 이 개념은 민주적 변화를 이해하는 생생한 모델을 제공한다. 노발은 이 개념을 통해 남아프리카공화국의 진실과화해위원회TRC를 분석하며, '공동체'라는 일관되거나 경계가 설정된 개념을 상정하지 않고도 어떻게 목소리가 정치적 대의 공간을 확장할 수 있는지에 중요한 통찰력을 제공한다.

그러나 노발이 전개하는 설명에는 두 가지 논점이 누락되어 있으며, 이를 확인함으로써 그녀가 수행하는 분석이 목소리에 관한 우리의 더 포괄적인 주장과 어떻게 관련되는지 해명할 수 있을 것이다. 첫째, 노발은 '전형성'에 주목하게 되는 근본적 조건을 설명하지 않는다. 누군가 또는 그 누군가가 하는 주장이 나에게 전형이 된다고 인정할 때, 그 전형성은 내가 다른 사람과 공유한다고 상정하는 어떤 비교의 틀, 어떤 공통의 속성이나 지위에 의거해야 한다. 이처럼 명백한 공통 조건이 바로 인간성이다. 노발은 아마도 이것이 너무 명백하다고 여길

지도 모르고, 아마도 포스트구조주의 내에서 '인간주의'에 널리 보이는 의심을 공유하고 있는지도 모른다. 그러나 우리는 우리가 인간성 개념에 의지하고 있음을 명시적으로 드러내지 않음으로써 잃는 것은 무엇인지, 전형성에서 함축된 측면을 특정하지 않고 내버려둠으로써 얻는 것은 무엇인지 합리적으로 물을 수 있다. 둘째, 일단 첫번째 논점이 제기된 후라면, 우리는 노발이 대답하지 않은 또다른 문제 즉 왜 정치에서 내러티브 행위가 변화를 가져올 수 있다고 인정되는가에 대해 질문을 제기할 수 있다. 노발은 아파르트헤이트 시기 경찰 폭력으로 눈이 먼 생존자의 말을 인용한다. 그는 진실과화해위원회에서 이렇게 말했다. "나를 줄곧 진저리치게 한 건 내가 나의 이야기를 할 수 없었다는 사실입니다. 그러나 난 지금 (…) 여기에 오게 되어 나의 시력을 되찾은 듯한 느낌이 듭니다."[122] 그 직후 노발은 진실과화해위원회에서 공개적으로 이야기를 하는 것이 "인정의 한 형태"에 해당한다는 관점을 지지한다.[123] 그러나 무엇으로서 인정인가? 특정한 법 시스템과 법적 상태 내 정치 주체로서? 어떤 국가의 정치 주체로서? 인간으로서? 이렇게 여러 방식으로 볼 수 있다는 점이 핵심은 아니다. 흥미로운 질문은 왜 자기 이야기를 공개적으로 말하는 행위가 (이로써 그것이 들릴 수 있게 되고 사실로서 새겨진다) 인정을 구성하는 행위가 되어야 하는가다. 특정 국가(또는 국가 일반)가 그것을 요구한다는 건 대답이 될 수 없다. 왜냐하면 진실과화해위원회는 지구적 중요성을 띤 정치 혁신이었기 때문이다. 그 대답은, 자신에 관해 이야기하고 자신이 행동하는 세계에서 교환되는 것은 우리가 인간으로서 행하는 기본 특성이며 따라서 누군가를 정치 주체로서 인정하는 실현 가능한 출발점이라는 것이어야 한다.[124]

목소리의 철학

결론

노발이 민주적 주체성을 놓고 진행한 영향력 있는 작업은, 내러티브가 인간 실천에서 맡는 역할에 관한 설명으로 보완된다면 센이나 호네트 같은 저자를 설명할 때 우리가 포스트구조주의라는 독자적 철학 영역에 이르도록 하는 다리가 되어준다. 노발은 민주주의 전통을 포스트구조주의적으로 다시 사고하는 것을 추구하지만, 부분적으로는 그 외부에서 나온 철학적 도구(비트겐슈타인의 저작)에 의존한다. 따라서 (이 장 앞부분에 나온 논의로 돌아가면), 노발은 목소리를 설명하는 데서 포스트구조주의 버전으로부터 무엇을 취해야 하며 무엇을 취할 필요가 없는지를 좀더 명확히 보여준다. 우리가 취할 것은 이렇다. 우리는 목소리의 내용과 목소리를 가능케 하는 조건을 투명하게 독해할 가능성이 목소리에 자동으로 따라온다는 관념을 거부해야 하며, 특정 조건에서 어떤 주체가 목소리를 지닌 것으로 등장할지를 형성하는 데서 권력이 작동한다고 주장해야 한다. 다음 장에서 이런 문제를 사회학 관점에서 다룰 것이다.

주장하건대, 파열적 등장의 순간과 합의적인 "여느 때와 다를 바 없는 정치politics as usual"라는 모순적인 수사적 주장 사이 영원한 분열이 바로 정치적 실천이라는 관념은, 일부 포스트구조주의 버전에서 취할 필요가 없다. 대신 정치의 실질적 내용을 명확히 하는 데 필요한 출발점은, 좀더 평범하게도, 우리가 정치를 행할 때 관여하는 삶의 형태일 수 있다. 우리 자신을 설명하고 설명을 듣고 설명을 기대하는 실천은 바로 비트겐슈타인이 말한 삶의 형태이며, 어떤 점에서 함께 살게끔 요구받는 인간으로서 우리는 이미 이런 삶의 형태에 관여하고 있다. 바로 이 같은 삶 형태가 목소리 가치에서 실질적 기반이다.

마지막으로, 이는 정치와 윤리에 관한 근본주의적 관점이 아님을 강조할 필요가 있다. 그러한 삶의 형태를 넘어서서 궁극적 근거가 되는 가치로부터 기반을 구하지 않는다는 점에서 그렇다. 하버마스가 "포스트형이상학적 사고"의 시대라고 부른 이때,[125] 그런 가치는 어디에도 없다. 그러나 그 같은 가치는 일종의 '근거'를 지닌다. 이와 같은 삶 형태는 이미 우리가 삶을 수행하는 방식을 사고하는 단단한 기반이 되어 그러한 수행의 일부가 되기 때문이다. 인정컨대, 일부 포스트구조주의 버전에서 행한 서양철학의 신화 해체는(우리가 이미 보았듯이 그 같은 해체의 다른 버전도 존재한다), 우리로 하여금 이런 기반을 보지 못하게 할 수도 있다. 의식이 내재적으로 상호주관적이고 체현되어 있으며 시간적임을 인정하는 게 언제나 상실을 낳는다는, 즉 우리가 어떤 식으로든 "보충해야" 하는 "존재의 붕괴"를 겪게 한다는 관점을 믿는다면,[126] 우리는 '목소리' 개념에서 이런 '상실'에 대한 보상을 언제나 찾을 수 있을 것이다. 그러나 우리가 '상실'한 모든 것이 특정한 환상에 토대해 생각하고 행동하는 버릇이라면, 우리에게 있는 것, 우리가 이미 관여하는 목소리 같은 삶의 형태에서 시작하는 편이 더 생산적일 것이다.[127] 다음 두 장에서 시사하듯, 이런 삶이 오늘날 작동하는 데 있어 가해지는 제한과 정치적 한계를 명확히 바라보고자 할 때, 이 같은 논점은 더욱 중요하다.

6장
—
목소리의 사회학

———————

목소리에 관심을 보이는 사회학은 어떤 모습일까? 즉 우리가 우리 삶 이야기를 할 수 있는 조건에 관심을 기울이는 사회학, 이런 이야기가 어떻게 가치 있는 것으로 다루어지는지 또는 다루어지지 않는지에 관심을 기울이는 사회학은 어떤 모습일까?

사회학적 탐구에서 이런 측면은 무시되어왔지만, 삶의 어떤 영역에라도(일, 가족, 소비, 정치) 구체적으로 적용될 잠재력이 있다. 그러나 명백하게도 이 짧은 장에서 이처럼 모든 영역에 접근해볼 수는 없다. 어떤 경우에라도 그만큼 중요한 것은 삶의 상이한 영역 사이의 연결, 또는 연결의 상실이다.『가디언』저널리스트 매들린 번팅이 인터뷰한 노동자들은, 자신들이 지닌 가치가 자기네 노동조건에 거의 영향을 미치지 못한다는 사실을 알게 되었다. 그 노동조건이 자신들의 가정과 가족의 삶에 침입하여 자신들의 가치를 훼손하고 있음에도 말이다. 바로 이때 그들은 일과 가족에 관한 사회학적 문제뿐 아니라, 사람들의 삶이 만족스러운 방식으로 이야기될, 혹은 더는 그렇게 되지 않는 폭넓은 조건을 둘러싼 사회학적 문제가 무엇인지를 보여준다. 목소리의 사회학을 추구하고자 한다면 앞 장에서 살펴본 바와 같이 신자유주의 실행으로 나타나는 여러 영역 사이 관계 그리고 그런 관계의 탈구가 경험되는 방식을 새겨 넣도록 해야 할 것이다.

오늘날 위기에 처한 목소리가 존재하며 그 문제를 다룰 목소리의 사회학이 필요하다고 주장하는 데는 역설이 존재하는 듯 보인다. 우리는 어디에서든 —리얼리티 TV, 잡지의 고백, 블로그, 소셜 네트워크 서비스— 목소리의 급팽창, 그리고 그러한 과정을 조장하고 관리하는 치유산업의 급팽창을 목도하고 있지 않은가? 니콜라스 로즈의 치유 담론 설명과 앤서니 기든스의 '성찰적 근대성' 이론에서 보듯, 사회학은 오래전부터 이를 포착하지 않았던가? 즉 삶의 더많은 측면이 점점 탈전통화되어, 개인은 자신이 살아가는 데 의지할 참조점을 재해석하고 재발명하기를 요구받는다고 설명하지 않았던가?[1] 그리고 울리히 벡은 우리가 점점 "구조 문제에 대한 전기적 해법"을 발전시키기를 요구받는다고 주장하며 후기 근대성의 주요 동학을 포착하지 않았는가?[2]

그러나 벡의 울림 깊은 문구가 이미 시사하듯, 특정한 개인적 내러티브의 성장을 포착하는 것은 중요하기는 하지만 부족하다. '목소리'는 말하는 것 그리고 말하기를 자극하는 것 이상이기 때문이다. 목소리에 주목하기는 유효한 목소리의 조건, 즉 사람들의 목소리 실천이 유지되고 그 실천 결과가 타당해지는 조건에 그만큼 중요하게 주의를 기울임을 의미한다. 이는 목소리 개념이 과정과 가치 모두를 참조하는 이중적 개념으로서 지니는 한 가지 함의이며,[3] 이 함의는 목소리를 가치 있게 여기는 과정에 사회학이 주목하기를 요구한다. 이런 과정은 필연적으로 다양한 규모에 걸쳐 일어난다. 목소리의 사회학—또는 목소리의 사회학들이라고 하는 게 더 좋을 성싶다—은 개인뿐 아니라 개인이 말하고, 들리거나 들리지 않는 '정경'을 그 참조점으로 삼는다.[4]

사람들이 자기 삶에 관해 하는 이야기를 듣지 않고서 신자유주의가 사람들의 일상적 조건에 가져온 결과를 이해하는 지름길은 없다. 지그문트 바우만이 강조하듯, "삶 이야기를 표현하는 것은 의미와 의도를 삶 안으로 밀어 넣는 행위다."[5] 따라서 사회학은 듣기에 관해 숙고해야 한다. 그러나 목소리를 통해 발화하는 '정체성'이라는 단순한 관점을 통해서는 앞으로 나아가지 못한다. 레바논 작가 아민 말루프가 얘기하듯, "정말 중요한 단 하나의 소속이 존재한다고, 각 개인에 관한 일종의 '근본적 진실'이 존재한다"라고 상정하는 것은 "사람의 전 생애를 거친 여정이, 그가 그런 여정을 통해 얻게 되는 믿음이, 그 자신의 개인적 취향과 감성과 친밀감이, 요컨대 그의 삶 자체가 아무런 중요성이 없다고 말하는 것이다."[6]

따라서 우리는 이 장을 말하기라는 끝나지 않은 과정의 복잡성에서 시작한다. 또한 우리는 이 장을 앞 장에서 살펴본 바에 의지해, 목소리가 증폭하는 것처럼 보임에도 불구하고 오늘날 목소리를 제한하거나 무력화하는 여러 요인에 세심하게 주의하면서 시작한다. 이와 같은 과정에 주의를 기울이는 능력을 통해, 사회학적 연구와 교육은 목소리 가치를 폭넓게 유지하는 데 특히 이바지할 수 있을 것이다. 오늘날 영국 미국 등지의 대학 분야를 휩쓸고 있는 신자유주의 개혁에 직면해 이러한 이바지는 지켜져야 한다.[7]

개인

목소리 자원 그리고 자기내러티브 실천의 측면에서, 개인적 차이가 목소리의 사회학에 특히 중요할 수 있다는 점에서 시작해보자. 세계에 대한 개인적 이야기가 사회학적으로 흥미로울지도 모른다는 가능성을 부각함으로써 역사적으로 특정 개인의 궤적은커녕 개인화과정보다 사회화과정에 더 강조점을 두어온 주류 사회학에 우리는 이미 거리를 두게 된다.[8] 실로 많은 인류학자와 사회학자에 따르면, 문화 또는 사회에 관한 전체론적 설명은 문화와 사회의 틀이 개인의 행위주체성에 미치는 영향력에 한계가 있다는 점을 무시한다.[9]

개인이 사회와 맺는 관계를 둘러싼 관습적 이해에 가장 목소리를 높여 도전한 것은 아마도 프랑스 사회학자 알랭 투렌과 그에게 영향받은 이들이었을 것이다. 25년 전 투렌은 더는 개인이 명확한 사회적 역할을 맡지 않으며 그 개인을 이끌어줄 틀을 갖지 않는 세계에서, 사회학은 '사회' 개념을 완전히 버려야 한다고 주장했다. 대신 개인이 어떻게 "자신에게 의거해 행동"하며, 손에 닿는 그 어떠한 자원과 모델에서도 도움을 받아 개인과 공통의 목적의식을 획득하는지에 집중해야 한다고 주장했다.[10] 프랑수아 뒤베는 투렌이 견지하는 입장보다 덜 묵시론적인 입장을 발전시키면서, 사회학은 행위자가 사회적 범주로부터 취하는 거리, 그리고 그들의 자기 지식에서 드러나는 비판적 역능을 연구해야 한다고 주장했다.[11] 뒤베는 '사회적 통합'이 완전히 사라지지는 않았을지라도, '사회적 행동'은 더는 순수하지 않고 환원할 수 없게 복합적이라고 주장했다. 뒤베에 따르면, 사회적 행동은 (1) 행동 모델의 내면화, (2) 행동의 전략적 합리성, (3) 투렌과 뒤베가 '주체화'라 부른, 주체가 자신이 처한 상황을 능동적으로 해석하는 데서 일어나는 불확실한 교차다.[12]

다닐로 마르투첼리는 이런 기반 위에서 최근 매우 정교한 '개인' 모델을 발전시켰다. 마르투첼리는 현대의 개인은 "시스템이 드러내는 모순에 대한 전기적 해결책"을 찾아야 한다는 울리히 벡의 아이디어에서 출발하지만, 그런 '해결책'은 언제나 한 가지 방식으로 나타나는 것이 아니라 (뒤베를 따라) 다양한 차원에서 작동한다고 주장한다.[13] 그 결과로 나온 게 '개인의 사회학적 문법'으로서, 이는 지지, 역할, 존중, 정체성, 주체성이란 다섯 축으로 구성된다. 마르투첼리가 '목소리'처럼 단일한 용어를 반드시 받아들이지는 않겠지만, 목소리 사회학은 그가 각각의 축을 분석하는 데서 확실히 많은 것을 배울 수 있다. 마르투첼리가 수행한 분석은 법적 자율성, 소속, 기능적 통제력, 자기표현 등 다양한 차원을 포괄하는 개인화의 복잡한 설명을 바탕으로 한다.[14]

'지지'는 "[개인을] 그가 처한 맥락에 묶는 물질적 비물질적 요소들의 조화"를 지칭한다.[15] '지지'는 개인 자신의 내러티브 작업이나 목소리와는 다르지만, 개인의 목소리가 지속 가능한지에서 상당히 중요하다. 개개인별로 공인된 정당성 정도에 맞는 공식 네트워크에서부터 보이지 않는 지지까지(개인비서, 여행 도우미, [심리] 분석가) 지지는 다양한데, 이것은 지위가 높은 이들이 그들 행동의 가능성을 유지하게끔 해준다.[16] 우리는 이 논점을 2장에서 볼탄스키와 치아펠로를 논의하면서 다루었다. 거기서 우리는 유연한 노동시장이 노동력 유지비용을 점점 개인 노동자에게 떠넘긴다고 강조했다. 여기서 더 이동성이 높은 특권자는 제외된다.

'역할'은 주류 사회학에서 친숙한 용어지만, 마르투첼리는 모든 역할이 동등한 정도로 고정되어 있다는 가정을 뒤흔들 것을 주장한다. 대신 역할은 "행동의 맥락을 특징짓는 규정과 제한의 정도"를 지칭하며,[17] 마찬가지로 종류가 여럿이다. 일부는 개인의 기능과 관련되는 게 아니라, 바퀴의 톱니처럼 상이한 행동의 영역 사이를 '연동'하는 것과 관련된다. 따라서 (내가 예를 들어보자면) 셀러브리티의 '역할'은 개별 행위자가 여러 행위 영역을 가로지르게 해주는데, 이를테면 음악가로서 또는 연기자로서 그들의 실천을 가능한 정치적 개입에 '연동'할 수 있게 해준다. 전통적 이해에 따르면, 역할은 개인이 행위할 맥락을 제공해주지만, 마르투첼리에게 이런 맥락이 갖는 '일관성'은 달라질 수 있다.[18] 마르투첼리는 개인과 맥락을 정도가 다양한 유연성으로 연결하는 탄성접착제[le liant]라는 은유를 사용한다.[19] 그리고 개인 역시 정도가 다양한 자유 또는 경직성을 발휘하여 역할을 차지한다. 앞 장에서 수행한 신자유주의적 민주주의 분석을 고려하면, 우리는 이제까지 일의 역할과 가족의 역할을 연결하고 있던, 그래서 두 영역을 연결하는 삶의 내러티브 가능성을 떠받치던 연동의 붕괴라는 관점에서 신자유주의적 민주주의가 갖는 한 측면을 파악할 수 있다.

'존중'은 개인이 행위와 경쟁적 상호작용의 범위에 관한 감각을 형성하는 광범위한 정치적, 문화적 내러티브와 연관된다. '위계적' 상호작용의 체제로부터 평등 그리고/또는 '차이'에 기초하는 상호작용 체제로의 이행을 둘러싼 역사적 설명을 통해 마르투첼리는 악셀 호네트가 말하는 인정이론의 중요성을 인지하지만, 모든 형태의 비존중이 정치적으로 공명하는 부정의injustice 감각과 연결된다고 가정할 수는 없다고 그럴 법하게 강조한다.[20] 상호작용 체제 사이의 이행에 관한, 특히 경제, 문화, 사회 영역 사이에서 최근에 벌어지는 '구획화compartmentalization'(신자유주의에서 특징적이다)와 그 각각에서 생겨나는 문제에 마르투첼리 자신이 보이는 관점은 덜 명확하다.[21] '정체성'과 '주체성'은 우리가 '목소리'라 부르는 영역과 더 직접적으로 연결된다. '정체성'은 "본질적 정체성과 안정된 대립항을 통해 자신을 표현하는" 과정과 연관되는 반면, "주체성"은 개인 행동의 자율적 공간을 방어하는, 사회적 지향성이 덜한 투쟁과 연관된다.[22] 명백하게도 '목소리' 과정은 이 둘을 가로지른다. 목소리 과정은 사회적 내러티브가 채우지 못하고 남겨

둔 틈을 채우는 만족스러운 내러티브를 획득하려는 시도이면서[23] 개인적 성찰의 배타적 공간을 확보하려는 시도다.

마르투첼리가 행하는 분석에서 가장 유용한 것은, 목소리의 가능성과 실천을 둘러싸며 그것을 유지하는 상이한 자원을 구분해내면서도 그 결과가 단순하거나 단일한 과정이 아니라고 주장한다는 점이다. 마르투첼리는 오늘날 목소리의 공간을 특징짓는 모순적 감정에 민감하다. 유일무이한 다른 것으로 인정받으려는 요구와 보편화한 형식적 틀에 따른 보호를 제공하라는 주장이 공존한다.[24] 마르투첼리는 개인이 행하는 일에서 미디어가 맡는 역할에는 별 관심이 없어 보이는데, 이는 그다지 도움이 되지 못한다. 미디어는 세계를 보는 개인적 관점에 이바지하는 것이라기보다는 단지 보편적인 메시지 덩어리로서 무시된다.[25] 개인에 관한 이론이 사회학의 다른 분야에서 분리된 분과가 되어야 한다는 마르투첼리의 주장을 따를 필요도 없다.[26] 반대로 우리는 마르투첼리가 수행하는 정교한 분석을 계급과 권력, '인종'과 젠더를 떠받치는 차이뿐만 아니라 신자유주의 같은 거대한 맥락과 연결할 필요가 있다.

이런 한계에도, 마르투첼리는 '사회화'를 일반적으로 분석하면서 나온 정체성에 관한 설명을 의심하며, 이는 사회학, 문화연구, 비판심리학 등 최근 연구와 유사점이 상당하다. 이런 다른 접근들은 계급에 훨씬 더 중요한 역할을 부여하긴 하지만 말이다. 베브 스케그스가 지적하듯, 우리는 개인적 내러티브를 생산하려는 욕망을 당연한 것으로 받아들일 수 없다. 우리가 '개인'이라고 받아들이는 자기내러티브 형식 자체는 영국 같은 나라에서 계급이라는 특징을 띠기 때문이다.

'개인'은 특권의 산물로서 경제적, 문화적 조건을 점유할 수 있으며,

215

이런 조건을 통해 자아를 대상으로 작업을 한다. '개인'은 [스케그스 책의 주체인] 이런 여성들이 관여하는 매우 다른 계급 프로젝트의 일부다.[27]

스케그스는 계급위치가 낮은 노동계급 여성을 인터뷰했는데, 이들은 계급 관점의 자기내러티브를 피했고 '건너가기' 행위 즉 다른 계급 위치에 있는 양 행동하기를 선호했다. 이처럼 명시적 내러티브에는 미치지 못하는 내러티브 행위는 "수치를 당하지 않으려는 욕망이 아니라 정당하게 되려는 욕망"에 의해서 형성된다.[28] 스케그스는 마르투첼리가 제시하는 설명에서 결여된 것을 제기한다. 즉 불균등한 인정이라는 조건하에서 어떻게 개인이 자기내러티브 구축 기반이 되는 많은 내러티브 자원을 통제할 수 없게 되는가에 관한 이해다. 우리는 특정 사람들에게 어떤 내러티브 형식이 적합한지 미리 판단할 수 없다. 발레리 워커딘과 줄리 스윈델스는, 각기 젊은 여성의 정체성과 빅토리아 시대 여성의 자서전을 연구하면서[29] 대중문화의 원천이 노동계급 주체에게 내러티브 자원을 제공하는 역할을 한다고 지적했다. 그 방식은 무엇이 '좋은' 삶의 내러티브인지를 구축하는 관습적 가정과는 반대된다. 캐럴 길리건이 주장하듯, 우리는 특정 개인이 말하는 말하기와 듣기의 매우 상이한 정경에 민감해질 필요가 있다.[30]

마르투첼리가 하는 설명은 내러티브를 완전히 가로막는 트라우마나 심각한 상실이 미치는 영향에 좀더 진지하게 관심을 기울임으로써 보완되어야 한다. 젊은 영국 여성의 "읽어낼 수 없는 분노"와 페미니즘 내러티브를 접하지 못한 데 바탕을 둔 것으로서 그런 분노의 기반을 설명하는 앤절라 매크로비가 그 일례다.[31] 어떻게 "공포의 경험이 시간을 혼란스럽게 하는지" 숙고하는 W. G. 제발트는 또다른 사례를 제공한다.[32] "시간성[은] 존재의 구조로서, 이 구조를 통해 언어는 내러 티브에 다다른다"라는 리쾨르의 통찰력을 상기하라. 이야기할 수 없음 은 어떤 의미에서 시간에서 떨어져 나오는 것이며, 이는 삶을 참을 수 없게 만들 수 있지만, 바로 그 점에서 현실성이 떨어지지 않는 가능성 이다.

이처럼 목소리와 관련해 심화된 개인적 관점이, 우리에게 그리고 사회학에 남겨주는 것은 무엇인가? 확실히, 사회 변화 또는 사회적 힘 에 관한 일반적인 내러티브는 개인적 관점의 복잡성을 거의 고려하지 않는다는 건강한 회의를 남겨준다.[33] 또한, 확실히, 자유와 지배는 이 제 "[자신의] 경험을 통제하고 구축하는 능력에 의해 정의"된다는 뒤 베의 주장에 회의를 남겨준다.[34] 이런 주장은 아마도 우리가 손에 넣 어야 하는 모든 선 가운데 놓여 있는 개별 목소리에 너무 많은 중요성 을 부여하는 것 같다. 또한 이런 주장은 마지막으로, 어떻게 권력관계 가 개인의 내러티브 공간을 형성하는 데 관여하는지에 관해 대답이 나오지 않은 질문을 남겨준다.

숨겨진 상처

목소리 사회학은 인정의 이야기뿐 아니라 오인의 이야기에도 주의 깊게 귀 기울여야 한다. 이는 개인의 목소리가 지속적인 인정투쟁과 상징권력을 둘러싼 싸움의 결과로서 인지되는 공간을 이해한다면 이 르게 되는 결론이다.

그러나 놀랍게도, 이는 사회학이 상대적으로 별 관심을 두지 않은 영역이다. 구술사라는 두드러진 전통은 역사적 증거 또는 증언의 새로운 형식으로서 개인의 내러티브 역할을 찬양했지만, (프랑스 사회학자로서 구술사로 관심을 돌린 다니엘 베르토가 명확히 보여주듯) 개인이 목소리를 얻는 것을 규제하는 조건에는 직접 관심을 두지 않는다.[35]

계급과 오늘날의 노동조건

여기서 우리는, 구술사와 동일한 자료로 작업하면서도(다니엘 베르토와 리처드 세넷은 각기 프랑스와 미국에서 빵집 주인을 인터뷰했다), 목소리의 조건을 그 자체로서 폭넓게 설명하는 연구를 출발점으로 삼는다. 중요한 것은 미국과 같은 계급 기반 사회에서 권력관계라는 상징적 차원을 부각하는 작업이다. 리처드 세넷과 조너선 코브가 쓴 1972년 책『계급의 숨겨진 상처』는, 교육 시스템과 노동분업에 자리를 꿰차고 있는 계급 불평등이 미국 노동계급 개개인에게 가하는 피해를 검토했다. 이들은 육체노동자 '리사로'가 경험한 사례를 논의한다. 그는 "계급이 높은 사람들은 내면이 더 계발된 인간으로서 그를 판단할 힘을 가지고 있다고 믿는다. (…) 리사로는 [계급이 높은 사람들과 관련해서] 자기 자신의 위치를 정당화해야 한다."[36] 세넷과 코브가 수행하는 분석은 매우 불평등한 경제에서 '자기비하'를 하는 농부에 관한 설명과 공명한다.[37] 그러나 세넷과 코브가 현장연구를 한 지 거의 40년이 지난 지금, 비교 지점이 이런 방식으로 ('공식 교육' 대 '육체노동') 나타나리라고 믿기는 어렵다.

그러나 세넷은 나중에『인성의 파괴』*에서, 오늘날 '유연' 노동시장에서 역시 중요한 방식으로 권력을 재생산하는 새로운 상징적 탈구를 추적한다. 이런 새로운 탈구는 사람들이 자신의 노동경험을 이해하게 해주는 내러티브를 가질 수 있거나 가지지 못하는 방식에서 나온다는 점이 두드러진다. 먼저 세넷은 자신의 이전 책에서 보스턴 청소부의 아들인 비즈니스 컨설턴트를 인터뷰했는데, 그의 삶은 시간을 관리하고 불확실성 속에서 생존하려는 끊임없는 전투다. 세넷은 그 컨설턴트 이야기에서 헌신 경험이 없음, 적어도 그의 아이들에게 물려줄 일관되게 일하는 자아의 이야기 형태를 띤 헌신의 경험이 없음을 본다. "리코는 자기 아이들에게 어떻게 윤리적으로 행동할 것인가 하는 사례로서 직장생활의 실제 모습을 내세울 수 없다"라는 점이 문제다.[38] 그다지 의미 있지 않은 노동 경험은 전혀 새로운 게 아니지만, 세넷이 포착하려는 것은 지위 변화가 일의 내러티브에서 가져오는 윤리적 결과다 (리쾨르가 자신의 삶을 내러티브로 모을 능력이 있다는 것과 윤리적 태도를 갖는다는 것 사이의 연결에 관해 언급한 내용을 기억하라. 5장을 보라). 세넷의 요점은 사람들이 이직이나 새로운 비즈니스를 위한 탐색으로 끊임없이 방해받는 가운데 살아갈 수 없다는 게 아니라(사람들은 살아가야 하므로 살아갈 수 있다), 이런 불안정의 내면화는 반복적으로, 기껏해야 강요에 의해 받아들여지며, 이는 그런 불안정을 설명할 내러티브의 가능성과 관계가 없고 심지어는 그 가능성을 훼손한다는 점이다.[39]

수많은 다른 요인이 세넷의 설명에서 교차한다. 오늘날 탈중심화한 조직에서 권력은 '무질서'와 비공식성이라는 표면 아래에서 작동하며, 이 같은 작동은 누가 고용되는지(이는 여전히 집중화되어 있다)를 둘러싼 최종 권력 분포를 허물지 않으며, 권력의 실제 동학 그리고 무슨 일이 벌어지는지 말할 수 있는 노동자의 능력 사이에 간격을 만든다.[40] 한편 점점 빨라지고 컴퓨터화, 멀티태스크화하는 노동환경에 따라, 노

---

* 국내에서는 『신자유주의와 인간성의 파괴』(문예출판사, 2002)라는 제목으로 출간되었다.

동자가 자기 자신과 자신의 기술에 관해 말할 수 있는 이야기 또한 달라졌다. "오늘날의 유연체제에서 좋은 노동자가 갖추어야 할 개인 자질이 무엇인지 정의하기란 점점 힘들[어 보인]다."[41] 기예에 토대하는 집단적 투쟁 이야기는 더는 찾기 힘들다.[42] 마지막으로 또 가장 걱정스럽게도, 끊임없는 '변화'를 주어야 하는 고용주의 필요로 인해 충성심과 경험은 점점 평가절하되며 노동자가 시간과 맺는 관계(따라서, 리쾨르에 따르면, 내러티브와 맺는 관계)를 변화시킨다. 세넷은 이를 매우 명확하게 언명한다. "우리는 해가 지나면서 점점 껍데기만 남는 것 같다. 우리 경험은 부끄러운 소환통지서처럼 보인다. 이런 확신은 우리 자존감을 위태롭게 한다."[43]

일에 관한 내러티브에 이르는 길은 여러 수준에서 가로막히고 단절되었다. 그 결과 일종의 '소외'가 나타나는데,[44] 목소리와 내러티브 문제에 주의를 기울이지 않으면 이 문제를 다룰 수 없다. 실로, 세넷이 수행한 분석이 발휘하는 힘은 그가 내러티브 장소 또는 내러티브 형태를 찾으려는 사람들의 욕구에 보이는 예사롭지 않은 예민함과 불가분하다.[45] 이는 세넷이 호네트와 공유하는 예민함이다. 호네트는 "상호주관적 인정을 발견할" 개인에게 주어지는 불균등한 기회 배분 인식, 그리고 그에 따른 '탈상징화' 과정 인식을 통해 전통적 계급 분석을 보완해야 한다고 주장한다. 호네트는 세넷과 코브를 직접 지칭하며, 1980~1990년대 독일 노동문화에서 이 같은 과정을 발견한다.[46]

그러나 세넷이 내러티브와 목소리에 보여준 통찰력을 더 강력하게 확장하기 위해서 우리는 젠더와 '인종', 섹슈얼리티와 나이 연구로 눈을 돌려야 한다.

젠더와 도덕성

심리학자 캐럴 길리건은 "우리가 우리 자신과 타인에게 귀 기울이는 방식, 우리가 우리 삶에 관해 말하는 이야기"에 관심을 둔다. 그녀는, 교육을 많이 받은 하버드대학 재학생과 졸업생이 자신들의 삶과 도덕적 책임감을 말하는 방식에서 그들이 여성인지 남성인지에 따라 중요한 차이가 있음을 밝혔다.[47] 그 차이는 일부 긍정적이었다. 여성 사이에서는 '배려의 윤리'가 나타나는데, 이는 "자기와 타인이 상호 의존한다는 핵심 통찰력"을 강조한다.[48] 부정적 측면에서 보면, 여성은 목소리를 찾거나 자기 자신에게 도덕적 행위주체성이 있다고 인식하는 데서 종종 어려움을 겪는다는 점에 차이가 있다. (길리건이 다루는 좀더 폭넓은 논제로서) 당시 주류 심리학은 여성이 도덕적 책임에 관해 드러내는 관점이, 좀더 도구적인 남성적 모델과 나란히, 동등하게 타당한 인간개발의 모델을 시사한다는 점을 인식하지 못했다. 따라서 길리건은, 목소리에 보이는 관심으로 인해 그녀 자신의 학문분과 그리고 교육 계발의 언어가 "[여성이] 말할 때 그들의 말을 듣지 못한다"라고 비판한다.[49]

길리건이 더 최근에 수행한 작업은 가난한 흑인 또는 라틴계 소녀와 젊은 여성이 무력화되는 데서 인종, 계급, 젠더의 교차를 다룬다. 여기서 목소리의 결여라는 감각은, 하버드 학생에게서와는 달리 미묘하거나 절제된 게 아니라 직접 경험되는 사실이다. 첫번째 관계를 맺고 있는 여자 청소년들은 주위에서 본 것에 따른 도덕에 입각해서 솔직히 말하면 안 된다는 압력에 직면했다.

[이] 연구에서 소녀들은 목소리와 침묵 사이 영역에서 살고 있다.

그들이 겪은 경험에 따라 계속 말한다면, 그들이 내는 목소리가 그들이 맺는 관계에 맞지 않고, 소리가 너무 크며, 음정이 맞지 않음을 알게 된다. 계속 침묵한다면, 그들은 사라져버릴 즉각적인 위험에 처한다.[50]

이처럼 어려운 상황에서, 거리낌 없이 말할 수 있음은 비정상이거나 요원한 꿈이다.

우리 이모는요 (⋯) 어떤 사람이냐 하면 장난이 아니에요⋯⋯. 있잖아요. 이모는 귀를 기울여요(아나, 라틴계 미국인, 10학년).

내 일에 대해선 말을 좀 아끼는 편이에요. 무슨 말인지 알죠? 사람들한테 알리고 싶으면 떠들어대겠지만요(매리, 아일랜드계 미국인, 10학년).[51]

길리건은 일부 사람에게서 말을 하는 기회 그리고 그들이 말한 바를 긍정적으로 인정받는 기회를 봉쇄하는 강력한 국지적 힘이 존재하며, 이 힘은 목소리의 폭넓은 사회적 분배 즉 매우 젠더화된 분배 내에서 작동한다고 말한다.

젠더 규범이 여성이 말할 수 있는 이야기에 대해 가져오는 결과는, 물론 1970~1980년대 페미니즘 영역에서 오랫동안 광범하게 논쟁되었다. 특히 '성sex' 사이의 자연적 경계를 방어막으로 삼아, 젠더 규범은 수 세기 동안 실로 수천 년에 걸친 권력과 지배를 대변했다.[52] 그러나 이는 많은 저자가 이른바 '포스트페미니즘 시대'라 부르는 시대에서 특히 복잡성을 띤다.[53] 이 시대에, 명백하게 해방적인 담론(그리고 여성

222

의 목소리를 불러냄)은 여성에게 성공으로 간주되는 게 무엇인가 하는
상당히 퇴보적인 모델과 결합하게 된다.**54**

섹슈얼리티와 목소리의 물질성

1980~1990년대에 젠더 규범과 섹슈얼리티의 규제 사이 교차로에
서, 앞의 논쟁에 상응하여 전개된 논쟁을 통해 이런 모순을 좀더 깊이
탐구할 수 있다. 현재의 조건 아래 길리건이 밝힌 목소리의 봉쇄는 상
대적으로 명확히 드러나며 잠재적으로 장기적 해결 가능성이 열려 있
는 반면, 성 규제를 둘러싼 목소리의 봉쇄 그리고 특정한 성 역할과 욕
망을 각각 젠더화한 신체에 할당하는 '헤테로규범성heteronormativity(이성
애규범성)'이라는 틀은 사회학적 방식으로는 문제 설정조차 쉽지 않아
보인다. 여기서 결정적 참조점은 철학자 주디스 버틀러가 수행한 작업
이다.

버틀러는 주체로서 이해되고 인지되고 인정받기 위해서는 '내'가 어
떤 '가지성可知性의 규범norms of intelligibility'을 만족시켜야 한다고 주장한
다.**55** 젠더와 섹슈얼리티는 그런 규범과 불가분하게 얽혀 있다. 젠더는
섹슈얼리티 규제와 연결된 방식으로 규제된다. 젠더는 상호 배타적인
두 젠더 간 관계로서 구축되며, 특정한 (이성애적) 섹슈얼리티 성향은
그 젠더 위에 지도화된다. 그 결과, 여성과 남성의 '성 본성'은 '담론 이
전의'**56** 것으로서 생산되고, 성은 그에 따라 젠더 차이를 떠받치는 '자
연스러운' 기반으로 나타날 수 있게 된다. 버틀러가 주장하기로, 이렇
게 미리 정해진 젠더와 섹슈얼리티 틀에 조응하지 않는 주체는 온전
한 주체로서 인정되지 않고 결핍된 목소리로 남으며, 완전한 말하기와
주체 인정이라는 가능성에서 자동적으로 배제된다.

223

문화 규범이라는 비자연적 지위와 관련한 주장이 버틀러에게서 처음 나온 건 아니다. 그러나 그녀가 제기하는 주장은 모든 사회적, 문화적 관계가 정의상 '구성된다'는 이전 주장을 뛰어넘는다는 점에서 급진적이다. 관습적 사회구성론은 개념과 범주가 완전히 재협상될 수 있다고 암시한다. 그러나 버틀러는 여러 중요한 범주와 규범은 물질적 실천 안에, 즉 대화와 토론의 수준 '아래에' 자리 잡는다고 말한다.[57] 버틀러의 주장에 따르면 어떤 섹슈얼리티와 젠더의 체현은 한마디로, 가능한 체현과 개별화로 인지되지 않는다. 따라서 성적 차이라는 규제는 단순히 담론이 내는 '효과'가 아니며, 또한 단순히 새로운 담론 형식을 통해 조정될 정도로 열려 있지도 않다. 여기서 문제가 되는 규제는, "문제 되는 몸"을 규제하고 그 신체를 그렇지 않은 신체와 구별하는 가치의 과정—"배제, 소거, 폭력적 폐쇄, 영락"[58]—을 통해 작동한다.

버틀러를 읽는 여러 방식이 가능하다. 일부는 그녀가 정신분석학과 언어철학에 의존해 주장한다는 점을 강조하며, 그녀의 작업을 목소리 사회학 내에 위치 지우려 들지 않는다. 그러나 그렇게 하면 버틀러가 철학적 주장들이 역사적, 사회적 조건으로부터 동떨어져 있다는 점에 제기하는 흥미로운 비판을 놓치게 되며, 버틀러 스스로 사회학적 주장을 한다는 점까지 놓치게 된다.

버틀러는 첫번째 논점과 관련해 저서 『문제 되는 몸Bodies That Matter』*에서 의미에 관한 추상적 정신분석학적 설명이 문화적 쟁론의 여지를 남겨두지 않는다는 점 때문에 별 도움이 되지 않는다며 그 설명을 기각한다. 슬라보예 지젝과 자크 라캉은 '상징계'에 들어가는 모든 개인

224

---

* 국내에서는 『의미를 체현하는 육체: '성' 담론적 한계들에 대하여』(인간사랑, 2003)로 출간되었다.

에게 부과된 제한을 절대시하며, 이에 대해 역사적 설명을 충분히 하지 않는다.[59] 대신 버틀러는 언어철학과 자크 데리다가 사용한 개념인 '인용가능성'에 의존한다.[60] 데리다가 주장하는 바로는, 어떠한 언어 표현도 그 의미와 참조를 분류하는 맥락이 절대로 완전하게 특정되지 않는다는 조건에서만 의미가 있다(그렇지 않다면 그런 표현은 무한하게 가변적인 맥락의 범위와 관련해 작동할 수 없게 될 것이다). 데리다에 따르면, 그 결과 모든 용어는 그 의미를 확정하기 위해, 사용될 때마다 특정 맥락 속에서 '인용'되어야 한다. 이런 '인용'은 우리가 비非교섭적 교섭가능성이라 부를 수 있는 것을 각 용어의 의미 속에 도입하는 것이다. 버틀러는 이를 통해, 규범은 (법으로서) 인용됨으로써만 규범으로 작동할 수 있다고 주장하게 된다. 이는 모든 규범이 버틀러가 '잠정화temporalization'라 부른 것을 요구함을 의미한다.[61] 잠정화는 용어가 인용되고, 재인용되고, 따라서 잠재적으로 '불완전하게' 인용되는 순간들의 절대로-완결되지-않는 연속이다. 그러나 버틀러는 『혐오 발화』에서 데리다의 인용 가능성 개념에 내재하는 비역사적 함의와 거리를 두려 한다. 버틀러는 여기서 인용 가능성 개념이 여하한 언어적 관계의 특질과 연관되어서, "강력한 발화의 사회적 분석을 마비시키는" 것처럼 보인다고 언급한다.[62]

버틀러의 글에 암시된 사회학적 주장으로 눈을 돌려보자. 버틀러는 『불안정한 삶』*에서, 젠더와 섹슈얼리티라는 특정한 맥락으로부터, '인간성' 문제와 '인간의 이해 가능성'이라는 폭넓은 정치적 문제로 초점을 옮겼다.[63] 버틀러는 이렇게 묻는다. 우리가 "드러남의 영역 내에

---

* 국내에서는 『불확실한 삶: 애도와 폭력의 권력들』(경성대학교 출판부, 2008)로 출간되었다.

목소리의 사회학

서 인간의 외침에 당연히 응답하는 공적인 보기와 듣기 양식을 세울" 수 있는가?[64] 문제는 어떻게 하면 목소리를 제한하는 힘을, 즉 미디어로 포화된 시대에서 목소리의 물질적 조건을 가장 잘 이해할 수 있는가다. 버틀러가 명확히 하듯, 이런 조건은 겉으로 드러나는 문화의 신호에서 직접 읽어낼 수 없다. 이 같은 조건이 형성된 정경에서, 물질화라는 숨겨진 과정 즉 사회 세계의 가능한 질서 속에서 가치가 나타나는 과정을 거꾸로 읽어냄으로써만 일부 조건을 추적할 수 있을 뿐이다.[65] 버틀러는 우리가 눈 돌려야 하는 목소리 사회학이라는 가능성에 어려운 질문을 제기하고 있다.

이중의식: '인종'과 나이

'인종' 문제는 목소리 사회학에도 마찬가지로 결정적이다. W. B. 두보이스가 수행하는 '이중의식double consciousness' 분석―"언제나 타인의 눈을 통해 나의 자아를 들여다본다는 의식"[66]―은, 20세기 초에 목소리를 자연적이거나 직접적인 것으로 파악하던 단순한 개념을 강력하게 해체했다. 인종갈등이라는 중요하고 만연한 조건 아래 자기내러티브의 언어와 이미지 그 자체는 범주적 구분에 의해 오염되어, 흑인의 존엄을 직접적으로 훼손하게 되었다.

프란츠 파농은 한 발 더 나아가 진정한 '흑인 영혼'의 가능성을 반박했다(흑인 영혼은 "백인에 의한 인공물"이다).[67] 대신 어떻게 자기내러티브가 구축되는가 하는 기본적인 설명조차 백인 내러티브가 비백인의 목소리와 어떻게 얽혀 있는지를 고려해야 한다.

나에게는 기회가 주어지지 않는다. 나는 기회가 없음에 의해 겹겹

정된다. 나는 다른 사람이 나에게 가지는 '관념'의 노예가 아니라 나 자신의 모습의 노예다.[68]

파농은 어떤 수준에서 관념이 중요함을 부정하는 게 아니라, 버틀러와 마찬가지로 범주 차이가 흑인 신체에 대한 백인 신체의 자동적 반작용이라는 물질 형태로 이미 자연화해 있음을 주장하고 있다.

목소리가 '인종'과 맺는 관계라는 이처럼 근본적인 조건 위에, 여러 나라에서 인종에 토대하는 억압의 역사가 존재한다. 코넬 웨스트는 이를 미국 사례에 비추어 분석한다. 웨스트는 논쟁적 에세이 「블랙 아메리카에서의 허무주의」를 통해, 그런 허무주의는 숙고하여 세계를 거부하는 게 아니라 "소름 끼치도록 의미 없는, 희망 없는 그리고 (가장 중요하게는) 사랑 없는 삶과 맞서는 산 경험[의 결과]이다"라고 주장한다.[69] '인종'은 목소리에서 물질 조건을 형성하는 방식의 한 근본적인 차원이다.

목소리에 영향을 끼치는 중요한, 하지만 덜 고려되는 한 가지 범주는 나이로서 여기에도 역시 이중의식 개념이 적절할 수 있다. 앞서 다룬 신자유주의적 민주주의에서는 노동시장의 유연화와 관련되는 나이 요인들이 존재한다. 그러나 고령자의 일상적 거래관계에서 어떻게 그들 목소리의 조건에 폭력적 왜곡이 일어나는지는 별로 주목되지 않는다. 로널드 블라이스는 획기적인 구술사 연구에서 이렇게 강조한다. "노인과 얘기할 때, 그들은 자신들이 과거에 누구였고 무엇이었는지가 아니라 현재 누구인지를 말하는 데 어려움을 겪고 있음을 느꼈다."[70] 이는 나이 든 몸에 대한 거부에서 나오는 게 아니라, 적어도 영국에서 이런 도덕적 거부는 노인과 젊은이가 동등하게 주체가 되는 공유된 내러티브가 쇠락했음에 토대한다. 블라이스는 내러티브가 변화할 때,

"노인이 바로 우리라고 자연스럽게 말하고 믿게 될 때, 그런 상황은 달라질 수 있다"[71]라고 주장한다.

하임 하잔은 통찰력 있는 연구에서 길리건의 비판에 상응하여 학술적, 공식적 언어를 비판한다. 이 연구는 목소리에 대한 제한으로 인해 노인들은 자기 삶을 이야기할 능력을 봉쇄당한다고 강조한다. 노인들은 몸이 쇠함에 따라 독립적 행위를 할 기회가 줄어드는 상황에서 통제를 유지하려 안간힘을 쓴다. 노인들은 그에 따라 사회문제로 낙인찍힌다.[72] 그 결과 내러티브의 탈구가 일어난다. 다른 사람들이 하는 노인 묘사(죽음 가까이에서 최종적이고 변하지 않는 상태를 공유하는 집단)와 노인 자신의 스스로에 대한 지각(신체와 사회 조건에서 급격하고 어려운 변화를 겪는 사람들) 간 격차는 커져간다.[73] 노인의 목소리 감소는 이들이 더는 사회적으로 가치 있게 여겨지는 발언을 할 자리를 갖지 않는다는 사실에서 바로 비롯한다. 실로, 다른 사람들이 노인들에게 지우는 담론은(진 아메리가 "총체적 사회 결정total social determination"이라고 부른)[74] 두 보이스가 사용하는 '이중의식'이라는 용어가 걸맞을 정도로 일관되고 난폭하다.

범주를 넘어선 상처

각 개인이 목소리를 획득하는 풍경은 이처럼 개인이 도전하기 벅찬 포괄적인 방식으로(물론 이에 대해 할 수 있는 얘기는 많다) 미리 형성된다. 실로 세넷을 따라 사람들이 자기 가치를 느끼는 데 따르는 '감춰진 상처'의 가능성을 인정하게 되면, 우리는 오늘날 삶의 다른 측면들이 목소리에 가져오는 일반적 결과를 빨리 이해할 수 있다. 예를 들어 미디어를 우리 세계를 우리에게 재현하는 열린 시스템이 아니라 내러티브와 여러 자원의 매우 특수한 **집중**이라고 해석하게 되면, 이 같은 집중이 상징권력의 분배에서 그리 좋은 자리를 잡지 못한 사람들에게 숨겨진 상처를 만들어낸다고 이해할 수 있다. 리얼리티 TV와 같은 미디어가 그런 배제 문제에 해결책을 제시하는지 또는 그런 문제의 일부분일 뿐인지는 아마도 답하기 어려울 것이다.[75] 내가 다른 곳에서 "미디어 권력의 숨겨진 상처"라고 제시한 문제는 미해결인 채로 두는 편이 좋을 것이다.[76]

여기서 우리는 대중문화가 힘을 부여한다고 단순히 상정할 수 없다. 사람들이 자신에게 만족스러울 만큼 자기 삶을 설명하는 능력을 유지할 내러티브 자원을 대중문화가 어느 정도나 제공하거나 제공하지 않는지 거의 알지 못하기 때문이다. 캐럴린 스티드먼이 계급의 사례에 대해 얘기하듯이, "노동계급의 삶 이야기는 긴장과 모호함으로 가득하며 경계 지역에서 말해진다. [특정] 이야기는 (…) 중심적 이야기로 흡수될 수 없다. 그것은 이야기의 중단이자 이야기의 필수 요소다."[77] 젠더와 섹슈얼리티, 민족과 나이에 대해서도 마찬가지라고 덧붙일 수 있다. 정치이론가 이리스 영이 언급하듯, 말하기 규범은 당대의 '중심적' 대화에 여성과 같은 사회집단 전체를 종종 배제해 심각한 결과를 낳는다.[78]

목소리 사회학이 숙고해야 하는 것은 바로 이처럼 분열된 영역이다. 우리는 어떻게 목소리의 제한이 처음에는 직접적 배제행위에 토대하다가 강화되고 자연화되는지 생각해볼 필요가 있다. 찰스 틸리는 그의 중요한 책 『견고한 불평등』에서, 불평등은 일상적 상호작용에서 두 주요 범주가(예컨대 젠더와 '인종' 또는 젠더와 계급) 겹쳐질 때 특히 견고해진다고 강조한다. 따라서 한 범주의 작동은 다른 범주의 외피 아래 규범화하고 자연화한다.[79] 여기서 담론과 공간 사이 연결이 암시되는 데, 의례적 연기에서건 생활의 차별에서건 다른 공간에서건 간에, 경계가 범주 차이를 표현할 수 있다는 관념에서 보면 이러한 연결은 그 기본 형태에서 우리에게 익숙하다.[80] 공간의 분절—가능할 뿐 아니라 고무되는 공간적 연결 대 어렵고 심지어는 불가능한 연결—이 내러티브의 분절 즉 어떤 맥락에서 무슨 내러티브가 말해질 수 있는가에 영향을 미칠 수 있다면 어떻게 될 것인가? 이를 알아챈 몇 안 되는 저자인 리처드 세넷은 이미 『공적 인간의 몰락』에서, 내러티브 교환을 위한 공간으로서 공공 공간의 상실을 언급했다. 세넷은 대신 공공 공간은 "죽은 공간" 혹은 "내부로 가는 수단"에 불과해졌다고 주장했다.[81] 이는 공간과 목소리가 어떻게 연결되는가 하는 이해를 넓혀준다. 공간의 분절은 이야기하기 과정에 내재하거나 내부에 갇혀 있는 연결과 짝 지어 이해해야만 한다.

따라서 우리는 목소리의 조건을 고려함으로써 문화와 공간 조직을 둘러싼 더 포괄적인 문제로 나아가게 된다. 그렇다면 오늘날 목소리의 가능성을 형성하는 역사적 조건은 무엇인가?

목소리를 위한 좀더 폭넓은 조건

우리는 지배적 담론의 변화가 개인 또는 집단이 사용하는 내러티브 형태를 직접 변화시킨다는 단순한 인과 과정을 기대해서는 안 된다. 사람들 대부분은 자기 삶의 조건이 아무리 제한되어 있더라도, 가난과 박탈이라는 조건 속에서조차 그 조건에 적응하고 그 조건을 이해하는 데서 능동적으로 성찰한다.[82] 이에 반하는 가정은 목소리에 대한 사회학적 접근의 첫번째 원칙 즉 내러티브는 인간의 근본적 역능이며 내러티브 행사는 그 조건이 어떻든 간에 살아가는 데서 결정적이라는 원칙을 부인하는 것이다. 이는 또한 자주 인용되는 1930년대 유럽에서 발터 베냐민이 제기한 명제, 즉 삶을 정보(특히 미디어 뉴스)로 포화시키는 것은 개인의 이야기하기라는 실천을 훼손한다는 다음 명제를 의문에 부친다. "오늘날 벌어지는 어떤 것도 이야기하기에 도움이 되지 않는다. 거의 모든 게 정보다."[83] 미디어 테크놀로지 성장과 관련하여 개인과 집단 내러티브의 맥락이 명백히 변했다. 그러나 내러티브 실천이 이처럼 새로운 환경에 적응했다면 어떻게 될 것인가? 사회적, 경제적 삶에서 내러티브 자원의 더 폭넓은 조직을 살펴봄으로써, 우리는 질문을 다시 구성해야 한다. 이렇게 함으로써 우리는 이 절의 말미에서 버틀러의 물질화 개념으로 다시 돌아갈 수 있다.

내러티브 자원

온라인상에서 자신에 관해 이야기하는 기회가 폭발적으로 증가한 데서 얘기를 시작해보자. 잠재적으로 자기입증, 공개 인정, 내러티브 교환의 중요한 형식을 제공하는 유튜브에서 디지털 스토리텔링까지 말이다.[84]

때때로 유튜브 영상은 엄청난 주목을 불러일으킨다(이를테면, 2009년 초 영국의 로렌 루크는 유튜브 화장술 가이드로 갑작스럽게 셀러브리티가 되었다).[85] 그러나 이것이 그 사람을 더 폭넓게 인정하는 것과 같지는 않다. 인정의 순전한 교환으로 귀결되는 예가 얼마나 자주 있는가? 목소리 사회학은 이렇게 종종 표준적, 비대칭적인 실천을 비판적으로 들여다볼 필요가 있으며, 이 같은 실천이 악셀 호네트가 말한 인정의 기준을 얼마나 충족하는지 따져볼 필요가 있다.

그러나 목소리를 위한 새로운 가능성을 명백히 열어젖히는 온라인 공간이 존재한다. 이주가 심화된 오늘날, 아난다 미트라 등이 민족과 함께 복잡한 디아스포라 정체성과 관련하여 진행한 최근 작업은 오늘날 온라인 포럼이 제공하는 폭넓은 디아스포라의 목소리에 주목한다.[86] 그러나 이와 동시에 어떻게 그런 공간이 보다 폭넓은 담론, 문화 영역과 접합하는가 하는 좀더 폭넓은 질문을 제기해야 한다.[87]

목소리에 대한 사회학적 접근이 무시해서는 안 되는 여러 복잡한 조건이 존재한다. 첫째, 사회적 불투명함이라는 문제다. 수많은 저자가 사회 세계가 점점 불투명해졌다고 주장했다.[88] 그 결과, 사회 세계의 역학을 설명하는 예전의 내러티브(이를테면 계급투쟁 또는 빈부 간 투쟁)는 더는 그럴듯하지 않으며 그에 따라 개인과 집단이 사회 세계 내에서 자신들의 역할과 자리에 관해 말할 수 있는 이야기의 종류가 영향 받는다. 우리는 여러 각도에서 이 주제에 접근할 수 있다.

'사회'의 불투명성은 사회적 사건을 비사회적 방식으로, 이를테면 개인적 실패나 진취성으로 설명하는 내러티브를 부각시킨다. 설명적 내러티브가 붕괴한 결과로서, 역설적으로, 개인의 고통 이야기나 성공 이야기가 장려될 수도 있다. 이것이 바로 1980년대와 1990년대 초 프랑스에서 토크쇼의 부상을 놓고 프랑스 사회학자 알랭 에랭베르가 내놓은 설명이다.[89] 즉 이는 정치의 실종으로서, 정치적 내러티브와는 달리 완전히 개별화하는 논리를 갖기에 정치적 내러티브가 만족시키는 욕구를 만족시키지 못한다. "리얼리티 스펙터클은 (…) 그 재현의 기능에서 정치를 대체하지 않는다. 왜냐하면 그것은 개인에서 개인으로 작동하는 연대를 형상화함으로써 [사람들을] 존중하기 때문이다."[90] 그런 토크쇼 내에는 집단행동이나 집합적 동원을 타당성 있게 해주는 내러티브 공간은 존재하지 않는다. 말할 수 있다는 자격은 어떤 특정한 이야기를 가지고 있는 자 또는 논의되는 개인적 내러티브 유형에 관해 공인된 전문가에게 부여된다.

에바 일루즈의 「오프라 윈프리 쇼」 분석은 잠재적으로 좀더 긍정적이다. 일루즈는 게스트, 관객, 오프라 자신, 프로그램 마케터가 사용하는 도덕적 헌신의 언어를 검토하면서, "좋은 삶과 좋은 자아를 정의하는 데 관계되는 도덕적 딜레마"를 부각하는 한편[91] 일상생활의 도덕적 범위에 대한 우리의 이해를 확장하고 단순한 도덕적 구별을 파괴하는 도덕적 언어의 증거를 발견한다.[92] 프로그램은 자신의 삶을 묘사하는 데 열심인 사람들의 의지를 담은 내러티브를 포함하는 만큼 텍스트 그 이상이다.[93]

그러나 오프라 윈프리는 미디어 내러티브와 도덕적 인정의 과정이 교차하는 것을 검토하는 데 있어 특권적인 장소다. 다른 저자들은 미디어가 사회 세계의 불투명성을 보완하는 내러티브를 제공하는가 하는 면에서 좀더 비관적이다. 헨리 지루는 미국 어린이를 대상으로 하는 자기변화의 내러티브 가운데 시장 논리를 특권화하지 않는 게 없다는 점에(따라서 그렇게 특권화하지 않는 자기변화의 내러티브는 암묵적으로 가치 없는 것으로 취급한다는 점에) 관심을 보인다. "어린이들이 어디서 희망, 반*자율적 문화 영역, 의미 있는 차이의 논의, 시장에 기반을 두지 않는 민주적 정체성의 내러티브를 찾을 수 있는가?"[94] 지루가 제기하는 주장에서 중요한 논점은 이런 결핍이 편리한 희생양으로 손쉽게 거론되는 미디어에 국한된 현상이 아니며 이를테면 미국 학교에서 기업 언어가 증가하는 데서 볼 수 있듯이, 미국에서 일상생활의 폭넓은 특징이라는 점이다. 지루가 보기에, 기업이 아이들의 욕구를 충족시켜준다는 사실을 확증해주는 듯한 수많은 이야기 및 이미지가 있는 것과 대조적으로 공교육이 가질 수 있는 '시민적 기능'에 대해서는 침묵만이 있다. 이러한 침묵은 사회 세계의 불투명성을 거들 뿐 아니라 아이들이 민주주의를 제한 없이 소비할 권리와 연관시켜, 그러한 장소로서 사회 세계를 해석하는 새롭고 강력한 방식이 된다.[95] 한편 교사의 권위를 교육자로, 젊은이를 잠재적 시민으로 보는 대안적 내러티브는 참조점으로서 힘을 잃으며, 이는 멀리 보면 교육기관이 위임받은 사회적 미래가 정의되는 방식에 영향을 미친다.[96] 따라서 문제는 단지 사회적 불투명성이 아니라, 특정 행위주체성을 의미 있는 것으로 만드는 매우 특정한 내러티브의 상실이다.

칼 나이팅게일은 미국 필라델피아 흑인 청년을 대상으로 한 중요 연구에서 관심을 좀 다른 데 둔다. 미디어에서 많은 내러티브가 나오지만, 흑인 청년들의 상상력을 사로잡는 소비의 내러티브는 흑인 청년들이 절대로 이루어지지 않을 물질적 성공의 약속을 붙잡고 있게 되는 위험을 감수하게 한다. 나이팅게일이 내놓는 설명은 매섭다. "동네의 많은 아이들은 이미 5, 6세 때 성인 사치품 목록을 전부 읊을 수 있다. 구치에서 (⋯) 피에르 가르댕, 메르세데스, BMW를 거쳐 (⋯) 에디 머피의 풀장 두개 딸린 저택, 도널드 트럼프의 거대한 카지노까지 말이다."[97] 이런 내러티브가 하는 약속이 가족의 연대에 가져오는 결과는 파괴적이다.

234 　풍요의 대중문화 한가운데서 가난한 가족 속에 살아가는 경험은 아이들이 협력을 대하는 태도를 빠르게 망쳐놓는다. (⋯) 아이들에게 "TV에서 본 것과 같은" 기본적 욕구를 부모들이 제공하지 못하게 되어서 (⋯) 아이들은 다른 사람들의 동기 일반에 대해 냉소하는 생각을 굳히게 된다.[98]

그렇다면 나이팅게일에게 미디어 문화라는 폭넓은 참조점은 일상의 내러티브 공간을 뒤헝클어 놓는다. 이는 로버트 머튼이 1930년대 구조기능주의가 정점에 이르렀을 때 행동의 "문화적 목표"와 "제도적 규범" 사이에 존재하는 갈등이라고 표현한 것의 일례다.[99] 오늘날 목소리의 사회학 맥락에서, 우리는 널리 퍼져 있으며 높은 정당성을 지니는 미디어 내러티브와 이런 내러티브를 삶의 실제 조건에 적합하게 할 수 없다는 사실 사이에 빚어지는 갈등이라는 관점에서 이를 표현할 수 있을 것이다. 이 같은 갈등은 행위 그리고 내러티브 수준 모두에서 실패로 귀결된다.

내러티브 전략

목소리 사회학이 제기하는 우리 질문의 지도와 신자유주의 담론의 결과와 관련해 이 책 앞부분에서 전개한 주장을 어떻게 연결할 수 있을까? 우리가 지금 상반된 방향에서 사물을 바라보고 있다는 점을 염두에 두라. 나는 사회적 영역을 변화시키려는 신자유주의 독트린이 품은 야심에서 출발하지 않고, '밑바닥' 즉 사람들의 목소리 실천 패턴과 조직에서 변화를 찾으려고 한다.

이를테면 "오늘날 우리가 말하는, 그리고 기꺼이 듣고자 하는 이야기는 사적이고 '주관적인' 자아라는 좁고도 고통스럽게 쳐진 울타리 밖으로 거의 넘어가지 않는다"라는 지그문트 바우만의 주장은 사실인가?[100] 또는 특정한 방식으로만, 예컨대 유명한 자아(셀러브리티)를 통해서만 또는 대부분 개인의 삶의 조건에서 동떨어진 영역에 있는 집단적 내러티브(대규모 스포츠 내러티브)를 통해서만 이야기가 사적 자아를 넘어선다는 것 그리고 다른 방식으로는(공동체 또는 조직행동과 변화 이야기) 그렇게 되지 않는다는 것이 문제인가? 아마도 이런 식의 일반적 진단은 불가능할 것이므로, 우리는 이렇게 질문함으로써 앞으로 나아갈 수밖에 없다. 특정 장소와 실천에서 어떤 내러티브가 가능하거나 필요한가? 그런 내러티브는 다른 장소와 실천과 어떻게 연결되는가?

그렇다면 중요한 것은 우리가 일반적인 이론적 통찰력을 특정한 장소에 적용하는가다. 20세기 초 게오르그 지멜이 『돈의 철학』에서, 화폐경제가 일상행위에 미치는 영향에 관해 보여준 통찰력을 살펴보자. 지멜은 돈이 일련의 행위를 연결하고 따라서 행위의 여러 수준과 시간성을 연결함으로써(그래서 "순간의 목표는 그 순간을 넘어서거나 뿐만 아니라 개인의 지평을 넘어서는 경우가 대부분이다")[101] 우리 행위를 확장한다는 중요한 일반적 통찰력을 제공했다. 그 결과 짐멜은 이렇게 주장한다.

생각할 수 있는 행동 요소는 객관적으로 그리고 주관적으로 계산 가능한 합리적 관계가 되며, 그렇게 함으로써 삶의 전환점과 최종 목적에다가 그들을 겨우 묶어주는 감정적 반응과 결정을 계속해서 제거한다.[102]

그러나 이전에 세세히 화폐화되지 않았던 (돌봄과 같은) 행위를 화폐화하는 것을 정부가 권장하거나 또는 대규모 통화관리에 뿌리를 둔 통제를 시간 활용에 적용하기를 강요할 때(3장과 비교해보라), 이런 통찰력은 정말로 신랄하다. 이 같은 상황에서 자원과 행동에 관한 어떤 내러티브가 우선시되고 어떤 내러티브가 곤란해지는가? 행위와 목표에 관해 사람들이 하는 이야기는 이런 상황에서 어떻게 변화하는가?

이전의 어떤 내러티브가 차단되며, 이는 사람들이 자신을 감정적, 도덕적, 사회적 인정(호네트가 말한 세 가지 수준의 인정)의 가치가 있는 행위주체로서 일관된 이야기를 하는 데 어떤 결과를 가져오는가? 그리고 그런 서비스 제공자를 관리하거나 정부에서 일하는 사람들 삶의 내러티브에는 어떤 결과를 가져오는가? 우리는 지방 시민의 역능화를 다룬 영국 정부의 백서에서, 지방정부가 중앙정부를 상대하는 방식을 결정하는 좀더 큰 틀에서 시민의 영향력에는 아무런 언급이 없었음을 지적했다(3장을 보라). '민주화' 이야기의 한가운데서 역능화라는 중요한 (그리고 오래된) 내러티브는 더는 들리지 않고 민주주의의 잠재력에 관한 우리의 이야기는 약화된다.

또는 시몬 베유가 일에서 시간과 리듬의 중요성과 관련해, 그리고 노동자가 이를테면 조립라인에서 일의 흐름과 결과를 자유롭게 생각할 시간이 없을 때 생기는 결과와 관련해 1930년대에 보여준 통찰력을 살펴보자. 베유의 관심은 "우리의 생각은 시간의 주인이 되기를 의도한다"라는 자신의 믿음,[103] 따라서 생각을 위한 시간 부족은 우리 삶을 관리할 일반 능력에서 중대한 결과를 낳는다는 믿음에서 나왔다. 일반적 수준에서 아마도 이 같은 통찰력이 함의하는 바는 모호할 것이다. 유연 노동 계약과 재택노동 및 이동노동home and mobile은 우리 삶을 더 잘 관리할 수 있게 해주지 않는가? 그러나 우리는 더 구체적으로 따져 물어야 한다. 특정한 재택 노동자가 할 수 있는 통제 또는 '숙달'의 가능성은 무엇인가? 가능하지 않은 건 무엇인가? 어떤 조건에서 여러 고객 또는 구매자와 계약한 프리랜서 노동자가 자신의 휴식 욕구, 돌봄의 책임 또는 생각할 시간에 걸맞도록 자기 시간을 관리할 수 있는가? 그리고 이런 상황에서 노동자가 자기 시간을 통제하는 데 관한 더 큰 내러티브가 유지될 수 있는가? 이와 같은 질문은 노동조건과 연관 있지만, 또한 언제나 내러티브와 연관 있다. 베유 자신은 이렇게 보았다. "많은 필수 불가결한 진실은 (…) 말해지지 않고 지나간다. (…) 그것을 입 밖에 낼 수 있는 사람은 그것을 정식화할 수 없고, 그것을 정식화할 수 있는 사람은 그것을 입 밖에 낼 수 없다."[104] 그러나 왜 정식화한 '진실'은 입 밖에 낼 수 없는가? 자본주의의 새로운 정신 아래 당대의 유연 노동 문화에서 목소리를 위한 기회(또는 그런 기회의 부재)가 함의하는 바는 무엇인가?

우리는 더 큰 집단적 내러티브를 통해 특정 시대에서 사회적 변화 그리고 실로 정치적 변화를 표현할 수 있는가 하는 질문에 다다른다. 개인적 내러티브 자원 수준에 머무는 사회학은 적합하지 않다. 무엇보다도 어떤 집단적 내러티브(예컨대 제도 외부의 목표를 위한 노동자 조직의 내러티브)에는 가치가 부여되지 않았고, 어떤 집단적 내러티브(예컨대 특정한 제도 또는 기업적 변화에 열정적 헌신을 표현하는 내러티브)에는 높은 가치가 부여되었다는 것이 사실이다. 미국의 법사회학자 로버트 커버는 여기서 중대한 통찰력을 전해준다.

우리는 내러티브라는 모델을 통해 주어진 단순화한 사태가 비슷하게 단순화한 규범들이 늘어선 힘의 장을 통해 지나가게 될 때 빚어지는 변화를 학습하고 경험한다.[105]

커버는 일반적 수준에서 특정 주권국가를 떠받치는 '규범 우주'에 관심이 있는 반면,[106] 이 책에서 우리는 특정한 역사적 조건에서 특정한 담론(신자유주의)이 규범 우주를 변화시키며 작동하는 가능성에 관심이 있다.

집단적 내러티브는 이처럼 거대한 규모에서 어떻게 변화하는가? 목소리 사회학에서 흥미로운 쟁점은 무엇이 변화를 자극하는가가 아니다. 명백하게도, 베를린장벽의 붕괴 또는 9.11처럼, (노발이 쓴 용어인) '전형'으로서 제시되는 주요 사건은 집단 내러티브의 변화를 크게 자극한다. 우리에게 가장 흥미로운 질문은 이런 것이다. 어떤 메커니즘을 통해 변화가 일어나는가? 과거의 내러티브는 사고로부터 또는 상상으로부터 단순히 사라지는 게 아니라, 세넷이 말하듯 더는 "집을 갖지" 않게 되는 것이다.[107] 어떻게 이 같은 일이 일어나는가? 어떤 시점에서 작은 내러티브들이 속하는 거대한 내러티브 틀은 전형으로서 또는 설명으로서 정당성과 힘을 잃고, 그에 의존하는 작은 내러티브들은 지지되지 못한 채 시들어버린다. 우리가 이 과정을 이해하는 데서 결정적인 것은 세세한 내러티브 실천을 맥락화하는 보다 큰 틀이다. 지그문트 바우만은 이렇게 말한다.

> 우리 시대에 행해지는 이야기는, 개인의 운명을 사회 전체가 작동하는 방식과 수단에 관련시키는 연결을 추적할 가능성을 배제하거나 억압하는(표현되지 못하게끔 하는) 방식으로 개인의 삶을 표현한다는 특징이 있다……. [따라서 사회적 요인은] 이야기하는 사람이 혼자건, 여럿이건, 집단이건 간에 도전하지도 교섭하지도 못하는 '잔인한 사실'이 된다.[108]

이는 우리에게 오늘날 노동환경에서 목소리 봉쇄라는 과정 자체가 내러티브를 통해 접근할 수 없게 되는 이유를 설명해준다. 노동경험의 핵심 측면은 침묵의 영역일 수도 있다.

그렇다면 어떻게 대안적인, 더 힘을 주고 연결시키는 내러티브를 추적할 수 있을까? 한 가지 내러티브 유형은, 제프리 저리스가 분석하고 우리가 5장에서 살펴본 네트워크화한 저항의 문화와 연관된다. 저리스가 제기하듯 이런 문화는 새로운 사회변화의 내러티브와 모델을, 그가 쓴 표현으로는 "정보 유토피아론informational utopics"을 작동시키려는 시도로 이해할 수 있다.[109] 이는 일상생활 환경에서 추적해야 하는 목소리를 위한 중요한 새로운 가능성이다.

여기서 우리는 목소리에 대한 사회학적 접근에서 어려운 문제에 맞닥뜨린다. 즉 공간과 시간에서 내러티브와 행동을 조직하는 문제다. 집단적 기억이 살아남기 위해서는 물질 형식—즉 기억하는 행위가 수행될 특정한 시간과 장소의 조직—이 필요하듯,[110] 일반적으로 내러티브와 목소리 또한 이와 마찬가지다. 실천으로서 목소리는 체화되며, 그런 목소리의 맥락은 종종, 언제나는 아니지만, 다른 신체의 존재다. 즉 말하거나 기억하는 경우, 이야기를 교환할 기회, 해석이라는 공유된 행위와 같은 것이 그러한 맥락을 이룬다. 우리가 신자유주의에 대한 대항 합리성의 발전을 진지하게 생각한다면 이런 통찰력을 놓쳐서는 안 된다. 신자유주의 합리성은 사회 세계를 생각하기 위한 과거의 내러티브 자리에, 가장 지역적인 것까지를 포함하는 모든 규모에 시장 기능이라는 내러티브를 가져다놓았다. 이를 고려하면 신자유주의 합리성은 목소리와 실천 사이 이 같은 연결을 잘 이해했다. 이 시점에서 우리는 주디스 버틀러가 제시한 물질화 개념으로 돌아가야 한다.

240

목소리를 위한 공간?

우리는 간단히 목소리를, 그리고 목소리가 나타나는 공간을 주어진 것으로 간주할 수 없다. 악셀 호네트가 강조하듯, 우리 모두는 인정 투쟁에 참여한다. 인정하건대, 인정은 경제학자가 '경쟁재'라 부르는 것들처럼 말 그대로 한 사람이 소비하면 다 없어져버리는 것이 아니다. 많은 사람이 서로 인정하기 시작하고 인정의 총합이 확장될 여지는 언제나 열려 있다. 그러나 우리의 인정 실천은 (따라서 우리의 목소리 실천은) 우리 스스로가 위치한 공간의 역사, 우리보다 앞선 타인의 인정 투쟁 역사, 특정한 타인과 구별되어 인정받으려는 우리 자신의 투쟁 역사에 의해 제한된다. 따라서 목소리를 위한 공간은 내재적으로 권력의 공간이다. 이러한 공간과 권력의 연결은 이 공간을 관리하려는 정부와 같은 제도에서 나오는 것만은 아니다. 그런 만큼 목소리와 관련한 사회학적 접근은 단순히 이야기를 말하는 사람들에 대한 찬양을 바탕으로 하지 않으며, 언제나 부분적으로는 정치적일 수밖에 없는 사회학적 맥락에 위치해야 한다(정치적 맥락이 누락되었다는 점에서 내러티브와 창의성에 관한 데이비드 건틀릿의 설명은 유용성이 떨어진다).**111** 우리는 누군가가 말하거나 혹은 침묵에 빠지기 이전에 진행된 물질화(숨겨진 가치평가*)의 긴 역사를 파악할 필요가 있다.

사람들의 목소리는 그들의 몸이 '물질이 될matter'** 때만 중요하게 된다. 이 책의 제목은 의도적으로 물질화에 관해 주디스 버틀러가 보여

---

* '숨겨진 가치평가'는 독일 사회학자 노르베르트 엘리아스가 『문명화 과정』(1939)에서 나라마다 다르게 쓰이는 문화와 문명 개념을 탐색하면서 아래 인용문에서 사용한 표현이다. "영어와 프랑스어 '문명civilization' 또는 독일어 '문화Kultur' 같은 단어는 그런 단어가 속한 사회 내부에서 사용되면 그 용법이 아주 명백해 보인다. 그러나 그 단어가 세계 한 조각과 얽힌 방식, 단어가 그 과정에서 당연하다는 듯이 어떤 영역은 포함하고 다른 영역은 배제하는 방식, 그 단어가 은밀하게 지닌 숨겨진 가치평가 등으로 인해, 외부자가 그 단어를 정의하기는 어렵다(Elias, N. The civilizing process, 2000 [1939], Blackwell: Malden, p.6)."
** 버틀러는 『문제 되는 몸』에서 몸의 담론화를 넘어 몸의 물질화에 초점을 맞춘다. 여기서 버틀러는 'matter'를 중의적으로 사용하는데, 바로 '중요하다'는 의미와 함께 '물질'이라는 의미다. 마찬가지로 콜드리는 이 책의 제목에 목소리가 중요하며 또한 물질적이라는 의미를 담으려고 의도했다.

준 중요한 통찰력에서 따왔다. 버틀러는 이를 '몸'의 관점에서 표현한다. 섹슈얼리티 규제는 바로 가능한 몸과 불가능한 몸 사이 직접적 차별을 통해서 수행되기 때문이다. 그러나 버틀러가 보여준 근본적 통찰력은 섹슈얼리티 말고 다른 규제에도, 몸 자체를 직접 판단하지 않고서 행해지는 차별에도 적용된다. 알레타 노발이 강조하듯(5장을 보라), 사람들은 목소리를 가졌다고 인정받을 수 있기 전에 먼저 눈에 보여야 한다. 사람들은 먼저 목소리를 위한 투쟁이 진행되는 정경의 일부로서 간주되어야 한다. 지리학자 데이비드 시블리는 공간을 '순수화하는' 데 에너지가 사용되며, 특정 유형의 사람들은 고려되지 않는다고 분석한다(여성은 정치적 의사결정에서 장기적으로 배제되며, 이민자는 국민국가의 정치 또는 문화 내러티브에서 배제된다).[112] 이런 순수화는 작동의 흔적을 남기지 않으며, 목소리를 위한 '순수한' 공간을 창출하는 것을 목표로 한다. 이런 순수화 행위는 그런 모든 행위가 겨냥한 자들에 의해 포착되는 경우, 큰 상처를 남긴다.[113]

　좀더 미묘한 순수화는, 목소리 조건—목소리 행사를 위한 적절한 주제—을 틀 짓는 특정 방식이 지배적일 때 일어난다. 자기전시의 새로운 공간이 유사 방송적 성격이든(유튜브) 반사적semi-private이든(소셜 네트워킹 서비스) 간에, 어떻게 발전할지 말하기에는 너무 이르다. 그러나 2장에서 보았듯이 세라 바넷와이저와 앨리슨 헌이 진행한 작업은 혼란스러운 가능성을 암시한다. 즉 이런 장소들은 새로운 목소리 공간을 무료로 제공하는 것처럼 보이지만, 이런 장소들을 지배하는 규범과 전략은 그 실행 방식에서 신자유주의 가치와 논리를 반복한다. '자기 브랜딩' 논리는[114] 언뜻 보기에는 목소리와 인정으로 가는 길을 알려주는 듯 보이지만, 그런 목소리와 인정은 경쟁적 외모 시장이 지배하는 조건하에서만 제공된다. 자기 브랜딩 언어는 이런 측면에서 정직하

242

지만 다른 측면에서는 정직하지 않다. 가능한 성찰, 놀이, 사회성의 공간을 강제로 기업가적 이익 실현 영역으로 만들 때가 그렇다.

바로 여기서 목소리—목소리, 듣기, 교환의 완전한 사회적 과정으로서 목소리 사회학이 포착하려^{register} 추구하는 과정—는 시장 기능의 외부성이라는 사실을 떠올릴 필요가 있다(1장을 보라). 자아의 공간과 상품으로 향하는 길을 뒤섞고 목소리의 과정과 믿을 만한 브랜드 이미지의 투사를 뒤섞음으로써, 그렇지 않다고 믿을 수도 있을 것이다. 그러나 그렇게 하여 우리는 인간 특유의 능력인 성찰적 복잡성을 잃게 된다. 목소리 사회학에서 핵심은 이런 대가를 명시하고 왜 그것이 너무 값비싼 대가인지를 설명하는 데 있다.

결론

이처럼 과제가 긴급함에도, 주류 사회학 대부분은 일반 이론이나 계량 데이터에 몰두하며 목소리에는 일관되게 주의를 돌리지 않았다. 레 백이 주장하듯, '듣기의 기예^{art of listening}'는 잃어버린 기예가 될 위험에 처해 있다.[115] 그러나 그런 듣기—그리고 그런 듣기가 설정하는 '내러티브적 환대'[116]—는 다른 거대한 힘이 학계 안팎에서 목소리의 가치를 무시하는 이 시기에 매우 중요하다.

타인 목소리의 복잡성을 배우면서 우리는 우리 자신 목소리의 복잡성을 배울 수 있다. 반대로 많은 저자는, 나 자신 목소리의 불확실성을 이해함으로써 내가 타인 목소리의 복잡성을 더 잘 받아들일 수 있는 위치에 있는지 물었다. 몇몇 저자(줄리아 크리스테바, 제시카 벤저민, 주디스 버틀러)는 정신분석학적 관점으로 이에 접근했으며 몇몇(폴 리쾨르, 엘스페스 프로빈)은 역사적 관점으로 접근했다.[117] 윤리적 관점이 이를 떠받치며, 리쾨르는 이를 가장 명확하게 진술한다. 자기성찰성이 없다면, 그리고 "우리 이야기가 타인의 이야기와 얽혀 있음"을 인정하지 않으면, "내러티브 정체성에 기대는 것"은 '도착적perverse'이다.[118]

그렇다면 목소리 사회학은 인정의 실천(타인의 목소리를 듣고, 그것을 중요한 것으로 새기기)을 포함하며, 우리가 목소리를 가지고 있고 우리가 자신을 재발명할 수 있고 우리 얘기가 들릴 수 있다고 운위되는 시대에서조차, 인정에 이르는 길을 방해하는 것에 대한 현실적 분석을 포함한다. 이 같은 방식으로만, 우리는 신자유주의에 도전하는 좀더 폭넓은 정치가 설 근거를 만들어낼 수 있다. 그런 정치의 본성이 바로 이 책 마지막 장에서 다룰 주제다.

7장
—
포스트신자유주의 정치를 향하여

신자유주의는 목소리를 부정하는 합리성이며, 그 합리성이 작동하는 데서 인간의 삶을 보는 관점은 일관되지 않다. 경제 내 문화로서 신자유주의는 유지될 수 없으며, 정치 틀로서 신자유주의는 자기파괴적 민주주의 과정을 생산한다. 주류 미디어 과정에서 자기파괴는 중단되지 않고 오히려 강화된다. 우리는 1장에서 4장까지 이와 같은 신자유주의에서 위기에 처한 목소리를 분석했다. 그러나 여전히 이렇게 물어야 한다. 신자유주의 '합리성'에 도전하는 '포스트신자유주의' 정치는 가능한가?[1] 그것을 어떻게 만들기 시작해야 하는가? 신자유주의의 목소리 위기는 우리에게 규범과 실천에서 결정의 지점('crisis'라는 단어의 원래 뜻)[2]을 제공한다.

결국 신자유주의는 어딘가에서 어떤 결정과 함께 시작되었다. 아마도 프리드리히 폰 하이에크가 우리 도덕의식의 유일한 원천은 개인이 자기 삶을 통제한다는 의식이라고 주장한 시점일 것이다. 이런 통제는 "물질 환경이 우리에게 선택을 강요하는 영역에서 자기 행동을 지시할 자유다." 협력은 이 같은 관점에서 보면 종종 바람직하기도 하지만 순전히 개인 의지의 문제다.[3] 미국과 영국에서 '집단주의'에 대한 두려움, 소비에트 사회주의와 독일 국가사회주의에 대한 혐오로 인해 하이에크는 자유와 관련한 존 듀이의 좀더 포괄적인 관점, 즉 인간 경험의 사회적 지반 그리고 개인이 스스로 세계를 지향하는 커뮤니케이션 교환(단지 경제적 교환이 아니라)에 근거하는 자유의 관점에서 등을 돌렸다.[4] 하이에크가 빠진 오류를 지금 되풀이해 얘기할 필요는 없다. 최근 뇌과학에서 이루어진 발전은 인간의 뇌가 언제나 그리고 애초부터 자신의 경험과 나란히 타인의 경험을 기입하는 것을 지향한다고 주장한다.[5] 이로부터 더 나아가, 인간 삶이 내재적으로 사회적 교환과 우리가 목소리라 부르는 삶의 형식을 지향한다는 관점에서 새로운 정치를 위한 출발점을 찾을 수 있을까?

아마도 거꾸로 묻는 게 관건일지도 모른다. 사회적, 정치적 협력 가능성을 위한 그 같은 기반을 무시하는 방식으로 정치를 사고하는 것으로 충분한가? 듀이가 말한 대로, "민주주의는 정부 형태 그 이상이다."[6] 인정하건대, 듀이가 정치 협력을 숙고하던 때(1920~1930년대), 이는 위계적 조직(정당, 노조, 전국연맹 등) 구축을 의미했고, 사람들의 대면 관계에서 상호 인정 관행을 확립하는 데 노동이 차지하는 위치가 오늘날보다 훨씬 더 중심적이었다. 이제 많은 노동과 사회관계가 원격에서 성립되고 조정되며, 새로 발전하는 정치행동 모델은, 공식 조직을 멀리하고 대면 접촉과 게다가 노동의 참조점 또한 경시하며, 컴퓨터 매개 원격 네트워킹에서 새로운 영감을 발견한다.[7] 제프리 저리스가 논하는 이처럼 새로운 모델은 노동 없는 사회와 경제라는 유토피아적 비전과 연관되며, 상상력을 저 멀리 미래로 던져놓는다. 그러나 우리가 하트와 네그리를 따라, 현대성을 '블랙박스' 취급하고 이전의 현대성이 현재의 우리와 관계없다고 자의적으로 주장하지 않는다면,[8] 사회협력으로서 민주주의에 대한 듀이의 비전은 특히 사회협력이 중요한 새 형태로 나타나는 바로 이러한 네트워크화 시대에서 우리를 민주적 가능성으로 이끌어줄 수 있음을 인정해야 한다. 민주주의에 관해 '아무도 지배하지 않는다'는 부정 원칙만을 고수하며 민주적 실천과 긍정 원칙을 연결하려는 어떠한 시도도 기각하는 접근조차(이를테면 존 킨의 접근이 그렇다),[9] 배제된 타자의 이름으로 특정 엘리트 지배에 개입하는 것을 정당화하는 인간의 능력에 관한 어느 정도의 이해 즉 "자기 주위 세계를 동등하게 이해할 시민의 능력"이 인정되어야 한다는 요구에 토대한다.[10] 이 같은 모든 접근의 밑바탕에는 정치적 형태로 표현되는 목소리의 가치, 신자유주의는 부정하는 목소리의 가치가 존재한다.

그렇다면 포스트신자유주의 정치를 향한 출발점은 놀라우리만큼 간단할 수도 있다. 즉 규모에 관계없이 어떤 사회조직과 경제조직도 (기업에서 집단까지, 초국가적 네트워크에서 국가 정부까지) 목소리의 가치보다 다른 가치를 우선한다면 정당성을 확보하지 못한다고 주장하는 것이다. 여기서 '정당성'이란 공식적 정당성 이상이다. 신자유주의 체제에서 목소리가 처한 위기는 목소리를 부인하는 합리성이(통치에서, 경영에서) 만들어진다는 사실에서 비롯하기 때문이다. 이런 합리성은 공식적 정당성을 갖지만, 민주적 삶이 대체로 토대하는 가치에 토대를 두지 않는다. 나는 여기서 가치에 토대하는 정당성에 관심을 보인다. 경제적 목표나 안전의 요구가 무엇보다도 필수적이라고 주장하는 이들에게, 아마르티아 센이 내놓는 대답─경제발전과 기본 재화의 공급은 시민의 지식이 한몫하는 바가 없으면 제대로 지휘될 수 없다[11]─은 이미 포스트신자유주의 정치를 만들어내는 출발점 구실을 한다. 목소리 없이 경제적 또는 다른 안전을 도모하려는 '민주'정치는 정당하지 않으며 맹목적이다. 아마도 위기가 고조되는 시기에, 한 집단 또는 사람들이 특정한 지도자에게 자신을 대표하여 상의 없이 행동할 권리를 위임하는 것을 상상할 수 있을 것이다. 그러나 우리가 신자유주의 체제에서 마주하는 건 이게 아니다. 신자유주의는 자발적 위임에 토대하는 게 아니라, 목소리의 부재 또는 (잘 봐줘도) 한 영역에서 목소리를 유지하기 위해 다른 영역에서 목소리를 포기하는 것에 토대한다. 그러나 삶의 모든 영역과 범위(사회, 경제, 정치) 사이 상호 의존을 감안하면, 그런 포기는 일관되지 않다. 예컨대 자신의 일과 경제적 안전의 조건에 대한 '목소리'를 포기하고 목소리를 '시장의 힘'에 영구히 위임한다는 것은 자신을 상품에 불과한 것으로 간주하는 건 물론이고 매우 중요한 수준에서 목소리가 없는 것과 마찬가지다. 신자유주의에 대한 대항 합리성은 목소리 가치를 주장하지 않고는, 즉 목소리를 부정하는 제도 조직과 자기규율 형식이 지니는 정당성에 도전하지 않고는 진전될 수 없다.

선거 이후 전개된 상황은 논외로 치고, 2008년 미국 대선 승리 한 시간 뒤에 버락 오바마가 시카고 그랜트공원에서 행한 연설은 목소리를 가치 있게 다룬다는 게 무엇인지 시사하는 사례로 볼 수 있다.

민주주의의 힘을 아직도 의심하는 (⋯) 사람이 있다면, 오늘밤이 바로 그에 대한 대답입니다⋯⋯. 학교와 교회 주위에 수없이 늘어선 줄이 대답해주고 있습니다. 이 나라에서 사람들이 세 시간 네 시간을 기다리는 걸 본 적이 없습니다. 다수는 생애 첫 투표를 했습니다. 그들은 이번만은 달라야 한다고 믿었고, 자신들의 목소리가 바로 그 차이를 만들 수 있다고 믿었습니다.

오바마는 이 연설에서 시장보다 중요한 것은 없다는 신자유주의의

250

주장을 제압하고, 더 중요한 게 적어도 하나는 있다고, 바로 목소리를 통해 함께 행동하는 것으로서의 민주주의 비전이라고 선언했다. 그리고 오바마는 한 발 더 나아가, 선거가 한 사람의 이야기에 끼친 영향을 통해 선거가 전국적·지구적 미디어 청중에게 미치는 중요성에 초점을 맞추었다. 바로 흑인 여성 앤 닉슨 쿠퍼로, 그녀는 106세 나이에 애틀랜타에서 그날 생애 처음으로 투표를 했다. 일부는 이를 정치의 개인화라 치부해버릴 수도 있다. 그러나 이런 몸짓을 통해, 오바마는 그가 개인적 중요성이라는 바로 그 수준에서 민주주의 중요성의 기반을 찾을 수 있다는 걸 이해하고 있음을 보여주었고 우리를 둘러싼 세계에 대한 우리의 해석에 기초하여 행동함으로써 우리 모두가 의사결정에 참여할 수 있는 우리 모두의 능력을 인정했다. 이 같은 인정은 갑작스럽지 않았다. 오바마 지지자들은 선거운동 기간에, 새로운 투표자들이 등록할 수 있도록 그들을 독려하고 "아직 시간이 남아 있는 동안 새로운 목소리를 정치과정으로 불러올 수 있게끔 한몫하"라고 이메일로 요청했다.[12] 이는 오바마가 "목소리를 서로 모으는 가운데에서 (⋯) 우리가 서로 한데 뭉쳐 어떻게든 끝내 승리할 것"이라고 표명한 신념과 공명했다.[13] 오바마가 행한 연설은 목소리를 긍정하는 사례였으며, 이러한 긍정은 30년 동안 신자유주의 담론을 겪은 오늘날에 자주 표명될 필요가 있다.

그러나 포스트신자유주의 정치가 단순히 좀더 많은 목소리에 대한 요청으로 축소된다면 이는 처음부터 실패할 것이다. 미국 정계가 이로부터 9개월 후, 오바마 대통령이 사회를 보다 포괄하는 건강보험 시스템에 대해 내놓은 제안을 둘러싸고 격렬한 싸움이 벌어지는 동안, 페이스북 페이지를 이용하여 50만 명의 "친구들"에게 "[우리네] 목소리가 들리게끔 만들자"라고 말한 것은 부통령 후보로 나섰다가 떨어진 세라 페일린이다.[14] 우리의 유일한 원칙이 '좀더 많은 목소리'라면, 페일린의 요청은 만장일치로 찬양을 받아야 할 것이다. 우리가 찬양하든 찬양하지 않든 간에, 새로운 목소리는 정치 스펙트럼 어느 쪽에서도 나올 수 있다고 가정해야 한다. 관건은 그런 목소리를 통해 어떤 가치가 표현되는가다. 포스트신자유주의 정치는 목소리가 중요하게끔 해주는 사회, 경제, 정치의 조직 방식을 표현할 때만 움직일 수 있다. 이제 아마도 포스트신자유주의 정치를 상상할 수 있음에도 우리는 아직 포스트신자유주의의 시대에서 살고 있지는 않다. 맹렬한 저항에 부딪힐 것임을 알고 있다면, 그러한 정치는 어떤 자원에 의존해야 할까?

우리는 이미 몇 가지 철학적, 사회학적 자원을 검토했다. 5장에서는 인간 경험이 본래 상호주관적이고 상호해석적이며 내러티브의 개방적 사회과정에 얽혀 있음을 보았다. 인간의 삶에 대한 이런 관점에 토대하는 목소리의 가치는 호네트의 인정 원칙과 센의 자유 이해 등 다른 원칙들과 결합하여 신자유주의에 대한 대항 합리성을 위한 폭넓은 철학적 토대를 창출한다. 그러나 그런 대항 합리성이 띠는 중요한 특징은, 특정한 사회적 또는 정치적 조직이 토대하는 숨겨진 배제를 정기적으로 재평가한다는 점이다. 6장에서 우리는 특정한 사회적, 역사적 환경에서 목소리가 얼마나 가치 있을 수 있는지 주의를 기울여 듣는 목소리 사회학 관점에서 이와 같은 사전과정 일부를 탐구했다. 그러나 목표와 수단을 놓고 심각한 투쟁이 벌어지는 와중에 좀더 큰 규모에서 일을 처리해내는 어려운 과정, 즉 '정치'와 그런 가치가 어떻게 관련되는지는 아직 더 탐구해야 한다.[15]

결론에서 나는 잠정적으로, 정치 실천에서 목소리의 가치를 어떻게 사고할 것인가, 정말로 재사고할 것인가 하는 문제와 연결되는 시작점을 탐색해보고자 한다.

상상력의 도전

프랑스 정치사회학자 피에르 로장발롱은 우리가 "일반의지를 실제로 경험할 방법"이 없다면 어떻게 될지 묻는다.[16] 문제는 2세기 전에 뱅자맹 콩스탕에 의해서도 확인되었다. 콩스탕은 고전 민주주의의 시민과 달리 현대 시민은 "[그들의] 협력에 따르는 눈에 보이는 증거"를 갖고 있지 않으며, "지식에서 [그들이] 얻은 것을 상상 속에서 잃어버렸다"고 지적했다.[17] 대개 이는 큰 규모에서 민주정치의 가능성에 관한 숙고라고 여겨진다. 그러나 모든 규모에서 경제, 사회, 정치 사이 상호의존이 늘면서, 이제 '일반의지'를 상상하는 문제 또한 모든 규모에 적용된다. 작은 공동체 조직에서 모든 행동의 기준은 외부의 경제적 힘, 정부 규제, 미디어가 부과한 규범에 의해 제한된다. 신자유주의 담론은, 1~4장에서 주장한 대로, 정치적 목소리를 위한 많은 장소를 완전히 없애버림으로써 이런 문제를 악화시켰다.

그러나 신자유주의 승리를 상정하고 들어가는 것은 별 도움이 되지 않는다! 오히려 이렇게 묻자. 목소리가 중요해지는 토대 위에서 삶의 조직 방식이 작동하도록 재구축한다는 것은 무엇인가? 콜롬비아의 안데스 지역으로 시선을 돌려보면 그 출발점을 상상하는 데 도움이 된다. 가차 없는 폭력과 불의의 이 나라에서 민주주의 메커니즘에 엄청난 타격을 입혔다. 공동체 라디오방송인 라디오안다키Radio Andaquí 설립자 알리리오 곤살레스가 한 말이 클레멘시아 로드리게스가 수행한 뛰어난 현지연구에서 인용되었는데, 이 단순명쾌한 말은 다른 장소에도 이상하리만치 적합해 보인다.

우리에게 필요한 건 이 땅이 주체로서, 행위자로서 스스로를 다시 생각하는 것이다. 여기 사람들은 자신의 정체성을, 자신의 목표를, 자신이 누가 되고 싶은지를 다시 생각할 필요가 있다.[18]

신자유주의 실험으로부터 회복이 필요한 많은 나라에서도 관건은 아마 이와 다르지 않을 것이다.

포스트신자유주의 정치는 어떠한 구체적 형태를 띠든지 간에 적어도 네 가지 도전에 직면해야 한다. 첫째, 포스트신자유주의 정치는 민주주의를 다른 방식으로 이해하는 신자유주의의 도전에 직면한다. 이런 이해는 목소리를 암묵적으로 가치 없게 간주하고 목소리를 유지하는 조건을 훼손한다. 존 듀이는 이런 문제를 이미 1918년에 예견했다. "자유행동의 본질로서의 민주주의를 경제적 개인주의와 동일시하는 시도는 민주주의 현실에 악영향을 끼쳤으며 더 많은 피해를 가져올 수 있다."[19] 그러나 듀이는 신자유주의 담론이 얼마나 지배적이 될지, 또 신자유주의 담론이 자아와 자아의 역능을 일상에서 이해하는 데에 얼마나 깊숙이 자리를 차지하게 될지는 예견하지 못했다.

그리고 세 가지 어마어마한 정치적 도전이 존재한다. 신자유주의가 지지하는 목소리의 배제를 뒤집고, 노동자의 목소리를 민주적 과정 안으로 재통합할 필요가 있다. 노동조합 같은 조직을 통한 노동자의 정치적 인정은, 언제나 존재하는 경영과 자본의 목소리와 비교해 약화되었으며 또는 인도에서처럼 한 번도 제대로 발전되지 못했다(인도의 새 노동조합계획New Trade Union Initiative*은 여기에 도전하고자 한다).[20] 이는 새로

254

---

* 새노동조합계획은 인도의 노동조합 연합으로서 2002년에 설립되었다. 정치정당으로부터 독립을 표방하며, 비정규 부문 노동조합인 전국노동센터National Centre for Labour를 중심으로 하여 2006년 기준 300여 개의 노동조합으로 이루어져 있다.

운 자본주의 비판을 진전시키고(뤽 볼탄스키와 에브 치아펠로는 이 과제를 위해, 앨버트 허시먼에게서 빌린 '목소리'라는 용어를 유지한다),[21] J. K. 깁슨-그레이엄이 한 말처럼, 경제를 다시 한번 "궁극적 현실/그릇/제한으로서가 아니라 (…) 결단의 장소로서" 인식하는 포괄적인 문제다.[22] 그러나 이는 또한 스티븐 그린하우스가 최근 30년간 미국 노동자들이 받고 있는 부당한 대우를 다룬 설득력 있는 책의 마지막에서 말하듯이, "존중"을 회복하는 문제이기도 하다.[23] 그 다음에, 새로운 목소리를 포함할 필요가 있다. 이를테면 이주 노동자와 같은 이들의 행위주체성을 위한 민주적 메커니즘 공간을 허용할 필요가 있다. 공간을 가로지르는 이들의 궤적은 국민국가 시민권의 유산과는 (아직은) 들어맞지 않지만,[24] 현재 이들의 삶의 조건을 결정하는 시민들의 삶에 이들 이주 노동자가 이바지하는 바는 크다.[25] 이는 정치적 주장에서 새로운 규모로 연결과 비교를 설정함을 의미한다. 마지막으로, 모든 정치적 규모에서 그리고 모든 정치 행위자에게서, 우리 모두가 어떻게 사는가 그리고 우리의 자원을 어떻게 관리하는가에 관한 중대한 변화 없이는 다룰 수 없는 어떤 근본적인 정책 문제(석유 자원 고갈과 지구온난화)를 다룰 필요가 있다.[26]

다행스럽게도, 포스트신자유주의 정치는 몇몇 중요한 새로운 자원에 의존할 수 있다. 물론 그것을 조심스럽게 평가할 필요가 있기는 하지만 말이다.

새로운 목소리 테크놀로지

존 듀이는 위대한 책 『공중과 그 문제들』*에서 민주주의 작동을 비관하며 나중에 미국 신자유주의에 영향을 미치는 주장(예를 들면 월터

리프먼의 주장)이 갖는 힘을 인지하고자 했다. 듀이는 이렇게 묻는다.

결국 현재 조건에서 무엇이 공중인가? (…) 공중이 스스로를 찾고 확인하는 것을 막는 것은 무엇인가?[27]

그러나 오늘날 그런 비관론에 반하는 강력한 주장이 있다. 인터넷과 월드와이드웹의 성장—웹2.0이라고 불리는 진전된 네트워크(페이스북, 유튜브, 트위터) 그리고 이미지, 내러티브, 정보 교환, 데이터 관리 방식의 디지털화에 따른 기회 급증—은 새로운 공중이 '스스로를 찾고 확인하는' 많은 방식을 제시한다. 민주주의 한계에 관한 신자유주의적 사고를 이루는 주춧돌 하나가 무너진 것일까?

우리는 새로운 테크놀로지와 소프트웨어 혁신으로 가능해진 다섯 가지 새로운 가능성을 구별할 수 있다.[28] 첫째, 새로운 목소리. 이는 단지 이전보다 많은 목소리가 아니라 굉장히 폭넓은 사람들을 위한 공적인 목소리다. 런던에 앉아서, 나는 전 세계 많은 나라 사람들이 자신의 삶과 관련해 말한 일상적인 이야기의 결을(글로벌보이스에서), 눈앞에서 벌어지는 사건에 관한 그들의 경험을(트위터를 통해서), 그런 사건의 미디어 재현에 대한 그들의 논평을(유튜브에서), 적어도 파편적으로나마 접할 수 있다. 블로그는 이제 제도 안팎에서(BBC 같은 미디어 제작자부터 마이크로소프트와 미국의 거대 노동조합 미국노동총동맹산업별회의AFL-CIO까지) 이런 표현의 도구다. 둘째, 웹 자체의 분산 능력에 따른 결과로서, 이처럼 새로운 목소리들 사이 점점 더 커가는 상호의식이다.

---

* 국내에서는 『현대 민주주의와 정치 주체 문제』(씨아이알, 2010)와 『공공성과 그 문제들』(한국문화사, 2014) 두 제목으로 나왔다.

이란에 있는 누군가가 거리 시위를 휴대폰으로 찍어 웹사이트나 트위터에 올릴 수 있을 뿐만 아니라 많은 사람이 그 사진을 돌려보거나 자신의 공적 성찰 속으로 통합할 수 있다. 먼 나라의 정치에 대한 우리의 경험을 변화시키는 데서 잠재적 영향은 명백하다. 더는 정부의 성명과 시위 사진만이 아니라, 시위자 자신에 의해 말과 이미지가 유통된다. 또한 우리의 정치 경험은 더욱 생생해진다. 셋째, 조직의 새로운 규모. 디지털 자료를 유통시키는 인터넷의 능력으로, 이전에는 불가능했던 규모와 복잡성을 갖춘 조직된 정치행동이 가능해졌으며 그 행동은 사태에 직접 대응하여 전개된다. 2003년 전 세계에서 벌어진 이라크전 반대 시위, 2007년 미얀마의 반정부 시위에서 버마 사람들이 국제적 지지를 이끌어내려 한 것이 그 예다. 주권 영토와 강력한 제도를 둘러싼 경계는 잠재적으로 다시 그려진다.

넷째, 정치조직을 위해 어떤 공간이 필요한지를 둘러싼 우리의 이해는 이제 변하고 있다. 단지 닫힌 방이나 공적 모임 또는 당의 우편주소록뿐 아니라, 공식적 지도가 있을 수도 없을 수도 있는, 지역과 전국의 범위 내에 있거나 그 범위를 가로지르는, 여러 제도적 지원을 받거나 그런 지원이 전혀 없는, 한 번도 만나보지 않은 사람들의 네트워크. 탈중심화한 정치 네트워크(이를테면 기업적 지구화 반대를 둘러싼 네트워크)가 등장했다.[29] 새로운 유형의 정치 포털은 온라인에서 정치적 동원 자원을 모으면서 동시에, 흩어져 있으며 다채로운 공동체의 특정한 실천에서 나오는 공통의 또는 상응하는 행동의 내러티브를 구축한다(미국의 무브온Moveon.org과 무브온의 초국가적, 다언어적 판본인 아바즈Avaaz.org가 있으며,[30] 영국의 테스코폴리는 영국의 거대 슈퍼마켓 체인의 경제력에 대항하는 캠페인을 벌인다).[31] 미국의 정치학자 랜스 베넷의 주장에 따르면 그 결과 "역동적인 네트워크는 분석의 단위가 되었으며 이를 통해 다른 모든 수준(조직적, 개별적, 정치적 수준)이 좀더 일관성 있게 분석될 수 있다."[32] 마지막으로, 이런 모든 변화가 합쳐진 결과 듣기는 잠재적으로 새롭고 강렬하게 부상한다. 시민으로서 우리 각자는 폭넓게 늘어난 공중의[public] 목소리를 책임질 수 있으며, 정부를 포함한 공적 체제는 주장컨대 그렇게 해야만 한다. 정부는 더는 '들리지 않는다'고 말할수 없다.

커뮤니케이션 테크놀로지 자체가 저절로 정치적인 것은 아니다(예를 들어 유튜브가 어떻게 사용되는지는, 정치와 관련해서뿐만 아니라 일반적으로, '완전히 결정되어 있지는 않다').[33] 그러나 정치적 목소리를 확장하려는 많은 기획은 진행 중이다. 일부는 온라인상에서 새로운 협의와 자각의 메커니즘을 발전시키는 데 관심이 있다(미국의 '전국민주주의연구소'와 '건강한 민주주의', 영국의 '마이소사이어티'가 그렇다).[34] 다른 일부는 (영국의 이행 기획[UK Transition Initiative]처럼) 지구온난화와 석유 공급 고갈에 대비한 계획을 옹호하며, 새로운 미디어 테크놀로지를 통해 영국 등지의 마을에 사는 사람들이 좀더 효과적으로 결합하여 면 대 면으로 아이디어를 개발할 수 있게끔 도우려 한다. 주류 미디어와 웹을 포괄하는 새로운 유형의 캠페인이 발전하고 있다. 예컨대『가디언』이 지원하는 1010 캠페인은 2010년까지 개인과 조직의 탄소 배출을 10퍼센트 감소하도록 독려한다.[35] 2008년 오바마 캠페인은 웹 2.0이 정치 동원에서 발휘하는 효과를 보여주는 명백한 증거를 제시했다.[36] 마누엘 카스텔이 "커뮤니케이션의 힘"을 주제로 최근에 진행한 분석은,[37] 커뮤니케이션 네트워크가 새로운 규모의 정치행동을 가능케 한다는 점을 인정한다는 데 강점이 있다.

그렇다면 우리는, 어떻게 "위대한 사회가 위대한 공동체로" 바뀔 수 있는지에 관한 존 듀이의 비전을 테크놀로지 형식에서 상상할 수 있는 시대,**38** 또는 어떻게 "'시민 공동체'라는 아이디어를 다시 작동시킬 수 있는지"에 관한 에티엔 발리바르의 비전을 상상할 수 있는 시대에 살고 있다.**39** 이로써 신자유주의에 대답하기 시작할 수 있을까? 그러나 우리는 보다 천천히 나아가야 한다.

첫째, 우리는 이렇게 물어야 한다. 오바마의 승리 또는 2004년 3월 스페인 총선에서 현직 총리 호세 마리아 아스나르 로페스에 대항하는 막판 투표율과 같은 중요한 사건이(카스텔이 드는 중요 사례 중 하나다) 정치 조직에서 좀더 지속적인 변화와 관련해, 그리고 포스트신자유주의 정치의 가능성과 관련해 우리에게 얼마나 많은 것을 말해주는가? 새로운 정치 개입을 낳을 수 있는 다른 유형의 일상 정치인가? 아니면 실은 —오바마가 2009년 중반 건강보험 개혁을 둘러싸고 겪은 어려움으로 다시 눈을 돌려보면— 규모는 크지만 재정은 풍부하지 않은 지지 기반을 가지고 있으며, 재정이 풍부한 대중적 반대에 직면한 정치개혁을 효과적으로 추동할 수 있는 일상적 정부의 정치governmental politics인가? 포스트신자유주의 정치를 세우기 위해서는 정치의 새로운 '사회적 실천'이 필요하다. 카스텔이 인정하듯,**40** 이는 일상생활의 조건과 제한 속에서 작동한다. 우리는 정치적 행위자 모두에게 현재 주어진 것을 [자기에게만] 정치적으로 유리하다고 간주하고 찬양하는 것에 주의해야 한다. 그 정치적 행위자가 신자유주의 정치의 옹호를 목표로 하든 격퇴를 목표로 하든 말이다. 주어진 사실이란, 한 수준에서 정치적 동원이나 조직이 이미 존재하는 곳에서는, 조직된 행동이 온라인에서 더 큰 규모로 빠르게 발전할 수 있다는 점이다. 별개로 작동했던 지역 집단들은 광범한 전술적 연합 속에서 묶일 수 있다. 반면 그런 기제를 통해 새로운 집단은 '브랜드'의 즉각적 정당화, 네트워크, 타당성과 잠재적 목소리의 공간을 얻을 수 있다. 주어진 사실이 아닌 것은, 정치

행동을 재규모화하는 이처럼 새로운 수단이 새로운 정치 동원을 낳을 자원을 제공하는가, 또는 이미 동원된 사람들이 온라인 조직이라는 동일한 자원을 사용하는 정치 상대에 대항하여 말하는 바가 들리게끔 할 수 있는 수단을 제공하는가 하는 점이다. 마누엘 카스텔의 최근 책에는 네트워크화한 정치적 표현의 사례가 나온다. 그중 두 가지는 선거운동(변화를 승인하는 시기), 다른 두 가지는 지구환경 문제와 지구화 반대라는 폭넓은 캠페인과 연관된다. 카스텔은 우리가 '일상적 신자유주의'라 부를 수 있는 사례를 제공하지는 않는다. 악화된 취업 조건 또는 취업 기회의 상실에 대한 노동자의 도전, 공공서비스의 시장화를 저지하거나 되돌리려는 시민집단 같은 사례 말이다.[41] 그러나 삶의 조건은 이런 영역에서야말로 신자유주의 정치에 극적으로 영향을 받았다.

　그렇다면 정치의 규모 변화 설명에서 무언가 빠져 있는 듯 보인다. 고故 찰스 틸리는 민주화 과정은 그것이 연약하면 얼마든지 반대 방향으로 향할 수 있다고 주장했다. 실로 탈민주화는 민주화보다 대개 훨씬 빨리 일어난다.[42] 따라서 역사적, 사회적 특정성을 우리 분석 안으로 도입하는 것이 필수적이다. 테다 스카치폴이 20세기 미국에서 시민 삶의 엄청난 변화에 관해 수행한 분석에 따르면, (조직행동이라는 거친 척도상에서) 시민활동 수준은 쇠퇴하지 않았을 수도 있지만, 시민 참여의 질과 사회적 대표성은 1960년대 이전과는 크게 다르다. 미국의 시민운동은 1970년대를 즈음해서, 지역 구성원이 여러 계급에서 충원되는 지부가 여럿인 전국적 시민 조직으로부터(그러나 인정컨대 젠더나 민족을 함께 묶지는 못했다) 지역에서 동원하지 못하는 전문화된 상위 중간계급 중심이며 대개 워싱턴 중앙정치에 집중된 형태의 조직으로 전환되었다.

260

시민활동가들은 더는 광범한 연합을 구축하고 상호작용하는 시민 구성원을 충원하는 것을 생각하지 않는다. (…) 심지어 다수의 미국인을 대변하려는 집단조차 '구성원'이라는 이름에 걸맞은 존재를 반드시 필요로 하지는 않는다.[43]

스카치폴이 주장하기에, 그 결과 미국 시민운동의 계급 면모는 극적으로 바뀌었다. 극심하게 개인화한 사회에서 모든 정치적 행동주의의 실질적 토대가 변했기에 급진 정치조차 동일한 특징을 보여주리라는 반론이 제기될 수도 있을 것이다.[44] 그러나 스카치폴이 견지하는 기본 논점은, 어떠한 형태의 네트워크 행동과 관련해서라도, 우리가 정확하게 누구에 관해 이야기하는가 하는 문제를 제기하는 것이다. 새로운 테크놀로지에 내재하는 정치적 잠재력을 둘러싼 사회학적으로 불특정한 주장, 이를테면 '컨버전스 문화convergence culture'*에 관한 헨리 젱킨스의 많이 논의된 분석은, 겉보기보다 많은 얘기를 해주지 않는다.[45] 나이와 민족이라는 장벽을 가로지르며 성공적 동원을 이룬 오바마 선거운동은(카스텔이 논의한)[46] 스카치폴이 내리는 비관적 진단에서 단기적 예외였는가 아니면 새로운 법칙의 첫 신호였는가? 우리는 아직 알 수 없다. 그러나 모든 것은 세밀한 사회학적 분석에 달려 있다.

* 컨버전스 문화 또는 융합문화는 미국 미디어 문화연구자 헨리 젱킨스가 주장한 이론이다. 컨버전스는 원래 디지털 미디어 테크놀로지에서 플랫폼, 컨텐츠, 매체 융합 등을 지칭하는 기술 중심 용어였으나, 젱킨스는 이를 확장하여 디지털 미디어테크놀로지가 새로운 문화 생산과 참여 가능성을 제공하며, 이를 통해 생산과 소비가 새롭게 순환, 융합한다고 주장한다. 기존 미디어를 바탕으로 수용자가 만든 디지털 편집 사진이나 유튜브 동영상, 그런 디지털 사진이나 동영상을 다시 텔레비전 같은 기존 미디어에서 활용하는 것 등이 그 예다. 젱킨스는 디지털 미디어가 제공하는 협업 확장과 참여 확대를 강조하며 그러한 민주적 가능성을 긍정하는 편이다.

또 한 가지 난점은(제프리 저리스가 반기업적 지구화 운동 설명에서 인정한 것으로)[47] 어떻게 특정한 목소리의 실천이 통치의 실천에 접합되거나 접합되지 않는가 하는 점이다. 스카치폴이 지적하듯, 과거 미국 시민운동 조직이 보여준 강점은 다양하고 고도로 분산된 구성원들을 연결해 정치 엘리트 대표자들과 대화하고 대립하게 할 수 있었다는 점이다.[48] 좀더 일반적으로 앤드류 채드윅은 2006년 '전자민주주의 e-democracy'를 검토하면서 "공식 제도 영역에서 일어나는 정책 형성으로 연결되는 고리"가 존재하지 않는다고 결론지었다.[49] 그리고 다른 관점에서 피에르 로장발롱은 오늘날 민주주의에서는—적어도 대규모로—시민이 (감시, 비판, 평가를 통해) 통치에 불만을 표현할 기회가 결여된게 아니라,[50] 그런 목소리를 더 넓은 정책 개발 과정 내에서 가치 있는 것으로 다룰 수단이 결여되어 있다고 주장한다. 로장발롱에 따르면, 그런 수단 없이 나오는 결과는 "비정치적 민주주의"를 낳으며 이는 민주주의 원칙과 실천에 대한 신뢰를 갉아먹는 "반정책counter-policy"이다.[51]

일부는 이에 대응해 포스트신자유주의 정치는 훨씬 장기적인 사회적, 경제적 조직 변화, 사실 아마도 자본주의 자체의 대체를 요구한다고 주장할 것이다. 그러나 여기서 우리의 관심은 장기에 걸친 움직임이 아니다. 신자유주의에서 목소리가 처한 위기는 현재적이며 신자유주의에 대한 대항 합리성을 발전시킬 필요 또한 현재적이다. 많은 측면에서 오바마가 포스트신자유주의 정치인인지 아닌지 의심할 수 있는반면, 오바마가 추진하는 건강보험 개혁을 지지하는 효과적 동맹을 발전시킬 정치가 미국에 부재하다는 사실은 우려스럽다.[52] 틸리가 주장하는 민주화의 한 가지 차원은, 사람들이 자신의 사회적, 경제적 욕구를 지키기 위해 의지하는 대규모 신뢰 네트워크가 국가 및 정치제도와 연관된 제도적 공급자가 되는 방향을 나아가는 것이다.[53] 그렇다면 오바마의 패배는 잠재적으로 '새로운' 민주화 과정이 겪는 구체적인 패배를 대변할 수도 있다. 좀더 폭넓게 보면, 우리는 이렇게 물을 수 있다. 특정 정치 시스템에 내장된 편향 그리고 로장발롱이 '명백한' 사회학적 사실이라 부른 "긍정적 다수보다 부정적 연합이 더 조직하기 쉽다"라는 점을 논외로 하고,[54] 가속화된 동원과 조정 능력을 갖춘 새로운 네트워크화한 정치가 근본적인 정치적 변화를 제안하는 일보다 정부에 반대하고 변화를 가로막는 일에 더욱 효과적이라면 어떻게 될까? 그리고 대규모의 미디어가 대부분 그런 경향에 도전하는 게 아니라 강화하는 방식으로 작동한다면 어떻게 될까?

상황이 이러할 때 우리가 새로운 형태의 목소리가 접합되는 좀더 폭넓은 과정을 알지 못한다면, 그처럼 형태가 새로운 목소리가 갖는 중요성을 포착할 수 없다.[55] 어떤 의미에서 우리는 1장에서 제기된 문제 즉 목소리는 그 특징에 걸맞은 물질적 형태가 필요하다는 문제로 돌아가지만, 이제 이 문제는 좀더 폭넓은 정치적, 사회적 규모에서 제기된다. 듀이는 제2차 세계대전 전야에, "실패한 민주주의는 경험을 확대하고 풍부화하는 한편으로 안정화하는 상호작용을 제한한다"고 성찰했다.[56] 중요한 것은 목소리의 상호작용적 차원이다. 테크놀로지 형태는 이를 가능케 하지만 보장하지는 못한다. 목소리는 증식할 수 있지만 민주주의는 여전히 실패할 수 있다.

그리고 가치 결핍

이러한 가능성이 비관적으로 보이더라도, 이는 '목소리'가 자기에 관해 이야기하는 과정일 뿐 아니라 그 과정에 부여된 가치, 목소리에 적절하게 가치를 부여하는 과정이라는 점을 음미하면 나오는 필연적 결과다.

　그러나 많은 저자는 시민들이 "가독성과 가시성 측면에서 완전히" 자기 자리에 대한 감각, 즉 그들 그리고 그들의 정부가 활동하는 공통의 세계에 대한 감각을 잃었다고 주장하는 로장발롱에 동의한다.[57] 이들 저자는 과잉 정보의 세계에서 '책임의 위기'를 지적하거나, "더 폭넓은 시민적 연대 지향"을 강조하거나, 새로운 "공유지the common" 의식을 만들 필요를 내세운다. 어쨌든지 간에, 이들은 의미 있는 정치적 협력을 상상하기가 어려워지고 있다는 데 동의한다.[58] 정치적 관여의 내러티브는 실패하고 있다. 이 같은 내러티브 결여는 '영국의 이행 기획' 조직 모델에 영감을 준 것으로 보인다. '이행 기획'은 하향적 지시 대신에 지역에 토대한 집단적 사고, 배움, 상상의 과정을 설정한다. '이행 기획' 창립자 롭 홉킨스는 이렇게 말한다. "우리가 다다르게 될 그곳이 어떨지를 상상할 수 있을 때만, 우리는 무언가를 향해 나아갈 수 있다."[59] 그러나 상상되어야 하는 것 중 일부는, 특정 행동을 좀더 폭넓은 정치적 관련성의 틀로 연결하는 일이다. 이 연결이 정부 권력에 불평하거나 그 권력을 제한하는 권리 정도로만 이루어진다면 문제가 된다.[60] 우리가 시민과 정부 행동을 연속된 행동 공간의 일부로서 보기 시작하게 되면, 민주주의는 "협력과정"으로서만 작동할 수 있다.[61]

　그런데 이처럼 공유된 행동의 공간이란 무엇인가? 하트와 네그리는 유명한 책 『다중』에서 국민국가적 맥락을 유보하고 노동착취라는 지구적 조건을 환기한다. 그러나 하트와 네그리가 지구화한 세계에서 노동의 공통 조건으로부터 등장한다고 상상하는 '사회적인 것'(사회적 삶/존재/세계)과 상호작용의 특정한 역사적 맥락 사이 관계는 여전히 모호하다. 네트워크 개념은 정치 공간이기도 한 일상적인 사회 공간을 찾기 어렵다는 점을 가리는 알리바이일 뿐이다. 볼탄스키와 치아펠로가 우리에게 상기시키듯(2장을 보라), 네트워크 논리는 매우 효과적으로 공간을 가로지르지만, 어느 장소에서든 협력하는 데 있어 여전히 요구되는 지역적 자원을 반드시 유지해주지는 않는다. 게다가, 다른 힘들은 정치가 가능하다는 우리의 의식을 훼손할 수 있다. 그것이 수 세기 동안 이어진 타인에 의한 헤게모니적 지배든, "우리는 여기서 정치 애기는 하지 않아"라고 하는 유사 사회적 가치든 말이다.[63]

하트와 네그리가 이런 어려움을 만들어낸 건 아니다. 신자유주의 정부는 통치와 시민 사이 관계를 이해할 새로운 방식을 상상하는 데 전혀 도움이 되지 않았기 때문이다. 정부 정책과 전략적 목표를 재사고하거나 재형성하는 데서 시민의 역할을 인정한다는 게 어떤 것인지, 정부 자신이 아직 상상하지 않았다면 그리고 아마도 상상할 계획이 없다면 어떻게 되는가? '(시민들에게) 알리고 상의하고 (시민들을) 참여시킬 의무'(2009년 영국 정부가 '최고 가치 기관들'에 부과한) 또는 '열린 정부 지시Open Government Directive'(2009년 1월 오바마 대통령이 발표한)[64] 또한 그런 상상력의 부재를 보완할 수 없다. 3, 4장에서 보았듯, 신자유주의적 통치 실천은 아무리 좋게 포장하더라도 전략적 선택을 숙고할 시민의 능력을 중시하는 데는 적합하지 못하다. '경영'과 '납품'으로서 정부는 정치 참여라는 긍정적 과정을 무시되고 통제되어야 하는 외부성에 불과한 것으로 바꾸어놓는다.

따라서 신자유주의적 민주주의의 근본적 결핍은 목소리의 결핍이 아니라 목소리를 가치 있게 여기고 사회협력 과정 내에서 목소리를 작동시키는 방식의 결핍이다. 포스트신자유주의 정치라는 임무를 완전히 새로운 경제적, 사회적 조직 형태에 위임하지 않는다면(이는 확실히 수십 년이 걸리는 일일 것이다), 우리는 현존하는 민주적 과정이 목소리를 더 가치 있게 다룰 수 있는지에 새롭게 관심을 기울이는 수밖에 없다. 이는 하물며 목소리가 일반적으로 격려되는 환경에서조차 효과적인 목소리가 불균등하게 분배된다는 점을 고려할 것을 요구한다. 한 가지 중요한 요인은 브루스 윌리엄스와 마이클 델리 카피니가 "미디어 체제media regime" 전체라고 부른, 즉 "문화, 정치, 경제 정보가 지나가는 관문을 (…) 결정하고, 그런 주제가 논의되고, 이해되고, 영향을 받는 담론적 환경을 형성하는 (…) 역사적으로 특정하고, 상대적으로 안정된 제도 규범 과정 행위자의 집합"이다.[65] 또 한 가지 요인은 좀더 특정한 형태의 변화 및 정치적 혁신과 경합하거나 그것을 지지하는 데 작용하는 폭넓은 제도적 구조다. 이 제도적 구조는 물론 의지나 상상력에 의해 하루아침에 바뀔 수 없다. 그러나 우리가 낙심하여 "작은 행동"[66]과 새로운 "습관"[67]을 고려하지 않을 필요는 없다. 심지어 그런 구조 내부에서조차, 이러한 행동과 습관으로부터 다른 정치적 삶이 구축될 수 있다. 듀이를 떠올려보면, 우리는 새로운 협력행동과 이전에 함께 일하지 않았던 사람들 사이에 협력할 동기를 부여하는 새로운 이야기를 고려해볼 필요가 있다.

새로운 행동

유럽의 사회민주주의자 존 크러다스와 안드레아 날레스가 최근에 주장했듯이, "시장국가와 그 기관들은 민주화되고 더 책임지는 시민국가로 변화할 필요가 있다."[68] 그러나 민주주의가 사회적 이상으로서 의미를 띠기 위해선 민주주의가 모든 "인간적 유대의 양식"에 확장되어야 한다는 존 듀이의 주장을 상기하면,[69] 이들의 주장이 기업, 시민사회 행위자, 공공기관, 교육기관, 노동조합에 주는 함의를 많이 생각해볼 필요가 있다.[70] 물론 이는 신자유주의 담론이 이처럼 많은 기관에 이미 상당히 자리를 차지하고 있는 점과 대면함을 의미한다. 예를 들어 오늘날 영국 학교나 대학에서 가르치는 상황에서, 교육문화에서 최근 경영주의의 결을 거스르면서 교육기관을 목소리 행사를 위한 민주적 영역으로서 바라본 듀이의 비전과 재접속하기란 얼마나 어려운가?[71]

과하지 않게 생각하는 게 도움이 될 수도 있다. 공식적 숙의라는 거대한 메커니즘은 피에르 로장발롱이 "일상 정치의 진정한 재발견"[72]이라 부른 것보다 덜 중요할 수도 있다. 시민적 규범에 따른 공식 행동은, 엔긴 이신이 "새로운 행위자를 낳음으로써 [그리고] 새로운 투쟁의 장소와 규모를 창출함으로써 정치적이게 되는 (…) 양식을 (…) 바꾸는" 비공식적 "시민권 행위"[73]라고 말한 것보다 덜 중요할 수도 있다. 요컨대, 우리는 새로운 것을 할 필요가 있다.

그 하나는 정치적 인사greeting 행위일 것이다. 새로운 목소리 또는 오랫동안 침묵했던 목소리가 들릴 필요가 있을 때, 그런 목소리는 '인사' 행위를 통해 환영받아야 한다. 고故 이리스 영은 인사 행위가 민주적 교환에서 필수적이라고 보았다. 그런 "소통적 (…) 몸짓"은 사람들이 "타인, 특히 의견, 이해관계 또는 사회적 위치가 다른 이들을 토론에 포함된 자로서 인정하는" 것이다.[74] 이런 행위는 누가 정치적 목소리 또는 정치 행동이라는 자격을 갖춘 자인지에 관한 정의에 도전하며, 새로운 사람들을 공통의 문제를 앞에 놓고 논쟁할 상대로서 본다.[75] 카스텔과 저리스가 찬사를 보내는 네트워크 정치가 갖는 큰 강점은, 그것을 통해 서로 다른 활동가 집단이 전통적 정치권력의 주요 장소에서 모인 채로 존재함으로써, 그런 존재를 통해 정치 행위자로서, 아직 따뜻하게 인사 받지는 않더라도, 인정받을 수 있다는 점이다. 포스트신자유주의 정치에 반대하는 이들도 마찬가지로 네트워크화한 정치를 손에 넣을 수 있다는 점을 이미 강조했지만 말이다.[76] 그러나 인사 행위는 단순하게, 이주 노동자가 지방의회나 마을 회의에 참석해서 말하고 자신의 생각이 고려될 수 있게끔 하는 것일 수도 있다. 인사 행위는 정치 행위자가 될 수 있는 범위로부터 사람들을 배제하는 비가시성 형태 문제를 다룰 수 있다. 미디어는 여기서 중요하며, 우리는 이 논점으로 다시 돌아갈 것이다.

여기서 또한 필수적인 것은 교환 행위다. 정치적 교환이라는 새로운 행위를 생각하는 방식 하나는 듣기다. 정부가 폭넓은 시민 의견을 듣는 일이 엄청나게 많아졌다. 정치 가십부터 의사, 경찰관, 교사의 일에까지 다양한 주제에 걸쳐 블로그가 존재한다(내가 아는 한 아직 대학 교수에 의한 블로그는 없다).[77] 그러나 듣는다는 것이 무엇을 수반하는가 하는 점은 놀라우리만치 주목되지 않았다. 정부가 시민의 소리를 그리고 시민들이 서로의 소리를 더 잘 듣는다는 게 무엇을 의미하는가?

오스트레일리아의 연구자 네트워크는 최근에 바로 이런 질문을 탐구했으며,[78] 다른 한편으로—'이행 기획'이 활용하는 '열린 공간 모임 Open Space Meetings'처럼—목소리에 더욱 효과적으로 귀 기울이는 실천기법이 등장한다.[79] 그러나 듣기 행위가 효과를 낳기 위해 요구되는 맥락은 복잡하다. 들음으로써, 우리는 자기 이야기를 할 수 있는 존재가 되어 서로의 지위와 우리가 공유하는 세계를 인지한다. 따라서 듣기라는 단일한 행위는, 당사자 사이 상호성이 없는 더 폭넓은 행위 패턴에 의해 훼손될 수 있다. 시민에게 '귀 기울이려는' 정부의 시도는 종종 두 가지 이유로 실패한다. 거기서 면 대 면은 실제로 내러티브 교환이 아니기 때문이며(일차적 상호성의 결여), 정부가 취하는 **행동**은 뒤이어 듣기가 일어난다는 사실을 새겨넣지 않기 때문이다(이차적 상호성의 결여). 사회 협력으로서 민주적 통치는 그런 교환의 순간을 진지하게 고려함을 의미한다. 제임스 보먼은 정치 규모와 정치 주체가 변함에 따라 민주적 제도와 시민 사이 상호관계 역시 어떻게 변해야 하는지를 고려한 몇 안 되는 정치이론가다. 보먼이 주장하기로, 그 관계는 "완전히 상호적이고 상호 구성적"이어야 한다. "공중은 자신들의 자유와 권력을 구성하는 바로 그 제도를 구성할 수 있어야[만] 한다."[80] 덜 추상적으로 말하면, 문제는 정부가 일단 표현된 목소리를 가지고 무엇을 할 것인가이며 정부가 정책을 만드는 방식을 바꿀 준비가 되어 있는가다. 정부는 지금까지 이를 전혀 인지하지 못했다.

우리는 또한 정치적 교환 공간을 준비하는 배경 행동을 좀더 생각할 필요가 있다. 네트워크가 새로운 규모에 걸쳐 사람들을 연결하는 것만으로는 또는 절대치로 볼 때 내러티브를 주고받는 기회가 많아진다는 것만으로는 부족하기 때문이다. 보통의 경우라면 서로 관련 없는 것으로 여겨지는 내러티브 사이 교환을 가능케 하는 공간이 창출되는 것 또한 중요하다. 이는 특정 내러티브가 들리는 것을 가로막는 것에 도전함을 의미한다. 새로운 사람들이 정치적 교환에 적절하다고 보려면, 새로운 내러티브 교환 공간이 가능하다고 볼 필요가 있다. 이는 정치 공간을 둘러싼 실용적 이해, 즉 기존의 경계를 재생산하는 것보다 '연결을 보는 것'과 더 연관된 정치 공간을 둘러싼 이해를 요구한다.[81] 예컨대 경영 목표, 정부 목표 또는 시장의 힘은, 그에 의해 영향을 받는 노동자들이 그와 같은 조건에서 일한다는 게 어떤 것인가 하는 이야기를 듣는 것과는 무관하다는 주장을 왜 정당한 것으로 받아들이는가? 그러나 볼탄스키와 치아펠로가 "자본주의의 새로운 정신"과 그 불의에 관해 수행한 분석은 ―그리고 실로, 바버라 에런라이크와 매들린 번팅이 각각 미국과 영국에서 '과로 문화'에 관해 수행한 조사 연구

269

는—오늘날 정치와 미디어에서 일상적 고통의 내러티브에 주어진 자리는 없음을 보여준다. 이처럼 실제 목소리의 커다란 결핍은 사회적 경험이라는 커다란 범주를 정치적으로 무관한 것으로 치부하는 틀에 도전함으로써만 중단시킬 수 있다. 신자유주의는, 사회적 경험과 정치적 갈등의 장소를, 정부에 의해서는 단지 외부에서 한정적으로만 제한을 받는 개인과 시장 지향적 법인이 작동하는 시장 기능의 공간으로서 재구성하려는—지금까지 대체로 성공한—역사적 시도로 이해될 수 있다. 신자유주의에 대한 대항 합리성은 정치의 주제, 주체, 가치에 대한 우리의 일상적 지도를 바꾸어야만 한다.

이를 통해 우리는 다시 말하기retelling라는 더 폭넓은 행위로 나간다. 우리는 새로운 정치적 교환이라는 행위가 이치에 맞는 것으로 이해되는 틀이 필요하다. 정부, 개인, 집단 사이 협동의 실제—교환의 새로운 유형, 상호 인정의 새로운 관계—가 새로운 내러티브 내에 새겨져야 한다. 정부의 실패로 간주될 수도 있는 것—'납품'의 지연과 같은 것—은, 정부가 어떻게 스스로 책무에 따라 '납품'하며, 능력을 보여주는가에 관해 이전과 달리 이해함으로써 이치에 맞는 것으로 이해되어야 한다. "즉각적 순간"에 복무하는 정부를 향한 가차 없는 질주(4장에서 논의했다)에 대한 도전은, 협의와 정책 시험이라는 "공적 시간"[82]이 통치과정을 방해하는 게 아니라 연장하고 풍부화하는 것으로서 가치 있게 여겨지는 내러티브의 발전에 의해 이루어질 수 있다.

여기서 제안된 민주적 과정을 다시 말하기는, 정당한 정부 개입의 영역을 제한하는 신자유주의 원칙('큰 정부'를 상대로 벌이는 미국의 지속적인 문화전쟁, 또는 '거대한 국가권력'을 줄이자는 영국 보수당 지도자 데이비드 캐머런의 제안에서 잘 드러난다)과는 상당히 다르다는 점에 유의하라.[83] 이 장 서두에서 보았듯, 신자유주의 관점의 뿌리는 인간의 협력

270

이라는 잠재력에 관한 하이에크의 설명이었다. 이 설명은 매우 제한적이어서, 개인은 '정부'라고 불리는 완전히 '외부적인' 과정과 영원히 적대적일 수밖에 없게 되었다. 포스트신자유주의 정치에서, 2008년 가을에 국민국가들(미국, 영국, 독일, 중국 등)이 지금까지 지구적 시스템에서 일어난 가장 심각한 금융위기를 저지하는 데 중심 역할을 했음을 기억하는 것이 필수적이다.[84] 신자유주의적 설명은 이를 없애버리거나 오인할 준비가 되어 있으며, 실로 신자유주의 정치의 일관성을 회복하기 위해서라면 반드시 그렇게 해야 한다. 그렇다면 포스트신자유주의가 직면한 도전은 정부를 무시하는 것도 아니고 정부의 의사결정 범위를 축소하는 것도 아니며, 정부가 어떻게 협력을 위한 주민들의 자원을 더 효과적으로 사용할 수 있는지 재사고하는 방식을 제공하는 것이다. 여기에는 사회적 생산을 위해 이제 온라인에서만 존재하는 향상된 자원이 포함된다.[85] 이런 이유 때문에 스티글리츠와 센이 주도한 최근의 요청, 즉 경제통계 측정을 변경하고, 경제정책과 개발 정책의 방향이 목소리를 고려에 넣는 '복지'라는 더 폭넓은 개념을 지향하도록 재조정하게끔 한 요청은 힘이 나게 한다(2장을 보라). 비록 이 같은 제안이 경청되리라고 생각할 이유는 없지만 말이다.[86]

나는 포스트신자유주의 정치에 필수 사전조건이 되는 몇 가지 행동을 열거했다. 민주적 협력의 의미를 재사고하는 것은 큰 책무다. 내가 열거한 유형의 행동은 일상생활 구조 속에 자리 잡아야 하며, 단지 그것이 무언지 확인하는 정도로는 부족하다! 각각의 행동—인사하기와 듣기, 새로운 타당성의 공간과 협동행동을 일리 있게 하는 새로운 틀의 구축—은 목소리 가치를 지향하는 투쟁을 요구한다. 이 투쟁은 목소리를 부정하는 방식으로 작동하는 정당성에 도전하며, 그 자리에 다른 작동 방식을 구축하기를 지향한다. 그러나 방금 논의한 이 같은 행

271

동들은 그 자체로는 포스트신자유주의 정치에 충분하지 않다. 이것들은 공식 정치와 상징 정치 내에서 다른 쟁투 행동과 나란히, 시장에서 분산된 목소리의 행동과 나란히 일어나야만 한다(행동 보조를 맞춘 보이콧은 시민들이 기업에 영향력을 행사하는 매우 효과 높은 방법이다. 시민들은 기업과 어떤 계약관계도 없으며, 기업은 노동 관행이나 여러 실천에서 정치적 개입에 별로 영향 받지 않는다고 드러난 때문이다).[87]

미디어는 이러한 투쟁에서 필수적이다. 미디어는 오늘날 보이고자 하고 들리고자 하는 거의 모든 경합에 결정적으로 연관되어 있으며, 동시에 상업적, 정치적 권력의 네트워크 안에 자리 잡고 있는 조직이다. 열성적 활동가에 의한 거대 규모의 온라인 네트워크가 아무리 많다 하더라도, 그 자체로는 특정 유형의 정치적 행위자가 정치 영역에서 보이지 않게 될 때 발생하는 커뮤니케이션의 단절을 교정하지 못한다. (단지 스펙터클의 순간이 아니라) 새로운 정치 행위가 대규모 주류 미디어의 뉴스 보도에서 인지될 필요가 있다. 민주정치 내 협업과정의 확장은 어떤 것이든 간에 미디어 보도에서 표상되어야 한다. 미디어 제도는 '대항민주주의'의 목소리를 높이는 데 능숙하지만, 새로운 형태의 정치적 협력 또는 (로장발롱의 용어를 빌리면) '일상적 민주주의'를 제대로 성찰하는지는 불확실하다. 아마도 정치에서 미디어 역할은 이같은 과정의 일부로서 재구성될 필요가 있다. 미디어 제도는 정치제도와는 달리 정당성 시험을 직접 겪지 않는다. 아마도 공공자금 지원을 받지 않는다면 말이다. 그러나 미디어가 기대는 경제 기반이 불확실한 상황에서(4장을 보라) 시장 신호는 정당성 및 신뢰의 문제와 완전히 별개가 아니다. 미디어는 주목과 '충성도'를 위해 경쟁할 필요가 있다.[88] 제임스 보먼이 주장하듯, 정치과정이 변하면 미디어 제도 자체도 "공중에게 어떻게 다가갈지, 공중의 의견을 어떻게 대변할지"를 둘러싸고 공중과 더 가깝게 상호작용 할 필요가 있다.[89] 4장에서 보았듯, 미디어 작동으로 신자유주의적 합리성이 복잡한 방식으로 자리잡았음을 감안하면 신자유주의에 대한 대항 합리성의 발전 역시 마찬가지로 우리가 아직 예측 못하는 방식으로 복잡해지리라고 예상할 수 있다.

종합하면, 이런 변화는 한 세대가 걸리는 임무이지만 행동 하나하나를 통해 지금 상상하고 시작할 수 있는 일이다.

새로운 이야기

이와 같은 논의가 지구적 '위험사회'(울리히 벡)에서[90] 오늘날 민주주의가 직면하는 규모의 문제가 심각하다는 점을 무시하는 것은 아니다. 최근의 금융위기는 이런 문제를 해결할 실마리가 살짝 드러났을 때조차, 이를테면 유럽에서 초국가적 은행 규제 제도가 필요하다는 점이 제기되었을 때조차 미래 자원을 저당 잡아 당면한 시장 실패를 막으려 함으로써 국민국가 규모에서 문제를 악화시켰을 뿐이다. 멀리서 이루어진 경제적 의사결정이나 시장 붕괴가 지역에 가져오는 파괴적 결과를 충분히 고려하는 의사결정 과정을 어떻게 세울지, 또는 노동자의 삶이 여러 단기 고용주와 끊임없는 불안정성에 의존하는 데서 생겨나는 결과를 어떻게 다룰지 우리는 아직 알지 못한다.[91] 기껏해야 우리는 새로운 테크놀로지를 온라인 동원에 이용하는 사회적 생산이 어떻게 시장에 기반을 둔 의사결정을 일부나마 막을 수 있는지 알 수 있을 뿐이다.[92] 그러나 이는 현재의 의사결정 구조—협력적 의사결정 공간으로 간주되지 않는 기업의 막후 과정을 포함해서—가 좀더 많은 '종류의 발언'을 '진지하게' 그리고 일상적으로 받아들이게끔 하게 위

해 무엇이 필요한지를 아는 것과는 거리가 멀다.⁹³

신자유주의는 민주주의 실패를 합리화해 민주적 규모의 문제를 '해결한다.' 모든 규모에서 사람들의 협력적 성찰 능력을 더 잘 고려할 수 있는 새롭고 불확실하고 갈등이 불가피한 장기적 협력의 과정에 명확히 헌신할 필요가 있는 이 시기에 끝내 환상에 의존하고 있는 것은 바로 신자유주의다(하이에크가 말한 자립적 개인은, 종종 이웃과 협력하고 싶은 마음을 느낄 수 있다). 이 때문에 시장국가 구조는 부적절하다. 그 구조를 무엇으로 대체해야 하는지 명확한 대답은 나오지 않았다. 유일한 시작점은 다시 말하기라는 더 기본적인 행동으로서, 이는 오늘날 민주주의가 낳은 결과를 있는 그대로, 즉 목소리를 충분히 고려하는 조직 형태를 유지하는 데 있어 집단적으로 실패했다고 인식한다.

한편 다른 곳에서는, 다시 말하기의 또다른 행동이 진행 중이다. 일부에게 2008년 말 지구적 금융위기의 무게는 그저 나쁜 꿈이었던 듯이 가벼워지고 있다. 경제회복의 모순적 신호가 보이자마자(미국, 프랑스, 독일, 일본에서는 보이지만 영국에서는 덜 확실하게 보인다), 2008년 말에서 2009년 초까지의 짧은 시기를 잊으려는 유혹이 틀림없이 나타날 것이다. 이 시기에는, 금융산업과 다수 주민 사이에 장기적으로 부와 위험을 어떻게 분배할 것인가까지는 아니더라도 당면한 은행위기 해결 방식이 공정한가와 관련해 정치적 문제와 그뿐 아니라 도덕적 문제를 제기하는 게 가능해 보였다. 세계 최대 소매 기업으로서 노동자의 임금과 노동조건에 공격적 태도를 견지하는 것으로 이름이 자자한 월마트의 최고경영자 마이크 듀크는⁹⁴ 2009년 6월 유명인들을 불러 모은 연례회의에서 "우리 회사의 힘이 세계에서 필요로 하는 것과 지금처럼 잘 맞아떨어지는 때는 없었다"라고 말했다.⁹⁵

신자유주의가 남긴 도전은 여전하다. 시장 기능이 모든 것에 우선

한다는 가정과 거리를 두고 통치 방향을 재조정하기, 정치 공간을 재사고하여 정치 내러티브와 그 내러티브가 표상해야 하는 대부분 사람들의 삶 사이에 신뢰 관계를 구축하기, 일상적인 사회, 정치, 조직에서 목소리에 비중을 두는 구체적 정책을 만들기, 사회, 정치, 개인적 조직에서 시장이 유일한 참조점이라는 관점을 대체하기 등등. 이런 도전은 간단하게 수렴되지 않는다. 한편 한동안 불편하게 노출되어 있던 시장국가의 순환 논리는 더 폭넓은 정치과정에 방해받지 않는다면 지속될 것이다. 사실, 신자유주의는 새로운 껍데기를 얻을 수도 있다. 그 껍데기는 신자유주의 자체보다도 인간 삶을 더욱 환원적으로 이해하는 사회진화론의 한 버전일 것이다.

그렇다면 문제는 남는다. 포스트신자유주의의 미래를 상상할 수 있는가? 그럴 수 없다면 우리는 결과를 받아들일 것인가? 또는 모든 문제에 대해 정부와 그 대표자들에게 단지 비난을 퍼붓는 영역으로 물러서서, 로장발롱이 '대항민주주의'라는 심란한 비전에서 시사하듯, 우리가 공통으로 가지고 있으며 행하는 것에 관해 만족스럽게 이야기를 말하는 정치를 구축하는 장기적 임무를 포기할 것인가? 관성과 침묵은 대개 신자유주의의 편이다. 목소리를 중요하게 만드는 일은 어렵다. 새로운 목소리가 확산되는 동안, 목소리가 중요하게 되는 시점에 그 중요성을 가로막는 숨겨진 힘과 자리 상실에 도전하는 일은 더더욱 어렵다. 그러나 덴마크의 철학자 쇠렌 키르케고르가 던진 경고를 기억하라. "침묵해왔다는 사실 (…) 이는 가장 위험한 일이다. 침묵을 유지함으로써 인간은 자기 자신으로 격하되기 때문이다."[96] 침묵을 유지하는 것은 민주주의를 다루는 신자유주의적 방식이다. 적어도 이제, 또다른 이야기를 말할 수 있다.

서문

1   Beckett(1975: 8).

2   Unger(1998: 28).

3   Friedman(1982: ix).

4   주 3을 보라. Naomi Klein(2007: 6) 또한 이 문장을 인용한다.

5   Qiu(2009).

6   Unger(1998).

7   Mbembe(2001: 73-77).

1장

1   Ricoeur(1984b: 28).

2   Deane(2004), Buckley et al.(2008), Tacchi et al.(2009). 또한 www.voicesindia.org를 보라.

3   Easton(1965)의 문구로서, Delli Carpini and Keater(1996: 12)에서 재인용.

4   Aristotle(1992: 60).

5   Hardt and Negri(2006); Benhabib(2004).

6   Agamben(1998).

7   Peet(2007: 111-112).

8   Peet(2007: 4). 사회학에서 제시한 좀더 폭넓은 설명으로는 다음을 보라. Sklair (2001), Smith(2008: 4장).

9   Harvey(2005); Peet(2007: 77).

10   Peet(2007: 27).

11   이에 관한 유용한 요약으로는 Peet(2007: 7-8)를 보라.

12   Frank(2001).

13   Unger(1998), Stiglitz(2002), Soros(1996).

14   *El Pais* 2002년 11월 21일; Juris(2008: 295)에서 재인용.

15   Hirschman(1969). 이에 관한 최근의 논의는 Flew(2009)를 보라.

16   Gray(2007: 3장과 4장)를 보라.

17   Gramsci (1970). 이에 관한 논의로는, Clarke(2004: 89)에 대한 Gilbert(2008: 172-174)의 논평을 보라. 비교를 위해서는 Harvey(2005), Grossberg(2005), Giroux(2004a)를 보라.

18   Boltanski and Chiapello(2005: 11).

19   Peet(2007).

20   해제를 보라.

21   'term'의 첫번째 의미는 '공간 또는 시간 내의 한계'다(*Shorter Oxford English Dictionary*, 2000년판).

22   Juris(2008: 120)에서 재인용.

23   Juris(2008: 286).

24   Butler(2005).

25   MacIntyre(1981: 194).

26   Taylor(1986).

27   Hirschman(1969: 30).

28   Taylor(1989), Ricoeur(1992), Butler(2005).

29   Marx(1973: 84). Harvey(2000: 118-119)가 이에 관해 논의하고 있다.

30   MacIntyre(1981: 203). 또한 Ricoeur(1992: 161)를 참고하라.

31   Cavarero(2000: 88).

277

주

32   Arendt(1958: 193).

33   Honneth(2007: 222, 233)에서 논의된다.

34   듀이와 하버마스의 차이에 관한 논의는 Honneth(2007: 11장)를 보라.

35   Harvey(2000: 118, 강조는 필자).

36   Cavarero(2000: 41).

37   '관점의 공간'에 관해서는 Bourdieu(1999)를 보라.

38   Cavarero(2000: 21).

39   Spivak(1987: 59).

40   Hannerz(1980)를 참고하라.

41   일반적 의미에 관해서는 Ricoeur(2005)를 보라.

42   Butler(2005).

43   Du Bois(1989 [1903]: 3).

44   Levi(2000 [1961]: 26, 69).

45   Arendt(2004 [1951]: 583).

46   Agamben(1998); Proctor(1999: 314 n179); Hilberg(1985: 872).

47   Proctor(1999: 118).

48   Brewer and Porter(1993).

49   Willis(1990); McRobbie(1997).

50   Lane(2000: 95).

51   앞서 언급했듯, 경제학자 앨버트 허시먼은 이미 1960년대에 이를 지적했다
      (Hirschman 1969).

52   Friedman(1982: 135).

53   소비에 초점을 맞춘 정치의 역사에 관해서는 Cohen(2003), Littler(2009)를
      보라.

54   Frank(2001: 7-8).

55   Brown(2003: 7문단).

56   신자유주의가 공적, 사적 문화에 가져온 결과에 관한 뛰어난 설명으로는
      Giroux(2004a, 2008)를 보라.

57 체현과 공간 조직화에 관해서는 Harvey(2000: 130)를 비교하라.

58 Bauman(1989: 192).

59 Brown(2003: 42절).

60 Cavarero(2000: 33–34).

61 Banet-Weiser(근간).

62 Lawson(2007).

63 Bobbitt(2003).

64 Layard and Dunn(2009: 135, 4, 강조는 필자).

65 Joseph Rowntree Foundation(2009b).

66 Lukes(1973: 196–197).

67 Kay(2009, 강조는 필자).

68 Williams(1961: 9–10).

69 Williams(1958: 318).

70 Hans Blumenberg의 용어(1992).

71 Williams(1989: 152)는 문화연구 '프로젝트'와 그 구체적 실천을 구분한다.

72 Honneth(1995a: 207).

73 Sen(2002: 10).

74 Fraser(2005: 75).

75 Balibar(2004: 114). '정치의 정치'에 관해서는 Beck(1997: 99)도 참고하라.

76 Rosanvallon(2006: 244, 250).

77 Hardt and Negri(2006).

78 Bauman(2001: 52).

79 Lear(2006: 68).

80 Lear(2006: 133, 103).

81 Lear(2006: 3, 56).

82 Cavarero(2000); Taylor(1986).

83 Peet(2007: 194).

84 특히 Gilbert(2008)를 참고하라.

주

2장

1 *The Guardian*, 2009년 8월 13일 자에서 인용.

2 *Time*, 2009년 4월 6일 자 인터뷰.

3 Skidelsky(2009: 36)에서 인용.

4 Skidelsky(2009: 36).

5 팬텀 컨설팅Fathom Consulting에서 모인 전문가 포럼. *Financial Times*, 8월 7일 자에서 인용.

6 2009년 6월 15일 자 IMF 성명. *The Guardian*, 2009년 6월 16일 자에서 인용.

7 Blanchflower(2009); World Bank(2009).

8 고전적 주장으로는 Polanyi(1975[1944])를 보라. 최근의 예측으로는 Gray(1998), Soros(1996)를 보라.

9 Soros(2009). 이를 Soros(2008)와 비교해보라. 또한 BIS(2009).

10 Finlayson(근간).

11 *The Guardian*, 2009년 3월 17일 자에서 재인용.

12 Rudd(2009).

13 Kaletsky(2009).

14 *The Guardia*, 2009년 1월 8일 자.

15 영국통계청Office for National Statistics의 수치로서, *Sunday Telegraph*, 2009년 8월 16일 자에서 재인용.

16 이에 관한 논쟁으로는 Chakrabortty(2009), Plender(2009), Elliott(2009b)를 보라.

17 Bourdieu(1998: 95).

18 Bourdieu(1998: 96), 강조는 원문.

19 Harvey(2005: 2).

20 Levi-Faur and Jordana(2005: 7).

21 Foucault(2008).

22 Barry, Osborne and Rose(1996).

23 또한 Barry, Osborne and Rose(1996: 10-11), Rose(1999: 4장)를 보라.

24　Foucault(2008: 117).

25　Foucault(2008: 70).

26　Foucault(2008: 28-31).

27　Foucault(2008: 32).

28　Foucault(2008: 63).

29　Foucault(2008: 162).

30　Rancière(2006: 81, 55).

31　Grossberg(2005: 117). 또한 Giroux(2008)를 보라.

32　Keane(2009: 856).

33　Foucault(2008: 94-95).

34　Foucault(2008: 121).

35　Foucault(2008: 121).

36　Foucault(2008: 144).

37　Foucault(2008: 148).

38　Von Mises(1983: 182)의 문장으로서, Peet(2007: 73)에서 재인용.

39　Foucault(2008: 145).

40　Foucault(2008: 148).

41　Foucault(2008: 217).

42　Friedman(1982: 2, 강조는 필자).

43　Friedman(1982: 12, 강조는 필자).

44　Friedman(1982: 15).

45　Von Hayek(1960: 29). 이를 Von Hayek(1949: 14-15)와 비교해보라.

46　Hay(2007: 3장).

47　Von Hayek(1944: 2장; 1960: 1장). 이를 Berlin(1958)과 비교해보라.

48　각각 von Hayek(1944: 44), (1949: 107-118), (1960: 15장)을 보라. 또한 (1944: 158)을 보라.

49　Peet(2007: 83).

50　Peet(2007: 77-78).

51 Frank(2001: 30, 21).

52 Frank(2001: 2장, 6장)을 보라.

53 Becker(1991: ix).

54 Foucault(2008: 226).

55 Foucault(2008: 243, 269).

56 Foucault(2008: 246).

57 예를 들어, Posner(2003).

58 Burchell(1996: 27).

59 Foucault(2008: 30).

60 Foucault(2008: 62).

61 Foucault(2008: 242-243)에서 재인용.

62 Boltanski and Chiapello(2005).

63 Boltanski and Chiapello(2005: 85).

64 Boltanski and Chiapello(2005: 7-8).

65 Boltanski and Chiapello(2005: 371).

66 Boltanski and Chiapello(2005: 372).

67 Boltanski and Chiapello(2005: 371).

68 Bourdieu(1998), Touraine(2000)을 보라.

69 해제를 보라.

70 Benkler(2006), Jenkins(2006), Leadbeater(2008a).

71 Harvey(2004: 2).

72 Boltanski and Chiapello(2005: 465-466).

73 Fraser(2009: 110-111).

74 Hochschild(1983), Illouz(2007).

75 www.about-asda.co.uk/inside-asda/our-history.asp을 보라.

76 Bunting(2004: 102-107).

77 Virno(2004).

78 Greenhouse(2009), Ehrenreich(2002).

왜 목소리가 중요한가

79 Qiu(2009). 또한 해제를 보라.

80 Schor(1992).

81 Boltanski and Chiapello(2005: 422), Beck(2000a: 77).

82 Boltanski and Chiapello(2005: 247).

83 이에 관한 비평으로는, Head(2007)를 보라.

84 Haigh(2008).

85 *Times Higher Education Supplement*, 2007년 3월 23일 자 6면에서 인용. 미국의 대학교에 관해서는 Giroux(2007)를 보라.

86 Boltanski and Chiapello(2005: 71).

87 Boltanski and Chiapello(2005: 85).

88 Boltanski and Chiapello(2005: 421과 그 다음).

89 Boltanski and Chiapello(2005: 331 주56).

90 Boltanski and Chiapello(2005: 432)가 Power(1997)에서 끌어왔다.

91 Boltanski and Chiapello(2005: 379).

92 Boltanski and Chiapello(2005: 377).

93 Boltanski and Chiapello(2005: 461).

94 Pusey(2003: 4).

95 Pusey(2003: 89).

96 Durkheim(2006 [1897]).

97 Pusey(2003: 78).

98 Boltanski and Chiapello(2005: 432)는 Taylor(1989)를 언급한다.

99 Boltanski and Chiapello(2005: 432).

100 Pusey(2003: 63).

101 Boltanski and Chiapello(2005: 471).

102 Banet-Weiser(근간). 그 이전의 자기 홍보 역사에 관해서는 Wernick(1991)를 보라.

103 Boltanski and Chiapello(2005: 466, 468).

104 Bunting(2004).

주

105 Sennett(1998: 10).

106 Elster(1985: 74-78).

107 Sennett(1998: 21).

108 Marx(1959: 72).

109 Elster(1985: 100-107).

110 Elster(1985: 100).

111 Hardt and Negri(2006: 111).

112 Terranova(2004: 90).

113 Boltanski and Chiapello(2005: 251).

114 Boltanski and Chiapello(2005: 245-246).

115 Boltanski and Chiapello(2005: 224-225, 231); Aglietta(1998: 69).

116 US Bureau of Labor Statistics의 수치로서, Lardner(2007: 62)에서 인용.

117 Banet-Weiser(근간); 또한 Hearn(2008)을 보라.

118 Layard(2005: 22, 118-125).

119 Layard(2005: 17-18).

120 Layard(2005: 3).

121 Bruni and Porta(2005: 1)와 비교하라.

122 Layard(2005: 31, 강조는 필자).

123 Layard(2005: 67-69, 137).

124 Layard(2005: 175-180).

125 Layard(2005: 225-226).

126 Scitovsky(1976: vii).

127 Scitovsky(1976: 80).

128 Scitovsky(1976: 8).

129 Scitovsky(1976, 6장). 이를 Layard(2005: 226)와 비교하라.

130 Lane(2000: 324). 이를 같은 책 94쪽과 비교해보라.

131 Lane(2000: 2장).

132 Lane(2000: 77).

133 Lane(2000: 81).

134 Lane(2000: 95).

135 Lane(2000: 137).

136 Lane(2000: 159).

137 Lane(2000: 162, 강조는 필자). 이를 Scitovsky(1976: 90)와 비교해보라.

138 Lane(2000: 328).

139 Hardt and Negri(2006: 157).

140 Sen(1987: 4, 7).

141 Sen(1987: 4, 강조는 필자).

142 Sen(1987: 22-23). 이를 Sugden(2005: 91-94), Rothschild(2001)와 비교
     해보라.

143 Sen(1987: 2-3).

144 Chong(2000)을 보라. 합리적 선택이론에 대한 정치학 내의 비판으로는
     Green and Shapiro(1994)을 보라.

145 Sen(2002: 28).

146 Sen(2002: 34, 숫자는 필자).

147 Becker(1991).

148 Sen(2002: 36-41).

149 Sen(2002: 6).

150 Taylor(1989).

151 Hay(2007: 3장, 특히 97-99).

152 Sen(2002: 628). 이를 같은 책 17장과 비교해보라.

153 Friedman(1982: 12). 이를 Downs(1957: 5)와 비교해보라.

154 Sen(2002: 10). 이를 같은 책 20장과 비교해보라.

155 Sen(2002: 10, 강조는 필자).

156 Sen(2002: 586).

157 이 책 7장을 보라.

158 Sen(2002: 5).

주

159 Sen(2002: 51).

160 Sen(2002: 591).

161 Sugden(2005)과 Zamagni(2005).

162 Sugden(2005: 109).

163 Zamagni(2005: 327, 강조는 필자).

164 Touraine(2000: 18).

165 Jean-Claude Trichet의 문장으로서, *The Guardian*, 2009년 2월 23일 자에서 인용.

166 www.nationalaccountsofwellbeing.org/public-data/files/national-accounts-of-well-being-report.pdf를 보라.

167 OECD의 강령은 다음에서 볼 수 있다. www.oecd.org/document/5/0,3343,en_40033426_40037349_40038469_1_1_1_1,00.html.

168 Phelps(2009: 5, 강조는 필자).

169 Sen(2009).

170 Commission on the Measurement of Economic Performance and Social Progress(2008 그리고 2009).

171 Commission on the Measurement of Economic Performance and Social Progress(2009: 14-15).

172 www.idies.org/index.php?post/De-la-societe-du-beaucop-avoir-pour-quelquuns-a-une-societe-de-bien-etre-durable-pour-tous를 보라[번역은 필자].

173 Tacchi et al.(2009).

3장

1 Comaroff and Comaroff(2001: 31).

2 Unger(1998: 277).

3 이 구별에 관해서는 1장을 보라.

4 Unger(1998: 52-58).

5   Ong(2006).

6   Unger(1998: 58, 강조는 필자).

7   Mbembe(2001: 73, 강조는 원문).

8   상이한 정치적 관점으로는 Hutton(2009b), Kay(2009)를 보라.

9   International Monetary Fund(2009).

10 National Centre for Social Research(2006); Hansard Society(2008: 21).

11 Electoral Commission(2005); Hansard Society(2008: 16).

12 Keater et al.(2002).

13 이는 일본에서도 크다. Electoral Commission(2004: 8-9).

14 Hansard Society(2008: 16).

15 Electoral Commission(2005: 25).

16 Hansard Society(2008: 17), National Centre for Social Research(2006).

17 Coleman(2005).

18 Electoral Commission(2007: 37). 2008년에는 이 질문이 포함되지 않았다.

19 Hansard Society(2008: 22).

20 Electoral Commission(2007: 42). 2008년에는 이 질문이 포함되지 않았다;
    National Centre for Social Research(2006).

21 Couldry, Livingstone and Markham(2007: 189, 강조는 원문).

22 Couldry, Livingstone and Markham(2007: 127).

23 Hansard Society(2008: 33-34).

24 Scammell(1996).

25 Mayhew(1997).

287

26 듣기에 관해서는 Bickford(1996), O'Donnell, Lloyd and Dreher(2009)를
    보라.

27 Castells(2009: 298).

28 Power Report(2006).

29 Foucault(2008: 121).

30 Department of Communities and Local Government(2008: 72).

주

31 Jenkins(2007), Lawson and Harris(2009), Lucas and Taylor(2009).

32 House of Commons Select Committee on the Office of the Deputy Prime Minister(2004)를 보라.

33 Department of Communities and Local Government(2008: 128, 강조는 필자).

34 Department of Communities and Local Government(2008: 73-74).

35 Department of Communities and Local Government(2008: 74).

36 Foucault(2008: 144).

37 *The Guardian*, 2009년 3월 10일 자에 보도된 고든 브라운 총리의 연설.

38 해제를 보라.

39 '공동체' 용어에 대한 초기 비판으로는 Rose(1996b)를 보라.

40 Bobbitt(2003: 220-221).

41 Bobbitt(2003: 229).

42 Bobbitt(2003: 230, 강조는 필자).

43 Bobbitt(2003: 234).

44 이에 관한 경제적 관점으로는 Wolf(2009)를 보라.

45 Bobbitt(2003: 814).

46 Unger(1998: 54-58).

47 이를 Harvey(2004: 3장)와 비교해보라.

48 Friedman(1982: 35-36).

49 Friedman(1982: 133-135).

50 Foucault(2008: 4강).

51 Foucault(2008: 111).

52 Foucault(2008: 111).

53 Foucault(2008: 116).

54 Crozier , Huntington, and Watanuki(1975). 이를 Foucault(2008: 69 and 73 n29)와 비교해보라.

55 Harvey(1990).

56 Friedman(1982: 15).

57 Barry, Osborne and Rose(1996: 11).

58 Rose(1996a: 54); Beniger(1987).

59 Power(1997).

60 Hay(2007: 3장).

61 Power(1997: 3, 4, 13).

62 Power(1997: 42, 67).

63 Power(1997: 127, 강조는 필자). 이를 Rosanvallon(2008: 289)과 비교해 보라.

64 Leys(2001).

65 보다 최근의 논의로는 Sassen(2006)을 보라.

66 Leys(2001: 13).

67 Hirst and Thompson(1996).

68 Leys(2001: 16 and n25), UNCTAD World Investment Report(1999)에서 재인용.

69 UNCTAD(2007).

70 Leys(2001: 22-23).

71 Leys(2001: 26).

72 Leys(2001: 68).

73 Leys(2001: 181, 198, 202).

74 Pollock(2008), Healthcare and Audit Commission 보고서, *The Guardian*, 2008년 6월 12일 자에서 재인용.

75 Layard and Dunn(2009: 104-106, 160). 이를 Ball(2007)과 비교해보라.

76 Department of Health(2006a). 이를 (2006b)와 비교해보라.

77 Leadbeater, Bartlett and Gallagher(2008: 14).

78 Relman(2009)은 Arrow(1963)를 요약한다.

79 Pollock(2005: 237-238).

80 Marquand(2004: 114).

주

81 www.surestart.gov.uk/.

82 Hills et al.(2009: 350-352, 357-358).

83 Bobbitt(2003: 814).

84 Geoff Mulgan과 Charles Leadbeater에 관해서는 Frank(2001: 10장)를 보라.

85 Giddens(1998).

86 Mulgan(1995). 이에 관한 논의는 Gilbert(2009)를 보라.

87 영국 교육 부문과 관련해서는 Ball(2007)을 보라.

88 Von Hayek(1960: 232), Friedman(1982: 8장). 이를 Bobbitt(2003: 230)과 비교해보라.

89 Finlayson(근간).

90 Levitas(2005: 특히 164-169); Finlayson(근간). 또한 Boltanski and Chiapello(2005: 354-355)를 보라.

91 Chartered Institute of Personnel Development(2008).

92 TUC 보고서, *The Guardian*, 2008년 6월 6일 자에서 재인용; Global Vision International 보고서, *Oxford Times*, 2008년 1월 18일 자에서 재인용. 미국에서 빈곤과 과로 문화의 관계에 관해서는 Greenhouse(2009: 5-6)를 보라.

93 Equal Opportunities Commission 보도자료, 2007년 1월 23일, www.eoc.org.uk/; British Social Attitudes Survey 보도자료, 2007년 1월 24일, www.netcen.ac.uk/.

94 The Primary Review(2007).

95 *The Guardian*, 2008년 4월 30일 자 사회면에 보도.

96 Nuffield Foundation, 'Youth Trends' 보고서, *The Guardian*, 2007년 6월 5일 자에서 재인용; Office for National Statistics(2004: fig 12.5).

97 UNICEF(2007).

98 Stewart(2009: 285-287).

99 www.idea.gov.uk/idk/core/page.do?pageId=8617217.

100 Civil Aviation Authority의 수치, Henley(2008)에서 재인용. 영국의 새로운 슈퍼 리치에 관해서는 Toynbee and Walker(2008)를 보라.

101 Market surveys, *The Guardian*, 2007년 11월 21일 자에서 재인용.

102 Guerrera(2009)는 Economic Policy Institute의 수치를 인용한다.

103 2008년 3월 17일 연설, *The Guardian*, 2008년 3월 16일 자에서 취재.

104 Joseph Rowntree Foundation(2009a); Layard and Dunn(2009); Stewart(2009: 270)는 1998년 당시 유럽연합 회원국 15개국의 수치를 인용한다.

105 Goldthorpe and Jackson(2007).

106 여기서 0(완전 평등)과 100(완전 불평등) 사이의 척도가 사용된다.

107 Institute of Fiscal Studies의 수치로서, Giles(2009)에서 보고된다.

108 UNDP(2007 and 2008).

109 Hills et al.(2009: esp. 342-344).

110 Wilkinson and Pickett(2008).

111 World Health Organization(2008: 36-48).

112 Sassi(2009: 142).

113 Department of Health의 수치로서, *The Guardian*, 2007년 10월 23일 자에서 보도.

114 해제를 보라.

115 Layard and Dunn(2009: 134).

116 Bunting(2008); ONS survey, *The Guardian*, 2007년 4월 11일 자에서 보도.

117 Commission for Social Care Inspectorate, *The Guardian*, 2007년 11월 22일 자에서 재인용.

118 www.nationalaccountsofwellbeing.org/. 이에 관한 논평은 Bunting(2009), Easton(2009)을 보라.

119 Pharr, Putnam and Dalton(2000: 그림 9), Layard(2005: 81).

120 Toynbee(2005); Elliott(2009a).

121 House of Lords(2009); 교실에 설치된 감시카메라에 관해서는

Shepherd(2009)를 보라.

122   Russell(2009). 이를 Jones(2009)와 비교해보라.

123   *The Guardian*, 2009년 1월 27일 자에서 인용.

124   Greenhouse(2009: 7).

125   Luce(2008, 강조는 필자).

126   Greenhouse(2009: 4–7)는 7쪽에서 Krugman(2006)을 인용하고 있다.

127   Agamben(2005); Sassen(2006); 또한 탁월한 법 제도적 분석으로는 Sands (2008)를 보라.

128   예를 들어 Cole(2009)을 보라.

129   Lewis(2004).

130   Cole(2005)은 Sands(2008)에 의해 논의된다.

131   Lewis(2004).

132   Didion(2006: 52).

133   Posner(2006)는 Cole(2006)에 의해 논의된다.

134   Judt(2005: 15).

135   Paxton(2004: 특히 218–220 그리고 145–147).

136   Wolin(2003).

137   Posner(2003: 130, 144, 387).

138   Posner(2003: 192–193, 207).

139   Schumpeter(1950 [1942]: IV부), Lippman(1925), Downs(1957). 그리고 '감시 민주주의'에 관한 최근의 숙고로는 Schudson(1998: 310)을 보라.

140   Downs(1957: 239, 258–259); Lupia and McCubbins(1998).

141   Schattschneider(1960).

142   Dyson(2005); Giroux(2006); Holmes(2009).

143   Gray(2007).

144   Crouch(2000).

145   Castells(2009: 294, 364)에 의해 논의된다.

146   Castells(2009: 364–372).

147 Thaler and Sunstein(2008: 5, 9).

148 Thaler and Sunstein(2008: 9–11).

149 Thaler and Sunstein(2008: 253).

150 Mulgan(2006).

151 Leadbeater(2008a: 36, 24).

152 Benkler(2006).

153 Leadbeater(2008a: 21).

154 Leadbeater(2008a: 6, 194–195, 215).

155 Leadbeater(2008a: 114, 221).

156 Leadbeater(2009).

157 Ruggie(1993).

158 이에 관한 논의로는 Held(1996: 168)를 보라.

159 Melucci(1996: 93).

160 Honneth(2007: 66).

161 Honneth(2007: 65–70).

162 Honneth(2007: 130).

163 Honneth(2007: 138–139).

164 Fraser(2000); Honneth(2004); Fraser(2005).

165 Fraser(2005).

166 Fraser(2000: 111).

167 Fraser(2000: 110, 113, 114).

168 Honneth(2007: 11장).

169 Honneth(2007: 234).

170 Honneth(2007: 236).

171 Honneth(2007: 235).

172 Williams(1961: 118).

173 Philips(2003: 264).

293

주

4장

1   Honneth(2004: 474).

2   Foster(2005: 1-2, 강조는 필자).

3   Bobbitt(2003: 234).

4   Gilbert(2008: 96).

5   Crozier, Huntington and Watanaki(1975: 34, 36, 강조는 필자).

6   Crozier, Huntington and Watanaki(1975: 115).

7   Posner(2003). 이를 훨씬 이전 저작인 Lippman(1925)과 비교하라.

8   Crozier, Huntington and Watanaki(1975: 36-37).

9   시장에 기반을 둔 경제적 지구화의 영향에 관한 John Gray의 용어(1988)를 차용했다.

10 Andrejevic(2004), Palmer(2002), Couldry(2003: 6장).

11 Bunting(2004).

12 리얼리티 TV에 관한 중요한 비교 분석으로는 Kraidy(2009)를 보라.

13 Cui and Lee(2010).

14 특히 Hochschild(1997)를 보라.

15 Bunting(2004: 71-72)에서 인용되었다.

16 Butler(1990).

17 Bunting(2004: 69, 강조는 필자).

18 Bunting(2004: 102).

19 Bunting(2004: 103, 강조는 필자).

20 Bauman(1999: 2).

21 Heelas(2002: 83, 강조는 원문).

22 Heelas(2002: 89).

23 Ehrenreich(2002: 210).

24 '극장'으로서 리얼리티 TV에 관해서는 Couldry(2006)와 McCarthy(2007)를 보라.

25 Ouellette and Hay(2008). 이를 Miller(2008), Hearne(2008)와 비교해보라.

26 BBC 목소리 해설, 25 January 2000.

27 Serious Jungle에 관한 Alex Patterson의 논평, *Observer*, 2002년 3월 31일 자에서 재인용.

28 BBC(2004).

29 *The Guardian*, 2008년 4월 28일 자에서 재인용.

30 이 점에서 나는 Sparks(2007)와 견해를 달리한다(그러나 다른 점에서는 그렇지 않다).

31 Skeggs, Thumim and Wood(2008).

32 Hill(2004 그리고 2007).

33 Corner(2002); A. McCarthy(2007).

34 Leys(2001: 5장)을 보라.

35 Corner(2002: 257).

36 Ytreberg(2009).

37 Channel 4, 2008년 1월 16일.

38 BBC2, 2008년 1월 15일(필자의 녹취).

39 Couldry and Littler(근간).

40 Andrejevic(2004); Bell and Hollows(2006); Palmer(2002); Ouellette and Hay(2008); Tasker and Negra(2007).

41 McRobbie(2005: 144-150); Phillips(2005).

42 ICM의 여론조사에서 89퍼센트로 나타났으며, *The Guardian*, 2007년 10월 20일 자에서 재인용.

43 Wood and Skeggs(2008).

44 Gill(2009); Ringrose and Walkerdine(2008); McRobbie(2009); Press(근간).

45 Coleman(2003).

46 Boltanski and Thévenot(2006: 특히 98-107 그리고 178-185).

47 Butler(2004).

48 Knorr-Cetina(2001: 527).

주

49   Knorr-Cetina(2001: 527-529).

50   Honneth(2004).

51   Honneth(2004: 474).

52   미디어 내에서 '생존자' 담론 그리고 그것이 신자유주의와 맺는 관계에 관해
      서는 Orgad(2009)를 보라.

53   Boltanski and Chiapello(2005: 471).

54   Boltanski and Chiapello(2005: 464).

55   Goody(2006: 276-277).

56   Miller(2008); Curran and Seaton(2003).

57   최근의 논의로는 Stiegler(2006)를 보라.

58   각각 Stiegler(2006: 30)와 Meyer(2002: 57)로부터 인용.

59   예를 들어 Boorstin(1961), Scammell(1996)를 보라.

60   Meyer(2002: 40-43).

61   Meyer(2002: 44).

62   정치의 복수적 시간성에 관해서는 Rosanvallon(2006)을 보라.

63   Foster(2005: 185).

64   Meyer(2002: 53). 이를 Williams and Delli Carpini(2001 그리고 2010 근
      간)와 비교해보라.

65   Skocpol(2003).

66   Elmer and Opel(2008).

67   Foster(2005).

68   Foster(2005: 163-164).

69   Foster(2005: 173).

70   Foster(2005: 115, 116).

71   Foster(2005: 199-200).

72   Sennett(2005).

73   Foster(2005: 221).

74   Foster(2005: 204-205).

75　The Primary Review(2009).

76　Lord Laming의 보도, *The Guardian*, 2009년 3월 13일 자에서 재인용.

77　Healthcare Commission report, *The Guardian*, 2008년 4월 9일 자에서
　　재인용.

78　*The Guardian*, 2009년 6월 27일 자.

79　Rosanvallon(2008).

80　Thévenot(2009).

81　Davies(2007); Fenton(2009).

82　Liam Byrne, *The Guardian*, 2009년 2월 27일 자에서 재인용.

83　Department for Culture, Media and Sport(2009).

84　Trinity Mirror Group 2008 보고서, 14쪽: www.trinitymirror.com.

85　Baker(2007: 8)에서 재인용.

86　Fenton(2009); Witschge, Fenton and Freedman(2010).

87　*The Guardian*, 2009년 2월 25일 자에서 보도. 지역범죄 보도의 감소에 관
　　해서는 Davies(2007: 74-84)를 보라.

5장

1　Sacks(2000).

2　Ihde(2007: 189).

3　Ihde(2007: 7-15). 이를 Levin(1989)과 비교해보라.

4　Ihde(2007: 44-45).

5　Ihde(2007: 102).

6　Ihde(2007: 118).

7　Ihde(2007: 134).

8　Williams(2005: 10장). 데카르트는 Williams(2005: 94)에서 인용된다.

9　Ihde(2007: 178-179).

10　Derrida(1973 그리고 1976).

11　이 용어의 중요성은 테일러와 로크에 관한 논평을 보라.

12 Rose(1996: 172, 강조는 필자).

13 Rose(1996c: 171-172, 강조는 원문).

14 Boltanski and Chiapello(2005: 455, 466).

15 McRobbie(1997), Probyn(1993), Steedman(1986), Walkerdine(1997), West(1992).

16 윌리엄스Williams에 대한 비판으로서 또한 Hall(1990 [1980])을 보라.

17 Williams(1979: 168), 강조는 필자. Seigworth(2008) 또한 이 문장에 관해 논의한다.

18 Smith(1987)와 Scott(1992)을 비교해보라.

19 Couldry(2000: 50-51, 118-119).

20 Rose(1996c: 96).

21 Rose(1996c: 172, 강조는 필자).

22 Rose(1996c: 39).

23 Benjamin(1998: 86), Mbembe(2001: 14).

24 Scott(1992: 34, 25, 26).

25 Couldry(1996: 327), Massumi(2002: 7-8).

26 Seigworth(2008: 113, 강조는 필자).

27 찰스 테일러는 19세기 초 철학자 폰 훔볼트von Humboldt에게까지 거슬러 올라간다(1989: 525 n12).

28 Mead(1967)[1934], Wittgenstein(1958).

29 Taylor(1989), Rose(1996c: 172).

30 Deleuze and Guattari(1988), Massumi(2002). 이를 Bergson(1991 [1908])과 비교해보라.

31 Bergson(1991 [1908]: 28).

32 Bergson(1991 [1908]: 64-65).

33 Bergson(1991 [1908]: 65).

34 Massumi(2002: 12).

35 Grosz(1994).

36 비판으로는 Dews(1987: 224-242)를 보라.

37 Dews(1987: 240)에서 하버마스를 재인용한다. 윤리학에서 상호주관성에 관해서는 Ricoeur(1992: 193-194)를 보라.

38 Cavarero(2000: 34, 강조는 원문).

39 Cavarero(2000: 89).

40 Wittgenstein(1958), 또한 이 장 마지막 절을 보라.

41 여기서 몸에 대한 David Harvey의 옹호는 영감을 준다(2000: 6장과 7장).

42 Taylor(1989: 36, 38).

43 Taylor(1986: 60).

44 Taylor(1986: 63).

45 Taylor(1986: 72).

46 Taylor(1986: 75).

47 Taylor(1986: 103).

48 Taylor(1989: 47).

49 MacIntyre(1981), Ricoeur(1984a and 1984b), Bruner(1986), Arendt(1958), Butler(2005), Cavarero(2000).

50 해제를 보라.

51 Ricoeur(1980: 165).

52 Ricoeur(1984a: 66).

53 Ricoeur(1984a: 67).

54 Plummer(1995: 26).

55 Butler(2005: 59).

56 Ricoeur(2005: 103). 이를 Ricoeur(1992: 160-161)와 비교해보라.

57 MacIntyre(1981: 201).

58 Ricoeur(2005: 104),(1995: 10). 여기서 얽힘이라는 은유는 Arendt(1958: 184)로 거슬러 올라간다.

59 Ricoeur(1992: 162).

60 Wollheim(1984: 19).

주

61 Cavarero(2000: 3).

62 MacIntyre(1981: 243, 강조는 필자). 이는 Cavarero(2000: 40), Honneth(2007: 190)에서 논의된다.

63 Butler(2005).

64 Cavarero(2000: 41).

65 Cavarero(2000: 35).

66 Cavarero(2000: 34).

67 Finnegan(1997).

68 Cavarero(2000: 1장과 4장).

69 Olney(1998: 283).

70 Olney(1998: xv).

71 Dumont(1985: 95).

72 Friedman(2001).

73 자아의 가능한 내러티브를 형성하는 데서 계급이 행하는 역할에 관해서는 Gagnier(1991), Skeggs(1997)를 보라.

74 Genette(1980: 213).

75 Ricoeur(1984b: 99).

76 Frank(1991), White and Epston(1990).

77 Cavarero(2000: 33-34).

78 Derrida(1973).

79 이런 넓은 의미에서 '인정'에 관해서는 Ricoeur(2005)를 보라.

80 Juris(2008: 17).

81 Juris(2008: 264-265).

82 Juris(2008: 17, 207, 212-213, 230, 강조는 원문).

83 Juris(2008: 16).

84 Juris(2008: 298).

85 특히 Mayhew(1997: 236-238)를 보라.

86 Mayhew(1997: 6).

87   Mayhew(1997: 13).

88   Juris(2008: 93)에서 재인용.

89   Ricoeur(2005).

90   Sen(1999).

91   Sen(1999: 8).

92   Sen(1999: 21-24).

93   Sen(1999: 148).

94   Sen(1999: 74, 강조는 필자).

95   Sen(1999: 56-66).

96   Sen(1999: 74).

97   Sen(1999: 18).

98   Sen(1987: 41). 이는 Ricoeur(2005: 142-146, 강조는 원문)에서 논의된다.

99   Sen(1999: 156).

100   Sen(1999: 38, 강조는 필자).

101   Commission on the Measurement of Economic Performance and Social Progress(2009: 11).

102   Ricoeur(2005: 143)는 Sen의 *Commodities and Capabilities*(1985)를 논의한다.

103   Honneth(2007: 232).

104   Honneth(2007: 235).

105   Ferrara(1998: 17)와 비교해보라.

106   Honneth(2007: 137).

107   Sen(1999: 32).

108   Ricoeur(2005: 201-216, 특히 202, 209)는 Boltanski and Thévenot(2006)와 연결한다(위의 4장을 보라).

109   Honneth(2007: 261).

110   Ricoeur(2005: 36), Honneth(2007: 72).

111   Finley(1966: 특히 148-150).

주

112 Sen(1999: 8장).

113 Honneth(2007: 191).

114 Norval(2007: 129).

115 Norval(2007: 102).

116 Norval(2007: 79).

117 Norval(2007: 76).

118 Norval(2007: 141); 인정(특히 찰스 테일러의 개념)에 대한 McNay's(2008) 의 중요한 비판은 비슷한 궤적을 그린다.

119 Norval(2007: 116).

120 Norval(2007: 117).

121 Norval(2007: 187-196). '전형성'과 내러티브에 관해서는 Ferrara(1998: 1 장과 2장)를 보라.

122 Norval(2007: 1999)이 원출처에서 인용.

123 Norval(2007: 203)이 Jonathan Allen을 인용 (원출처는 명시되지 않았다).

124 노발은 정치에서 "이야기, 내러티브의 역할"에 관해 언급하지만, 별로 강조하 지는 않는다(2007: 139-140).

125 Habermas(1992).

126 Derrida(1973: 104).

127 Katherine Hayles(1999: 285)는 비슷한 논지를 펼친다는 점을 주목할 만하 다. 헤일스는 자유주의적 개인주의의 인간주의를 거부하는 '포스트휴먼'에 관한 설명을 발전시키면서 그렇게 한다. 위에서 제시한 인간주의와 헤일스의 '포스트휴머니즘' 간 관계를 논의할 공간은 없다. 다만 겉보기보다 그 차이는 크지 않다는 점만 언급하겠다.

302

6장

1 Rose(1990), Giddens(1991), Illouz(2007).

2 Beck(1992: 137).

3 1장을 보라.

4 목소리의 '풍경'에 관해서는, Steedman(1986)과 Taylor, Gilligan and Sullivan(1995: 1)을 보라.

5 Bauman(2001: 13, 강조는 필자).

6 Maalouf(2000: 4).

7 Giroux(2007).

8 Martuccelli(2002: 11-14).

9 인류학에서는 Moore(1994: 3장), Cohen(1994)을 보라; 사회학에서는 Craib(1998), Touraine(1988)을 보라.

10 Touraine(1984: xxiv, 8, 11, 17).

11 Dubet(1995: 103).

12 Dubet(1995: 111-112, 116). 이를 Dubet(1994)와 비교해보라.

13 Martuccelli(2002: 31-35).

14 Martuccelli(2002: 46-50).

15 Martuccelli(2002: 77).

16 Martuccelli(2002: 92).

17 Martuccelli(2002: 143, 강조는 필자).

18 Martuccelli(2002: 175-176).

19 Martuccelli(2002: 178ff.).

20 Martuccelli(2002: 261).

21 Martuccelli(2002: 262).

22 Martuccelli(2002: 407, 468-469).

23 Martuccelli(2002: 370).

24 Martuccelli(2002: 298).

25 Martuccelli(2002: 360-361).

26 Martuccelli(2002: 557).

27 Skeggs(1997: 163).

28 Skeggs(1997: 87).

29 Walkerdine(1997), Swindells(1985).

주

30 Gilligan(1982: 173).

31 McRobbie(2009).

32 Sebald(2004: 154).

33 상이한 출발점으로부터 비슷한 결론을 내리는 경우는, Boltanski and Thévenot(2006: 1장); Bourdieu(1999)를 보라.

34 Dubet(1995: 11, 강조는 필자).

35 예를 들어 Thompson(1982: 17-19), Bertaux(1982: 102)을 보라.

36 Sennett and Cobb(1972: 25).

37 Freire(1972: 38-39).

38 Sennett(1998: 21).

39 Sennett(1998: 31).

40 Sennett(1998: 3장). 이를 Boltanski and Chiapello(2005), Ross(2004)와 비교해보라.

41 Sennett(1998: 71).

42 Sennett(1998: 74).

43 Sennett(1998: 97).

44 Sennett(1998: 146, cf. 117).

45 Sennett(1998: 74).

46 Honneth(1995a: 229, 217).

47 Gilligan(1982: 2).

48 Gilligan(1982: 74).

49 Gilligan(1982: 173).

50 Taylor, Gilligan and Sullivan(1995: 202).

51 Taylor, Gilligan and Sullivan(1995: 116, 101, 인터뷰 대상자의 속성 제시 방식은 필자가 바꿈).

52 Riley(1988).

53 McRobbie(2009), Gill(2009), Tasker and Negra(2007).

54 젠더와 커뮤니케이션과 관련하여 '목소리'에 관한 이전 논리로는 Rakow

304

and Wackwitz(2004)를 보라.

55 Butler(1990: 17).

56 Butler(1990: 7).

57 '의식 아래 수준에서' 작동하는 정형화를 논의하는 Bourdieu(1990: 73)와
비교해보라.

58 Butler(1993: 8)

59 Butler(1993: 206-207)

60 Derrida(1991 [1972]).

61 Butler(1993: 90).

62 Butler(1997: 150).

63 Butler(2004: 35).

64 Butler(2004: 147).

65 Butler(1993: 1).

66 Du Bois(1989: 3 [1903]).

67 Fanon(1986: 16).

68 Fanon(1986: 116).

69 West(1992: 42).

70 Blythe(1979: 15).

71 Blythe(1979: 19).

72 Hazan(1994: 76, 81).

73 Hazan(1994: 74).

74 Améry(1994: 67).

75 '무대에 오르기'의 옛 의미를 논의하는 Walkerdine(1997: 7장)과 비교해보라.

76 Couldry(2001).

77 Steedman(1986: 22).

78 Young(2000: 55-56).

79 Tilly(1998).

80 Sibley(1996). 좀더 복잡한 설명으로는 Moore(1986)를 보라.

81 Sennett(1977: 12-16). 이를 Sennett(1994: 서론)과 비교해보라.

82 Bertaux(2001).

83 Benjamin(1968: 89).

84 Burgess and Green(2009); Fyfe et al.(2009), Lambert(2007), Lundby(2008). 또한 http://storiesforchange.net를 보라.

85 www.youtube.com/view_play_list?p=DA17880307AB6B95&search_query=make+up+tutorial+lauren+luke를 보라.

86 Mitra(2001), Mitra and Watts(2002), Mainsah(2009).

87 Byrne(2008).

88 Ehrenberg(1995: 22), Touraine(1984), McDonald(1999).

89 Ehrenberg(1998: 283-240).

90 Ehrenberg(1995: 298).

91 Illouz(2003: 49).

92 Illouz(2003: 67-68, 74).

93 Illouz(2003: 84).

94 Giroux(2000: 11).

95 Giroux(2000: 90, 95).

96 Grossberg(2005)와 비교해보라.

97 Nightingale(1993: 153-154).

98 Nightingale(1993: 160).

99 Merton(1938).

100 Bauman(2001: 12).

101 Simmel(1978: 431).

102 Simmel(1978: 431).

103 Blum and Seidler(1989: 161)에서 재인용.

104 Blum and Seidler(1989: 192)에서 재인용.

105 Cover(1992: 102).

106 Cover(1992: 103).

107 Sennett(1998: 74).

108 Bauman(2001: 9).

109 Juris(2008: 267-286).

110 Halbwachs(1992).

111 Gauntlett(2007: esp. 186-192).

112 Sibley(1996).

113 이와 같은 과정에 관한 감동적인 자서전적 설명으로는 Dunbar(1997: 85)를
    보라.

114 Banet-Weiser(근간), Hearn(2008).

115 Back(2007).

116 Ricoeur(1995: 8).

117 Kristeva(1991), Benjamin(1998), Butler(2005), Probyn(1993),
    Ricoeur(1995).

118 Ricoeur(1995: 9-10).

7장

1   Fraser(2009: 116).

2   결정과 판단에 해당하는 그리스어 'krisis'와 'kriein'에서 나왔다.

3   Von Hayek(1944: 157, 156).

4   하이에크는 듀이의 긍정적인 자유 개념이 자유에다 권력의 문제를 뒤섞는다
    고 보았다(von Hayek 1944: 19; 1960: 16-17).

5   Rizzolatti and Sinigaglia(2008).

6   Honneth(2007: 232), Dewey(1993: 110).

7   Juris(2008: 1장).

8   듀이에 관해서는 Hardt and Negri(2006: 198-200)를 보라.

9   Keane(2009).

10 Keane(2009: 862).

11 Sen(1999).

12 2008년 9월 29일, Pennsylvania@barackobama.com에서 발송된 캠페인 이메일.

13 Obama(2007: 438).

14 세라 페일린의 '노트'를 보라. www.facebook.com/notes.php?id=2471877 3587, 7 August 2009.

15 여기서 나는 '정치'에 관한 데이비드 이스턴의 정의, 즉 "재화, 서비스, 가치의 권위적 할당"이라는 정의를 따른다. Easton(1965)은 Delli Carpini and Keater(1996: 12)에서 재인용.

16 Rosanvallon(2008: 312).

17 Rosanvallon(2008: 310)에서 재인용.

18 Rodriguez(근간)에서 재인용.

19 Dewey(1993: 209).

20 www.ntui.org.in.

21 Boltanski and Chiapello(2005: 489).

22 Gibson-Graham(2006: 87, 강조는 필자).

23 Greenhouse(2009: 302-303).

24 Benhabib(2004).

25 Fraser(2007), Nyers(2008). 정치 규모의 문제는 Beck(2000b), Sassen(2006), Bohman(2007)을 보라.

26 Hopkins(2008).

27 Dewey(1946: 125).

28 테크놀로지와 내러티브가 맺는 관계에 관한 넓은 논의는 Bassett(2007)을 보라.

29 Juris(2008), Smith(2008: 6장).

30 Avaaz.org에 관해서는 Kavada(2009)를 보라.

31 www.tescopoly.org.

32 Castells(2009: 343)에서 Bennett(2003: 164, 강조는 필자)을 재인용.

33 Burgess and Green(2009: 103).

34 www.ni4d.us; www.healthydemocracy.org; www.mysociety.org.

35 www.guardian.co.uk/environment/10-10.

36 Clark and Aufderheide(2009), Castells(2009: 특히 364-372).

37 Castells(2009).

38 Dewey(1946: 142).

39 Balibar(2004: 50).

40 Castells(2009: 346, 강조는 필자).

41 그러나 카스텔이 제시하는 2001년 1월 필리핀에서 벌어진 '피플 파워 II' 시위 사례는, 이동전화에 의해 조직되었다는 점에서 두드러진다: Castells et al.(2007: 186-192).

42 Tilly(2007: xi, 195).

43 Skocpol(2003: 210).

44 Bennett(1998), Turner(2001).

45 Jenkins(2006).

46 Castells(2009: 369-372).

47 Juris(2008: 9, 286).

48 Skocpol(2003: 124).

49 Chadwick(2006: 113).

50 Rosanvallon(2008: 13).

51 Rosanvallon(2008: 23, 257 n4).

52 미국 건강보험 개혁에 관한 www.moveon.org의 2009년 9월 7일 청원을 보라.

53 Tilly(2007: 59).

54 Rosanvallon(2006: 242).

55 '접합'에 관해서는 해제를 보라.

56 Dewey(1993: 245 [원래 1939년판에서 나온 문장]).

57 Rosanvallon(2008: 308).

58 Terranova(2004: 35), Alexander(2006: 99), Hardt and Negri(2006).

주

정치에서 상상력에 관해서는 Dahlgren(1995), Plummer(2003), Rosanvallon(2008: 306)을 보라.

59 Hopkins(2008: 141). '급진적 희망' 개념을 통한 상이한 관점은 1장을 보라.

60 Rosanvallon(2008: 258).

61 Honneth(2007: 234).

62 Hardt and Negri(2006: 188, 192, 318). '사회적 주체'로서 다중에 관해서는, Hardt and Negri(2005: 100, 219)와 비교해보라.

63 Freire(1972), Eliasoph(1998).

64 www.communities.gov.uk/localgovernment/performanceframewor kpartnerships/bestvalue/; www.whitehouse.gov/the_press_office/ TransparencyandOpenGovernment/

65 Williams and Delli Carpini(근간).

66 Gilroy(1996).

67 Hardt and Negri(2004: 197)와 비교해보라.

68 Cruddas and Nahles(2009: 7).

69 Dewey(1946: 143).

70 흥미로운 논의로는 Howard(2007)를 보라.

71 Giroux(1986). 미국 대학의 기업화에 관해서는 Giroux(2007)를 보라.

72 Rosanvallon(2006: 250).

73 Isin(2008: 39). 또한 해제를 보라.

74 Young(2000: 61).

75 '~로서 보기'에 관해서는 Norval(2007)을 보라.

76 See McCurdy(2009).

77 Coleman(2008).

78 O'Donnell, Lloyd and Dreher (2009); 저널 *Continuum* 특별호, 23(4) 2009.

79 Hopkins(2008: 162-163); 또한 Taylor, Gilligan and Sullivan(1995: 28-36)의 'Listening Guide'를 보라.

80   Bohman(2007: 91). 이를 Bohman(2000)과 비교해보라.

81   Wittgenstein(1958: 122절)은 Tully(1995: 110)에서 재인용.

82   Giroux(2004b: 160).

83   Cameron(2009).

84   Krugman(2009).

85   Benkler(2006), Leadbeater(2008a).

86   프랑스위원회French Commission 보고서에 대한 응답으로는 *Financial Times* 사설(2009년 9월 15일)을 보라.

87   Tilly(2006), Tarrow(1998), Klein(2000).

88   Hirschman(1969).

89   Bohman(2000: 56).

90   Beck(1992).

91   몇몇 중요한 제안으로는 Boltanski and Chiapello(2005)를 보라.

92   Benkler(2006)는 이에 관해 좋은 사례를 제공한다.

93   Bickford(1996: 149)를 변안.

94   Greenhouse(2009: 49-55, 98-103, 134-157).

95   *Financial Times*, 2009년 6월 6일 자에서 재인용.

96   Kierkegaard(1954: 167 [1849]).

주

각 장의 후주에는 단지 문헌만을 제시했다. 배경에 관한 자세한 논평은 여기에 모아둔다.

1장

이 장에서 '목소리'를 소개하지만, 포스트구조주의 관점에서 저절로 나오게 되는 이 용어에 관한 철학적 논쟁은 5장으로 미뤘다. 거기서 나는, 데리다(1976)가 이 용어를 의심스러운 "자기존재의 형이상학"과 연결 지음에도, 이 용어의 사용을 옹호할 것이다. 조너선 리어가 수행한 작업의 적절성을 알려준 동료 레 벡에게 감사한다. 리어에 대한 찰스 테일러의 논평(Taylor 2007: 8)은, 리어가 제기한 주장이 북아메리카 원주민이 처한 예외 상황을 넘어서 적용될 수 있을지 고려하게 해준다.

이 책이 내세우는 주장은, 발전과 가난을 둘러싼 목소리에 관한 작업(Deane 2004; Lister 2004; Appadurai 2004)에 어느 정도 상응한다.

Cornwall(2008)은 이를 '발전된' 나라들의 정치에서 목소리에 흥미롭게 연결한다.

내가 전략적으로 '신자유주의적'이라 부르는 여러 복잡한 정책 틀의 문제에 관해 일반적 측면에서는 하비(2005: 3장)를 보고, 구체적 측면에서는 스티븐 볼의 연구를 보라. 볼이 수행한 연구는 영국 교육 부문에서 일어난 대처의 '신자유주의'부터 블레어의 '포스트신자유주의' 또는 '제3의 길' 정책으로의 이행을 주제로 한다(Ball 2007: 특히 9장). 볼의 용어 '포스트신자유주의'에서는 어느 정도 연속성이 함축되어 있는데, 나는 여기에 초점을 맞춘다. 7장에서 이 용어를 다른 방식으로 사용할 것이다.

2장

오늘날의 금융위기를 둘러싼 논쟁은 블랙번(2008), 웨이드(2008), 매드릭(2009), Panitch and Konings(2009)를 보라. 지구적 금융 규제 문제를 둘러싼 막후 논쟁에 관한 보기 드문 통찰력으로는 『가디언』 2009년 1월 17일 자 1면 보도를 보라. 이 보도는 메르켈 독일 총리, 사르코지 프랑스 대통령, 앨리스터 달링 영국 재무장관에 대한 응답으로서, G20 재무장관들에게 "시장이 영원한 힘이라는 믿음을 격퇴하는 데서 시작해야 한다"라고 썼다. 영국 정부는 금융 규제 문제를 다루는 데 계속 무기력했으며, 이는 신자유주의적 사고가 영국 정부를 여전히 사로잡고 있음을 보여주었다.

토머스 프랭크는 미국의 시장 포퓰리즘과 그것이 영국 신노동당과 맺는 놀라운 연계를 훌륭하게 설명해주지만, 나는 그의 설명에서 다른 측면들(예컨대, 이른바 '문화연구'의 정치에 관한 논의)과는 거리를 두고자 한다는 점에 주의하라.

'이데올로기'와 '헤게모니'는 훨씬 긴 논의가 필요하다. 볼탄스키와 치아펠로는 '이데올로기'라는 용어를 고수하지만, 이는 마르크스의 원래 의미와는 거리가 있으며 헤게모니 용어와 더 가깝다(1장을 보라). 신자유주의는 폭넓은 헤게모니 담론이지만 특정한 목적에서 이데올로기처럼 더 직접적으로 작동한다는 나의 견해는, 내가 생각하기에 이들의 설명과 양립할 수 있다.

이 장에서 일을 논의하는 배경에는 '비물질' 노동과 '정서'노동으로의 이행과 관련한 중요한 논쟁이 자리 잡고 있다. 이는 특히 이탈리아 이론에 영향 받았다. 이런 논쟁의 일부 측면은 신자유주의 일 문화에서 중요한 한 측면을 포착한다. 모든 임노동이 이제는 '유연'하고 (Virno 2004: 101쪽) '불안정'하게 되었다는 주장이 그렇다. 반면 다른 측면은 일과 일에 토대하는 권력·지위의 상이한 유형 사이 중요한 구별을 무시하는 듯 보인다('정서'노동 강조, 그리고 심지어는 '비물질' 노동에 대한 강조가 그렇다. 이에 관한 비판적 논의로는 Hesmondhalgh and Baker 2008, Ross 2008을 보라). 일반적 정체성 범주로서 '불안정성'의 혁명적 잠재력, 또는 일 자체를 완전히 거부하는 것에 내재하는 혁명적 잠재력을 둘러싼 더 포괄적인 논의는 여기서 내가 제기하는 주장의 범위를 벗어난다. '공유지'(Hardt and Negri 2006: xv쪽; Neilson and Rossiter 2008)를 생산하는 새로운 방식을 찾는 일이 중요함을 인정하지만, 오늘날 변화하는 노동조건에 관한 최근의 설명이 계급을 넘어서고, 대륙을 넘어서는 사회조직으로 나아가는 길을 제시하는지는 확신이 서지 않는다(이에 관한 유용한 논의로는 Gill and Pratt 2008: 9 – 13, 15 – 17쪽을 보라).

3장

시민의 인터넷 사용에 관한 오프컴^{OFCOM}*의 조사(OFCOM, 2009)는, 영국 민주주의의 현 상황과 관련해 나보다 훨씬 낙관적인 평가를 내린다. 그러나 내가 생각하기에, 이 조사는 넓은 정의를 바탕으로 하며 빈도 문제에 불충분하게 주의를 기울임으로써 영국에서 시민의 온라인 행동 정도를 과장한다. 그러나 영국 정치에서 신뢰 하락은 서양의 민주주의에서 일어나는 긴 역사 과정의 일부다(Pharr, Putnam and Dalton 2000).

신자유주의 담론의 '문화적' 실행 그리고 정책 현장에서 우선순위를 다룬 이 장의 주장은, '경제'의 경계 그리고 실천적인 경제적 추론이 구축되고 규범화하고 종종 변화하는 것을 가능하게 해주는 과정이 무엇인가를 둘러싸고 벌어진 경제사회학 내 중요한 논쟁을 고려한다(Barry and Slater 2002).

이 장에 인용된 사회경제 통계와 관련하여, 영국에서 소득 불평등의 증가는 www.statistics.gov.uk에서 '소득 불평등' 항목을 검색해보라(2008년 4월 29일 최종 접근). 자살율의 지리적 분포는 www.statistics.gov.uk/statbase/Product.asp?vlnk=13618에서 Corrected Geographical suicide rates를 클릭하라(2009년 1월 22일 최종 접근). 국제 비교와 관련하여, 유용한 통계 비교는 셰필드대학에서 운영하는 월드맵퍼에서 찾을 수 있다(www.sasi.group.shef.ac.uk/149worldmapper/data_data.xls).

315

---

* 영국의 방송통신 규제기관.

영국 정부는 총리의 웹사이트에 전자청원을 허용함으로써(http://petitions.number10.gov.uk), 좀더 잘 반응하는 듯 보이려고 시도했다. 2009년 9월 초, 이 사이트에서 청원 3만2000건이 기각되었고, 2만4000건이 작성되었으며(각각에 대해 대답이 달려 있다), 현재 4500건이 올라와 있다. 이런 청원이 지금까지 영국 정치에 미치는 영향은 미미했다.

인정에 관한 설명은 찰스 테일러(1989)보다는 악셀 호네트(2007)를 따르며, 부분적으로 전자에 관한 로이스 매크네이(2008)의 최근 비판을 반영한다.

4장

「체인징 룸」은 장기 방영 후 종영되었다. 「트리니와 수재나」는 BBC에서 5시즌 동안 방영된 후, 2006년 10월에 「트리니와 수재나 언드레스」 시리즈로 이어졌다. 나는 여러 논문과 책(2003, 2004, 2006)에서 리얼리티 TV에 관해 보다 자세히 논의했다.

이 장에서 고려되지 않았으나 신자유주의와 리얼리티 TV 사이 연결이 또 하나 존재하는데, 그것은 이들 프로그램과 그 가혹한 노동체제를 떠받치는 프로덕션 문화다(Grindstaff 2002; Hesmondhalgh and Baker 2008을 보라). 신자유주의 미국에서 공공 문화의 좀더 극단적인 위축을 다룬 뛰어난 설명으로는 지루(2008)를 보라.

316

5장

이 장에서는 목소리에 대한 여러 철학적 접근을 고려하지만, 전체를 다 포괄하지는 않으며 이 책이 조명하는 폭넓은 정치적 초점에 가장 잘 맞는 것에만 집중했다. 이를테면, 나는 '목소리'에 대한 최근의 라캉주의적 접근은 논의하지 않았는데, 이 접근에서 목소리는 "의미에 저항하는 물질적 요소"(Dolar 2006: 15쪽)라고 정의된다.

'주체'에 관한 나의 논의는, 자아에 관한 문화연구의 폭넓은 저작을 검토한 이전 작업에 기대면서 그것을 발전시켰다(Couldry, 2000: 3장과 6장을 보라). 여기서 나의 접근은 문화연구의 주류를 대표하지는 않으며, 일부 저자와 상응하는 점이 있다. 프로빈(1993: 17-22쪽)과 피커링(1997: 43-45쪽)이 그렇다. 그레고리 시그워스(2008)는 최근의 유용한 논문에서, 들뢰즈 유행과 여기서 인용된 경험에 관한 레이먼드 윌리엄스의 논의를 흥미롭게 연결짓는다.

내러티브에 관해 찰스 테일러와 폴 리쾨르에게 동시에 기댄 가운데, 여기서는 두 주장 사이 상이한 강조점과 관련해 논의할 자리가 없다. 그러나 테일러("우리는 우리의 자리를 선과 관련해서 결정해야 하기 때문에, 선에 대한 지향이 없을 수는 없으며 따라서 우리 삶을 이야기 속에서 바라보아야 한다", Taylor 1989: 52쪽)와 리쾨르("내러티브의 방식을 따라 조직되는 한, 시간은 인간의 시간이 된다", Ricoeur 1984a: 3쪽, 강조는 필자)를 비교해보라. 센에 관해서, 우리는 역능에 관한 그의 이론을 미디어 자원의 분배에 적용할 수 있다. 이를 다룬 선구적 설명으로는 간함(1999), 맨셀(2002)을 보라.

인간 삶의 형태가 띠는 보편성을 강조하면서 나는 포스트구조주의, 특히 그 반*인간주의적 또는 포스트인간주의적 조류가 회피하는 언어 문제를 끄집어낸다. 그러나 일단 이 문제를 명확히 하게 되면, 다른 이점 또한 있게 된다. 이를테면 인간성의 어떤 '비상대적non-relative' 목표에 대한 인정으로, 이는 윤리학에서 폭넓은 적절성을 가지(Nussbaum 1993), 역능에 관한 센Sen의 설명으로 우리를 다시 이끈다(1999: 24).

이 장 마지막 절에서 비트겐슈타인을 다루는데, 의심할 바 없이 여기에는 발전될 여지가 많으며, 노발의 작업은 특히 유용하다. 그러나 역사적으로 특정한 민주주의 제도를 "삶의 형식"(Norval 2007: 185쪽)이라고 얘기할 수 있는지는 확신이 들지 않으며, 나의 주장은 여기에 기반을 두지 않는다. 철학이 무엇을 알 수 있는가에 관해 비트겐슈타인이 견지한 최소한의 비전을 유지하기는 어렵다는 점을 흔쾌히 인정한다. 이 점은 카벨(1976: 52쪽)에 관해 논의하는 맥도웰(1998: 60-61쪽)을 보라. 이런 어려움은 우리의 언어와 수사에 주의를 기울여야 한다는 논점으로 이어지며, 이는 데리다 버전의 포스트구조주의가 올바르게 주장하는 것이기도 하다. 그러나 비트겐슈타인은 중요한 측면에서 우리가 포스트구조주의의 일부 정식을 넘어설 수 있게끔 해준다.

6장

이 장에서 논의되는 목소리에 대한 접근과 관련한 이전의 논의로는 콜드리 책(2000: 3장)을 보라.

이 장은 '컨버전스 문화'에 내재하는 정치적 잠재력에 관해 헨리 젱킨스가 제시하는 시사적 설명과는 다소 다른 결론에 이른다. 젱킨스의 주장은 백인이고, 중간계급에 속하며, 젊고, 시간이 많은, 특정 대중 엔터테인먼트의 소규모 팬 집단으로부터 모은 증거를 바탕으로 한 설명이라는 점에서(젱킨스 자신이 인정한다), 폭넓은 사회학적 적절성에서 제한적이다(Jenkins 2006: 23쪽).

이 장에서 '접합articulated'이라는 단어는, 실천이 보다 큰 습관과 패턴 안으로 결합되는 방식을 지칭하려는 의도로 쓰인다(Couldry, Livingstone and Markham 2007: 4장과 비교해보라).

'포스트신자유주의 정치'를 구축하는 '새로운 행동' 논의는 단지 제안을 위한 것으로 의도되었다. 그러나 부분적으로는, '시민문화'에 관한 새롭고 더 역동적인 모델을 발전시키려는 피터 달그런이 최근에 한 구체적 시도에 영감을 받았다(Dahlgren 2003, 2009).

이 장 결론에서, 민주주의가 무엇에 관한 것인지 '또다른 이야기'를 요청하는데, 이는 자크 데리다가 "앞으로 도래할 민주주의"(Derrida 1997: 306쪽)를 환기시킨 것에 영감을 받았다. 이를 다룬 논의로는 노발(2007: 145-148쪽)을 보라. 그러나 여기서 논의되는 행동의 지평이 모든 언어에 내재하는 개방성(수사는 언제나 그런 개방성을 폐쇄하는 일을 한다)에서 형성되는 것이 아니라, 우리의 신자유주의적 과거의 특정한 조직상의 실패와 포스트신자유주의적 미래 가능성의 특정한 도전으로부터 형성된다는 점에서 차이가 있다.

정부·시민단체 보고서

Bank of International Settlements (2009) Press Release on 79th Annual Report, 29 June, www.bis.org/press/p090629.htm (last accessed 30 June 2009).

BBC (2004) 'Sir Alan Sugar confirmed for BBC Two's The Apprentice', 18 May, www.bbc.co.uk/pressoffice/pressreleases (last accessed 26 April 2008).

Chartered Institute of Personnel Development (2008) Factsheet, www.cipd. cp.uk/subjects/hrpact/hoursandholidays/ukworkhrs (last accessed 7 March 2009).

Commission on the Measurement of Economic Performance and Social Progress(2008) Issues Paper, www.stiglitz-sen-fitoussi.fr/documents/Issues_paper.pdf (last accessed 3 February 2009).

Commission on the Measurement of Economic Performance and Social Progress (2009)

Report, www.stiglitz-sen-fitoussi.fr/documents/rapport_anglais.pdf (last accessed 21 September 2009).

[UK] Department of Communities and Local Government (2008) Communities

320

in Control: Real People, Real Power, www.clg.gov.uk (last accessed 18 August 2008).

[UK] Department of Culture Media and Sport (2009) Digital Britain Final Report, www.culture.gov.uk/images/publications/digitalbritain-finalreport-jun09.pdf (last accessed 8 August 2009).

[UK] Department of Health (2006a) A Stronger Local Voice, www.dh.gov.uk/ prod_consum_dh/groups/dh_digitalassets/dh/en/documents/digitalasset/ dh_4137041.pdf (last accessed 17 August 2009).

[UK] Department of Health (2006b) Our Health, Our Choice, Our Say, www. dh.gov.uk/prod_consum_dh/groups/dh_digitalassets/dh/en/documents/ digitalasset/

dh_4127459.pdf (last accessed 17 August 2009).

Electoral Commission (2004) Political Engagement Among Young People: An Update. London: Electoral Commission.

Electoral Commission (2005) Election 2005: Turnout. How Many, Who and Why? London: Electoral Commission.

Electoral Commission (2007) An Audit of Political Engagement 4. London: Electoral Commission.

Hansard Society, The (2008) An Audit of Political Engagement 5. London: Hansard Society.

House of Commons Select Committee on the Office of the Deputy Prime Minister (2004)

Ninth Report, 12 July, www.parliament.the-stationery-office.com/pa/ cm200304/cmselect/cmodpm/402/40204.htm (last accessed 7 March 2009).

House of Lords (2009) Surveillance: Citizens and the State. Select Committee on the Constitution, Volume 1. House of Lords Paper 18–I, February.

International Monetary Fund (2009) The State of Public Finances: Outlook and Medium-term Policies after the 2008 Crisis, March, www.imf.org/

external/np/pp/eng/2009/030609.pdf (last accessed 7 March 2009).

Joseph Rowntree Foundation (2009a) Ending Child Poverty in a Changing Economy. York: JRF, www.jrf.org.uk (last accessed 15 February 2009).

Joseph Rowntree Foundation (2009b) Modern Social Evils. Bristol: The Policy Press.

Power (2006) The Report of Power: An Independent Inquiry into Britain's Democracy, www.powerinquiry.org/report/index.php (last accessed 15 May 2009).

National Centre for Social Research (2006) British Social Attitudes: The 23rd Report. Aldershot: Gower.

OFCOM (2009) Citizens' Digital Participation, March, www.ofcom.org.uk (last accessed 15 May 2009).

Office for National Statistics (2004) The Health of Children and Young People, March. www.statistics.gov.uk/CHILDREN/ (last accessed 15 May 2009).

The Primary Review (2007) Community Soundings: The Primary Review Regional Witness Sessions, November, www.primaryreview.org.uk (last accessed 15 May 2009).

The Primary Review (2009) Towards a New Curriculum, February, www.primaryreview.org.uk (last accessed 15 February 2009).

UNCTAD (2007) World Investment Report, www.unctad.org/Templates/Page.asp?intItemID=3277&lang=1 (last accessed 3 March 2009).

UNDP (2007 and 2008) Human Development Reports, www.undp.org (last accessed 3 March 2009).

UNICEF (2007) Child Poverty in Perspective: An Overview of Child Well-Being in Rich Countries, www.unicef.org/irc (last accessed 3 March 2009).

World Bank (2009) Global Economic Turmoil Having Dramatic Effects on Developing Countries (press release), web.worldbank.org/WBSITE/

EXTERNAL/NEWS/0,,contentMDK:22216950~pagePK:64257043~piPK:43737
6~theSitePK:4607,00.html (last accessed 28 August 2009).

World Health Organization (2008) World Health Statistics, www.who.int/
whosis/whostat/2008/en/index.html (last accessed 3 March 2009).

학술·언론 관련 문헌

Agamben, G. (1998) *Homo Sacer*. Stanford, CA: Stanford University Press.

Agamben, G. (2005) *State of Exception*. Chicago: Chicago University Press.

Aglietta, M. (1998) 'Capitalism at the turn of the century', *New Left Review*
232: 41–90.

Alexander, J. (2006) *The Civil Sphere*. Oxford: Oxford University Press.

Améry, J. (1994) *On Aging*. Indianapolis, IN: Indiana University Press.

Andrejevic, M. (2004) *Reality TV: The Work of Being Watched*. Boulder, CO:
Rowman and Littlefield.

Appadurai, A. (2004) 'The capacity to aspire: culture and the terms of
recognition', in V. Rao and M. Walton (eds), *Culture and Public Action*.
Stanford, CA: Stanford University Press, pp. 59–84.

Arendt, H. (1958) *The Human Condition*. Chicago: Chicago University Press.

Arendt, H. (2004 [1951]) *The Origins of Totalitarianism*. New York: Schocken
Books.

Aristotle (1992) *Politics*. Harmondsworth: Penguin.

Arrow, K. (1963) 'Uncertainty and the welfare economics of medical care',
The American Economic Review 53(5).

Badiou, A. (2005) *Metapolitics*. London: Verso.

Back, L. (2007) *The Art of Listening*. Oxford: Berg.

Baker, R. (2007) 'Goodbye to newspapers', *New York Review of Books* 16
August:24–27.

Balibar, E. (2004) *We the People of Europe?* Princeton, NJ: Princeton University Press.

Ball, S. (2007) *Education plc.* London: Routledge.

Banet-Weiser, S. (forthcoming) *Authentic™.* New York: New York University Press.

Barry, A., Osborne, T. and Rose, N. (1996) 'Introduction', in A. Barry, T. Osborne and N. Rose (eds), *Foucault and Political Reason.* London: UCL Press, pp. 1–18.

Barry, A. and Slater, D. (2002) 'Introduction: the technological economy', *Economy and Society* 21(2): 175–193.

Bassett, C. (2007) *The Arc and the Machine.* Manchester: Manchester University Press.

Bauman, Z. (1989) *Modernity and the Holocaust.* Cambridge: Polity.

Bauman, Z. (1999) *In Search of Politics.* Cambridge: Polity.

Bauman, Z. (2001) *The Individualized Society.* Cambridge: Polity.

Beck, U. (1992) *Risk Society.* London: Sage.

Beck, U. (1997) *The Reinvention of Politics.* Cambridge: Polity.

Beck, U. (2000a) *Brave New World of Work.* Cambridge: Polity.

Beck, U. (2000b) 'The cosmopolitan perspective: sociology of the second age of modernity', *British Journal of Sociology* 51(1): 79–105.

Becker, G. (1991) *A Treatise on the Family* (Enlarged edition). Cambridge, MA: Harvard University Press.

Beckett, S. (1975) *The Unnameable.* London: Calder & Boyars.

Bell, D. and Hollows, J. (2006) *Historicising Lifestyle.* Guildford: Ashgate.

Benhabib, S. (2004) *The Rights of Others.* Cambridge: Cambridge University Press.

Beniger, J. (1987) *The Control Revolution.* Cambridge, MA: Harvard University Press.

Benjamin, J. (1998) *The Shadow of the Other*. New York: Routledge.

Benjamin, W. (1968) 'The Storyteller', in *Illuminations*. New York: Schocken Books, pp. 83–110.

Benkler, Y. (2006) *The Wealth of Networks*. Cambridge, MA: Harvard University Press.

Bennett, L. (1998) 'The Uncivic Culture: communication, identity and the rise of lifestyle politics', *PS: Political Science and Politics* 31(4): 740–741.

Bennett, L. (2003) 'Communicating global activism', *Information Communication and Society* 6(2): 143–168.

Bergson, H. (1991 [1908]) *Matter and Memory*. New York: Zone Books.

Berlin, I. (1958) *Two Concepts of Liberty*. Clarendon Press: Oxford.

Bertaux, D. (1982) 'Stories as clues to sociological understanding', in P. Thompson (ed.), *Our Common History*. London: Pluto Press, pp. 94–108.

Bertaux, D. (2001) 'Between Integration and Exclusion: European Households in Situations of Precariousness', Keynote address to biennial conference of the European Sociological Association, Helsinki, 1 September 2001.

Bickford, S. (1996) *The Dissonance of Democracy*. Ithaca, NY: Cornell University Press.

Blackburn, R. (2008) 'The subprime crisis', *New Left Review* (ns) 50: 63–108.

Blanchflower, D. (2009) 'This lays bare the human crisis', *The Guardian* 13 August.

Blum, L. and Seidler, V. (1989) *A Truer Liberty*. New York: Routledge.

Blumenberg, H. (1992) *The Legitimacy of the Modern Age*. Cambridge, MA: MIT Press.

Blythe, R. (1979) *The View in Winter*. London: Allen Lane.

Bobbitt, P. (2003) *The Shield of Achilles*. Harmondsworth: Penguin.

Bohman, J. (2000) 'The division of labour in democratic discourse', in S. Chambers and A. Costain (eds), *Deliberation, Democracy and the Media*.

Lanham, MD: Rowman and Littlefield, pp. 47–64.

Bohman, J. (2007) *Democracy across Borders*. Cambridge, MA: MIT Press.

Du Bois, W. (1989 [1903]) *The Souls of Black Folk*. New York: Bantam.

Boltanski, L. and Chiapello, E. (2005) *The New Spirit of Capitalism*. London: Verso.

Boltanski, L. and Thévenot, L. (2006) *On Justification*. Princeton, NJ: Princeton University Press.

Boorstin, D. (1961) *The Image*. London: Weidenfeld and Nicolson.

Bourdieu, P. (1990) *Logic of Practice*. Cambridge: Polity.

Bourdieu, P. (1998) *Acts of Resistance*. New York: New Press.

Bourdieu, P. (1999) *The Weight of the World*. Cambridge: Polity.

Brewer, J. and Porter, R. (eds) (1993) *Consumption and the World of Goods*. London: Routledge.

Brown, W. (2003) 'Neo-liberalism and the end of liberal democracy', *Theory & Event* 7(1): 1–23.

Bruner, J. (1986) *Actual Minds Possible Worlds*. Cambridge, MA: Harvard University Press.

Bruni, L. and Porta, P. (2005) 'Introduction', in L. Bruni and P. Porta (eds), *Economics and Happiness*. Oxford: Oxford University Press, pp. 1–28.

Buckley, S., Duer, K., Mendel, T. and O'Siochru, S., with M. Price and M. Raboy (2008) *Broadcasting, Voice, and Accountability: A Public Interest Approach to Policy, Law, and Regulation*. New York: World Bank Press and the University of Michigan Press.

Bunting, M. (2004) *Willing Slaves*. London: HarperCollins.

Bunting, M. (2008) 'From buses to blogs: a pathological individualism is poisoning public life', *The Guardian* 28 January.

Bunting, M. (2009) 'Again social evils haunt Britain: do we still have the spirit to thwart them?', *The Guardian* 15 June.

Burchell, G. (1996) 'Liberal government and techniques of the self ', in A. Barry, T. Osborne and N. Rose (eds), *Foucault and Political Reason*. London: UCL Press, pp. 19–36.

Burgess, J. and Green, R. (2009) *YouTube*. Cambridge: Polity.

Butler, J. (1990) *Gender Trouble*. New York: Routledge.

Butler, J. (1993) *Bodies That Matter*. New York: Routledge.

Butler, J. (1997) *Excitable Speech*. New York: Routledge.

Butler, J. (2004) *Precarious Life*. London: Verso.

Butler, J. (2005) *Giving an Account of Oneself*. New York: Fordham University Press.

Byrne, D. (2008) 'The future of the "race": identity, discourse and the rise of computermediated spheres', in A. Everett (ed.), *Learning Race and Ethnicity*. Cambridge, MA: MIT Press, pp. 15–38.

Cameron, D. (2009) 'People now see the state as enemy instead of ally. We need a massive, radical redistribution of power', *The Guardian* 26 May.

Castells, M. (2009) *Communication Power*. Oxford: Oxford University Press.

Castells, M., Fernandez Ardevol, M., Qiu, J. Linchuan and Sey, A. (2007) *Mobile Communications and Society*. Cambridge, MA: MIT Press.

Cavarero, A. (2000) *Relating Narratives*. London: Routledge.

Cavell, S. (1976) *Must We Mean What We Say?* Cambridge, MA: Harvard University Press.

Chadwick, A. (2006) *Internet Politics*. Oxford: Oxford University Press.

Chakrabortty, A. (2009) 'This unexpected radical shows up an abject failure to tame the banks', *The Guardian* 28 August.

Chong, D. (2000) *Rational Lives*. Chicago: University of Chicago Press.

Clarke, J. (2004) *Changing Welfare, Changing States* . London: Sage.

Clark, J. and Aufderheide, P. (2009) *Public Media 2.0: Dynamic Engaged Publics*, www.centerforsocialmedia.org/resources/publications/public_

media_2_0_dynamic_engaged_publics/ (last accessed 14 September 2009).

Cohen, A. (1994) *Self-consciousness*. London: Routledge.

Cohen, E. (2003) *A Consumer's Republic*. New York: Alfred Knopf.

Cole, D. (2005) 'What Bush wants to hear', *New York Review of Books*, 17 November: 8–12.

Cole, D. (2006) 'How to skip the Constitution', *New York Review of Books*, 16 November: 20–22.

Cole, D. (2009) 'What to do about the torturers', New York Review of Books, 15 January: 20–24.

Coleman, S. (2003) 'A Tale of Two Houses: the House of Commons, the Big Brother house and the people at home', *Parliamentary Affairs* 56(4): 733–758.

Coleman, S. (2005) 'The lonely citizen: indirect representation in an age of networks', *Political Communication* 22(2): 197–214.

Coleman, S. (2008) 'Blogs and the politics of listening', *Political Quarterly* 76(2): 272–280.

Comaroff, J. and Comaroff, J. (2001) 'Milennial capitalism: first thoughts on a second coming', in J. Comaroff and J. Comaroff (eds), *Millennial Capitalism and the Culture of Neoliberalism*. Durham, NC: Duke University Press, pp. 1–56.

Corner, J. (2002) 'Performing the real: documentary diversions', *Television and New Media* 3(3): 255–269.

Cornwall, A. (2008) *Democratising Engagement: What the UK Can Learn from International Experience*. London: Demos.

Couldry, N. (1996) 'Speaking about others and speaking personally', *Cultural Studies* 10(2): 315–333.

Couldry, N. (2000) *Inside Culture*. London: Sage.

Couldry, N. (2001) 'The hidden injuries of media power', *Journal of Consumer*

Culture 1(2): 155–179.

Couldry, N. (2003) *Media Rituals: A Critical Approach*. London: Routledge.

Couldry, N. (2004) 'Teaching us to fake it: the ritualised norms of television's "reality" games', in S. Murray and L. Ouellette (eds), *Reality TV: Remaking of Television Culture*. New York: New York University Press, pp. 57–74.

Couldry, N. (2006) 'La téléréalité ou le théatre du néoliberalisme', *Hermès* 44: 121–128.

Couldry, N. and Littler, J. (forthcoming) 'Work, power and performance: analyzing the "reality" game of The Apprentice', *Cultural Sociology*.

Couldry, N., Livingstone, S. and Markham, T. (2007) *Media Consumption and Public Engagement*. Basingstoke: Palgrave Macmillan.

Cover, R. (1992) 'Nomos and narrative', in M. Minow, M. Ryan and A. Sarat (eds), *Narrative, Violence and the Law*. Ann Arbor, MI: University of Michigan Press, pp. 95–172.

Craib, I. (1998) *Experiencing Identity*. London: Sage.

Crouch, C. (2000) *Coping with Post-democracy*. London: Fabian Society.

Crozier, M., Huntington, S. and Watanuki, J. (1975) *The Crisis of Democracy*. New York: New York University Press.

Cruddas, J. and Nahles, A. (2009) *Building the Good Society*. London: Compass. Also available at: www.goodsociety.eu/ (last accessed 28 August 2009).

Cui, L. and Lee, F. (forthcoming 2010) 'Becoming extra-ordinary: negotiation of media power in the case of Super Girls' Voice in China', *Popular Communication,* 8(4).

Curran, J. and Seaton, J. (2003) *Power without Responsibility* (3rd edition). London: Arnold.

Dahlgren, P. (1995) *Television and the Public Sphere*. London: Routledge.

Dahlgren, P. (2003) 'Reconfiguring civic culture in the New Media Milieu', in J.

Corner and D. Pels (eds), *Media and the Restyling of Politics*. London: Sage, pp. 151–170.

Dahlgren, P. (2009) *Media and Political Engagement*. Cambridge: Cambridge University Press.

Davies, N. (2007) *Flat Earth News*. London: Chatto & Windus.

Deane, J. (2004) 'The Context of Communication for Development, 2004', Paper prepared for 9th United Nations Roundtable on Communication for Development, 6–9 September 2004, FAO, Rome, Italy.

Deleuze, G. and Guattari, F. (1988) *A Thousand Plateaus*. London: Athlone Press.

Delli Carpini, M. and Keater, S. (1996) *What Americans Know about Politics and Why It Matters*. New Haven: Yale University Press.

Delli Carpini, M. and Williams, B. (2001) 'Let us infotain you', in L. Bennett and R. Entman (eds), *Mediated Politics*. Cambridge: Cambridge University Press, pp. 160–181.

Derrida, J. (1973) *Speech and Phenomena*. Evanston, IL: Northwestern University Press.

Derrida, J. (1976) *Of Grammatology*. Baltimore, MD: The Johns Hopkins University Press.

Derrida, J. (1991 [1972]) 'Signature event context', in P. Kamuf (ed.), *A Derrida Reader*. New York: Harvester Wheatsheaf.

Derrida, J. (1997) *Politics of Friendship*. London: Verso.

Dewey, J. (1946) *The Public and its Problems*. Chicago: Gateway.

Dewey, J. (1993) *The Political Writings*. Indianapolis: Hackett.

Dews, P. (1987) *Logics of Disintegration*. London: Verso.

Didion, J. (2006) 'Cheney: the fatal touch', *New York Review of Books* 5 October: 51–56.

Dolar, M. (2006) *A Voice and Nothing More*. Cambridge, MA: MIT Press.

Downs, A. (1957) *An Economic Theory of Democracy*. New York: Harper & Row.

Dubet, F. (1994) 'The system, the actor and the social subject', *Thesis Eleven* 38: 16–35.

Dubet, F. (1995) 'Sociologie du sujet et sociologies de l'expérience', in F. Dubet and M. Wieviorka (eds), *Penser le Sujet*. Paris: Fayard, pp. 103–121.

Dumont, L. (1985) 'A modified view of our origins: the Christian beginnings of modern individualism', in M. Carrithers, S. Collins and S. Lukes (eds), *The Category of the Person*. Cambridge: Cambridge University Press, pp. 93–122.

Dunbar, R. (1997) 'Bloody footprints: reflections on growing up poor white', in M. Wray and A. Newitz (eds), *White Trash*. New York: Routledge.

Durkheim, E. (2006 [1897]) *On Suicide*. Penguin: Harmondsworth.

Dyson, M. Eric (2005) *Come Hell or High Water: Hurricane Katrina and the Color of Disaster*. New York: Basic Books.

Easton, D. (1965) *A Systems Analysis of Political Life*. New York: John Wiley.

Easton, M. (2009) 'Map of the week: trust and belonging', www.bbc.co.uk/blogs/thereporters/markeaston/2009/01/map_of_the_week_trust_and_belo.html?page=19 (last accessed 20 June 2009).

Ehrenberg, A. (1995) *L'Individu Incertain*. Paris: Hachette.

Ehrenberg, A. (1998) *La Fatigue d'être soi*. Paris: Odile Jacob.

Ehrenreich, B. (2002) *Nickel and Dimed*. London: Granta.

Eliasoph, N. (1998) *Avoiding Politics*. Cambridge: Cambridge University Press.

Elliott, L. (2009a) 'It's not bankers Labour is watching, it's you', *The Guardian* 11 May.

Elliott, L. (2009b) 'The softly-softly slope', *The Guardian* 18 June.

Elmer, G. and Opel, A. (2008) *Preempting Dissent*. Winnipeg: Arbeiter Ring Publishing.

Elster, J. (1985) *Making Sense of Marx*. Cambridge: Cambridge University Press.

Fanon, F. (1986) *Black Skin White Masks*. London: Pluto Press.

Fenton. N. (ed.) (2009) *New Media*, Old News: Journalism and Democracy in the Digital Age. Sage: London.

Ferrera, A. (1998) *Reflexive Authenticity*. London: Routledge.

Finlayson, A. (forthcoming) 'Financialisation, financial literacy and asset-based welfare', *British Journal of Politics and International Relations* 11(3).

Finley, M. (1966) *The Ancient Greeks*. Harmondsworth: Pelican Books.

Finnegan, R. (1997) 'Storying the self', in H. Mackay (ed.), *Consumption and Everyday Life*. Milton Keynes: Open University Press, pp. 69–102.

Flew, T. (2009) 'The citizen's voice: Albert Hirschman's exit voice and loyalty and its contribution to media citizenship debates', *Media Culture & Society,* 31(4): 978–995.

Foster, C. (2005) *British Government in Crisis*. Oxford: Hart Publishing.

Foucault, M. (2008) *The Birth of Biopolitics*. Basingstoke: Palgrave.

Frank, A. (1991) *The Wounded Storyteller*. Chicago: University of Chicago Press.

Frank, T. (2001) *One Market under God*. London: Secker and Warburg.

Fraser, N. (2000) 'Rethinking recognition', *New Left Review* (ns) 3: 107–120.

Fraser, N. (2005) 'Reframing global justice', *New Left Review* (ns) 36: 69–90.

Fraser, N. (2007) 'Transnationalizing the Public Sphere' *Theory Culture & Society* 24(4): 7–30.

Fraser, N. (2009) 'Feminism co-opted', *New Left Review* (ns) 56: 97–118.

Freire, P. (1972) *Pedagogy of the Oppressed*. Harmondsworth: Penguin.

Friedman, M. (1982) *Capitalism and Freedom* (2nd edition). Chicago: Chicago University Press.

Friedman, R. (2001) *Threads of Life*. Chicago: Chicago University Press.

Fyfe, H., Lewis, K., Pratt, S., Rose, M. and Wilson, M. (2009) *A Public Voice: Access, Digital Story and Interactive Narrative*, www.bbc.co.uk/blogs/ knowledgeexchange/glamorgan.pdf (last accessed 4 September 2009).

Gagnier, R. (1991) *Subjectivities: A History of Self-Representation in Britain 1832–1920*. Oxford: Oxford University Press.

Garnham, N. (1999) 'Amartya Sen's "Capabilities" approach to the evaluation of welfare: its application to communications', in A. Calabrese and J.-C. Burgelman(eds), *Communication, Citizenship and Social Policy*. Boulder, CO: Rowman & Littlefield, pp. 113–124.

Gauntlett, D. (2007) *Creative Explorations*. London: Routledge.

Genette, G. (1980) *Narrative Discourse*. Ithaca, NY: Cornell University Press.

Gibson-Graham, J.K. (2006) *A Post-Capitalist Politics*. Minneapolis, MN: University of Minnesota Press.

Giddens, A. (1991) *Modernity and Self-identity*. Cambridge: Polity.

Giddens, A. (1998) *The Third Way*. Cambridge: Polity Press.

Gilbert, J. (2008) *Anticapitalism and Culture*. Oxford: Berg.

Gilbert, J. (2009) 'Postmodernity and the crisis of democracy', 28 May, www. opendemocracy.net (last accessed 28 May 2009).

Giles, C. (2009) 'Record level of inequality hits Labour's image', *Financial Times* 8 May.

Gill, R. (2009) 'Post-feminist Media Culture: elements of a sensibility', *European Journal of Cultural Studies* 10: 147–166.

Gill, R. and Pratt, A. (2008) 'In the social factory? Immaterial labour, precariousness and cultural work', *Theory Culture & Society* 25(7–8): 1–30.

Gilligan, C. (1982) *In a Different Voice*. Cambridge, MA: Harvard University Press.

Gilroy, P. (1996) *Small Acts*. London: Serpent's Tail Press.

Giroux, H. (1986) 'Radical pedagogy and the politics of student voice',

Interchange 17(1): 48–69.

Giroux, H. (2000) *Stealing Innocence*. New York: St Martin's Press.

Giroux, H. (2004a) *The Terror of Neoliberalism*. Boulder, CO: Paradigm Books.

Giroux, H. (2004b) 'Public time versus emergency time: politics, terrorism and the culture of fear', in *The Abandoned Generation*. Basingstoke: Palgrave Macmillan.

Giroux, H. (2006) *Stormy Weather: Katrina and the Politics of Disposability*. Boulder, CO: Paradigm Books.

Giroux, H. (2007) *The University in Chains*. Boulder, CO: Paradigm Books.

Giroux, H. (2008) 'Beyond the biopolitics of disposability: Rethinking neoliberalism in the New Gilded Age'. *Social Identities* 14(5): 587–620.

Goldthorpe, J. and Jackson, M. (2007) 'Intergenerational class mobility in contemporary Britain: political concerns and empirical findings', *British Journal of Sociology* 58(4): 525–546.

Goody, J. (2006) *Jade: My Autobiography*. London: HarperCollins.

Gramsci, A. (1971) *Selections from the Prison Notebooks*. London: Lawrence & Wishart.

Gray, J. (1998) *False Dawn: The Delusions of Global Capitalism*. London: Granta.

Gray, J. (2007) *Black Mass*. Harmondsworth: Penguin.

Green, D. and Shapiro, I. (1994) *Pathologies of Rational Choice Theory*. New Haven, CT: Yale University Press.

Greenhouse, S. (2009) *The Big Squeeze* (2nd edition). New York: Anchor Books.

Grindstaff, L. (2002) *The Money Shot*. Chicago: Chicago University Press.

Grossberg, L. (2005) *Caught in the Crossfire*. Boulder, CO: Paradigm Books.

Grosz, E. (1994) *Volatile Bodies*. Bloomington, IN: Indiana University Press.

Guerrera, R. (2009) 'A need to connect', *Financial Times* 13 March.

Habermas, J. (1992) *Post-metaphysical Thinking: Philosophical Essays*. Cambridge: Polity.

Haigh, G. (2008) 'Catch-all solution', *The Guardian,* Education, 8 January, p. 4.

Halbwachs, M. (1992) *On Collective Memory*. Chicago: Chicago University Press.

Hall, S. (1990) [1980] 'Politics and letters', in T. Eagleton (ed.), *Raymond Williams: Critical Perspectives*. Cambridge: Polity, pp. 54–66.

Hannerz, U. (1980) *Exploring the City*. New York: Columbia University Press.

Hardt, M. and Negri, T. (2006) *Multitude*. Harmondsworth: Penguin.

Harvey, D. (1990) *The Condition of Postmodernity*. Oxford: Blackwell.

Harvey, D. (2000) *Spaces of Hope*. Edinburgh: Edinburgh University Press.

Harvey, D. (2005) *A Brief History of Neoliberalism*. Oxford: Oxford University Press.

Hay, C. (2007) *Why We Hate Politics*. Cambridge: Polity.

von Hayek, F. (1944) *The Road to Serfdom*. London: George Routledge and Sons.

von Hayek, F. (1949) *Individualism and Economic Order*. London: Routledge and Kegan Paul.

von Hayek, F. (1960) *The Constitution of Liberty*. London: Routledge and Kegan Paul.

Hayles, N.K. (1999) *How We Became Posthuman*. Chicago: University of Chicago Press.

Hazan, Hakim (1994) *Old Age: Decontructions and Constructions*. Cambridge: Cambridge
University Press.

Head, S. (2007) 'They're micromanaging your every move', *New York Review of Books,* 16 August: 42–44.

Hearn, A. (2008) 'Variations on the branded self: Theme, invention, improvisation and inventory' in D. Hesmondhalgh and J. Toynbee (eds) *The Media and Social Theory*. London: Routledge, pp. 194–210.

Heelas, P. (2002) 'Work ethics, soft capitalism and the "turn to life"', in P. Du Gay and M. Pryke (eds), *Cultural Economy*. London: Sage, pp. 78–96.

Held, D. (1996) *Models of Democracy* (2nd edition). Cambridge: Polity.

Henley, J. (2008) 'It's a great big toy. Go on, play!', *The Guardian,* G2 section, 31 January.

Hesmondhalgh, D. and Baker, S. (2008) 'Creative work and emotional labour in the television industry', *Theory Culture & Society* 25(7–8): 97–118.

Hilberg, R. (1985) *The Destruction of the European Jews* (volume 3). New York: Holmes and Meier.

Hill, A. (2004) *Reality TV*. London: Routledge.

Hill, A. (2007) *Restyling Factual TV*. London: Routledge.

Hills, J., Sefton, T. and Stewart, K. (2009) 'Conclusions', in J. Hills, T. Sefton and K. Stewart (eds), *Towards a More Equal Society?* Bristol: The Policy Press, pp. 341–360.

Hirschman, A. (1969) *Exit Voice and Loyalty*. Princeton, NJ: Princeton University Press.

Hirst, P. and Thompson, G. (1996) *Globalization in Question*. Cambridge: Polity.

Hochschild, A. (1983) *The Managed Heart*. Berkeley: University of California Press.

Hochschild, A. (1997) *The Time Bind*. New York: Metropolitan.

Holmes, J. (2009) *Katrina: A Play of New Orleans*. London: Methuen Drama.

Honneth, A. (1995a) *The Fragmented World of the Social*. Albany, NY: SUNY Press.

Honneth, A. (1995b) *The Struggle for Recognition*. Cambridge: Polity.

336

Honneth, A. (2004) 'Organised self-realization: some paradoxes of individualization', *European Journal of Social Theory* 7(4): 463–478.

Honneth, A. (2007) *Disrespect*. Cambridge: Polity.

Hopkins, R. (2008) *The Transition Handbook*. Totnes: Green Books.

Howard, A. (2007) 'The future of global unions: is solidarity still for ever?', *Dissent*, Fall: 62–70.

Hutton, W. (2009a) 'The love of Labour', *The Guardian*, 27 January, p. 31.

Hutton, W. (2009b) 'High stakes, low finance', *The Guardian*, Saturday Review, 2 May.

Ihde, D. (2007) *Listening and Voice* (2nd edition). Albany, NY: SUNY Press.

Illouz, E. (2003) *Oprah Winfrey and the Glamor of Misery*. New York: Columbia University Press.

Illouz, E. (2007) *Cold Intimacies*. Cambridge: Polity.

Isin, E. (2008) 'Theorizing acts of citizenship', in E. Isin and G. Nielsen (eds), *Acts of Citizenship*. London: Zed Books, pp. 15–43.

Jenkins, H. (2006) *Convergence Culture*. New York: New York University Press.

Jenkins, S. (2007) 'The state has only aided our seasonal spates of thuggery', *The Guardian*, 22 August.

Jones, R. (2009) 'In our constipated care culture, thank heavens for the rule benders', *The Guardian* 10 February.

Judt, T. (2005) 'The New World Order', *New York Review of Books*, 14 July: 14–18.

Juris, J. (2008) *Networking Futures: The Movements against Corporate Globalization*. Durham, NC: Duke University Press.

Kaletsky, A. (2009) 'Task no 1 for Barack Obama: reinvent capitalism', *The Times*, 22 January.

Kavada, A. (2009) 'Collective action across multiple platforms: Avaaz on

Facebook, MySpace and YouTube'. *Paper presented to Transforming Audiences 2 conference,* University of Westminster, September.

Kay, J. (2009) 'Labour's affair with bankers is to blame for this sorry state', *Financial Times,* 25/26 April.

Keane, J. (2009) *The Life and Death of Democracy.* New York: Simon & Schuster.

Keater, S., Zukin, C., Andolina, M. and Jenkins, K. (2002) *The Civic and Political Health of the Nation: A Generational Portrait.* Available at: www. pewtrusts.com/pdf/public_policy_youth_civic_poltiical_health.pdf (last accessed 3 April 2006).

Kellner, D. (2003) *From 9/11 to Terror War.* Boulder, CO: Rowman and Littlefield.

Kierkegaard, S. (1954 [1849]) *The Sickness unto Death.* New York: Doubleday.

Klein, N. (2000) *No Logo.* London: Flamingo.

Klein, N. (2007) *The Shock Doctrine.* London: Allen Lane.

Knorr-Cetina, K. (2001) 'Postsocial relations', in G. Ritzer and B. Smart (eds), *The Handbook of Social Theory.* London: Sage.

Kraidy, M. (2009) *Reality Television and Arab Politics.* Cambridge: Cambridge University Press.

Kristeva, J. (1991) *Strangers to Ourselves.* Chicago: Chicago University Press.

Krugman, P. (2006) 'Left behind economics', *New York Times,* 14 July.

Krugman, P. (2009) 'Saved by Big Government', *The Guardian,* 11 August.

Lane, R. (2000) *The Loss of Happiness in Market Democracies.* New Haven, CT: Yale University Press.

Lambert, J. (2007) *Digital Storytelling* (2nd edition). Berkeley, CA: Digital Diner Press.

Lardner, J. (2007) 'The specter haunting your office', *New York Review of Books,* 14 June: 62–65.

338

Lawson, N. (2007) 'A shameful report card', *The Guardian,* 14 February.

Lawson, N. and Harris, J. (2009) 'No turning back', *New Statesman,* 9 March: 36–39.

Layard, R. (2005) *Happiness: Lessons From a New Science.* Harmondsworth: Penguin.

Layard, R. and Dunn, J. (2009) *A Good Childhood.* Harmondsworth: Penguin.

Leadbeater, C. (2008a) *We-think.* London: Profile Books.

Leadbeater, C. (2008b) 'This time it's personal', *The Guardian,* Society, 16 January.

Leadbeater, C. (2009) 'State of loneliness', *The Guardian,* Society, 1 July 2009: 1–2.

Leadbeater, C., Bartlett, J. and Gallagher, N. (2008) 'Making it personal'. London: Demos, available at: www.demos.co.uk/publications/makingitpersonal (last accessed 28 August 2009).

Lear, J. (2006) *Radical Hope.* Cambridge, MA: Harvard University Press

Levi, P. (2000 [1961]) *If This is a Man.* London: Everyman's Library.

Levi-Faur, D. and Jordana, J. (2005) 'Preface: the making of a new regulatory order', *The Annals of the American Academy of Political and Social Science,* 598: 6–11.

Levin, D. (1989) *The Listening Self.* New York: Routledge.

Levitas, R. (2005) The Inclusive Society? (2nd edition). Basingstoke: Macmillan.

Lewis, A. (2004) 'Making torture legal', *New York Review of Books,* 15 July: 4–8.

Leys, C. (2001) *Market-driven Society.* London: Verso.

Lippman, W. (1925) *The Phantom Public.* New York: Harcourt Brace.

Lister, R. (2004) *Poverty.* Cambridge: Polity Press.

Littler, J. (2009) *Radical Consumption.* Milton Keynes: Open University Press.

Lucas, B. and Taylor, M. (2009) 'Start cutting from the top', *The Guardian,* 26 June.

Luce, E. (2008) 'Stuck in the middle', *Financial Times,* 29 October 2008.

Lukes, S. (1973) *Emile Durkheim.* Harmondsworth: Penguin.

Lundby, K. (ed.) (2008) *Digital Storytelling, Mediatized Stories.* New York: Peter Lang.

Lupia, A. and McCubbins, M. (1998) *The Democratic Dilemma.* Cambridge: Cambridge University Press.

Maalouf, A. (2000) *On Identity.* New York: Harvill Press.

MacIntyre, A. (1981) *After Virtue.* London: Duckworth.

Madrick, J. (2009) 'How we were ruined and what we can do', *New York Review of Books,* 12 February: 15–18.

Mainsah, H. (2009) *Ethnic Minorities and Digital Technologies.* PhD thesis, Faculty of Humanities, University of Oslo, Oslo.

Mansell, R. (2002) 'From digital divides to digital entitlements in knowledge societies', *Current Sociology* 50(3): 407–426.

Marquand, D. (2004) *Decline of the Public.* Cambridge: Polity.

Martuccelli, D. (2002) *Grammaires de l'Individu.* Paris: Gallimard.

Marx, K. (1959) *Economic and Philosophical Manuscripts of 1844.* London: Lawrence and Wishart.

Marx, K. (1973) *Grundrisse.* Harmondsworth: Penguin.

Massumi, B. (2002) *Parables for the Virtual.* Durham, NC: Duke University Press.

Mayhew, L. (1997) *The New Public.* Cambridge: Cambridge University Press.

Mbembe, A. (2001) *On the Postcolony.* Berkeley, CA: University of California Press.

McCarthy, A. (2004) '"Stanley Milgram, Allen Funt, and me": postwar social science and the "first wave" of reality TV', in S. Murray and L. Ouellette (eds), *Reality TV: Remaking Television Culture*. New York: New York University Press, pp. 19–39.

McCarthy, A. (2007) 'Reality television: a neoliberal theater of suffering', *Social Text* 25: 93–110.

McCurdy, P. (2009) *I Predict a Riot: A Study of Dissent!'s Media Practices and Political Contention at the 2005 Gleneagles G8 Summit*. PhD thesis, London School of Economics and Political Science, June.

McDonald, K. (1999) *Struggles for Subjectivity*. Cambridge: Cambridge University Press.

McDowell, J. (1998) *Mind World and Reality*. Cambridge, MA: Harvard University Press.

McNay, L. (2008) *Against Recognition*. Cambridge: Polity.

McRobbie, A. (1997) *Back to Reality?* Manchester: Manchester University Press.

McRobbie, A. (2005) *The Uses of Cultural Studies*. London: Sage.

McRobbie, A. (2009) *The Aftermath of Feminism*. London: Sage.

Mead, G.H. (1967 [1934]) *Mind Self and Society*. Chicago: Chicago University Press.

Melucci, A. (1996) *Challenging Codes*. Cambridge: Cambridge University Press.

Merton, R. (1938) 'Social structure and anomie', *American Sociological Review* 3: 672–682.

Meyer, T. (2002) *Media Democracy*. Cambridge: Polity.

Miller, T. (2008) *Cultural Citizenship*. Phildelphia, PA: Temple University Press.

von Mises, L. (1962) *The Ultimate Foundation of Economic Science*. Princeton, NJ: Von Norstrand.

von Mises, L. (1983) *Nation State and Economy*. New York: New York

University Press.

Mitra, A. (2001) 'Marginal voices in cyberspace', *New Media & Society* 3(1): 29–48.

Mitra, A. and Watts, E. (2002) 'Theorizing cyberspace: the idea of voice applied to internet discourse', *New Media & Society* 4(4): 479–498.

Moore, H. (1986) *Space, Text and Gender*. Cambridge: Cambridge University Press.

Moore, H. (1994) *A Passion for Difference*. Cambridge: Polity.

Mouffe, C. (2000) *The Democratic Paradox*. London: Verso.

Mulgan, G. (1995) *Politics in an Anti-political Age*. Cambridge: Polity.

Mulgan, G. (2006) *Good and Bad Power*. Harmondsworth: Penguin.

Neilsen, B. and Rossiter, N. (2008) 'Precarity as a political concept, or, Fordism as exception', *Theory Culture & Society* 25(7–8): 51–72.

Nightingale, C. (1993) *On the Edge*. New York: Basic Books.

Norval, A. (2007) *Aversive Democracy*. Cambridge: Cambridge University Press.

Nussbaum, M. (1993) 'Non-relative virtues: an Aristotelian approach', in M. Nussbaum and A. Sen (eds), *The Quality of Life*. Oxford: Oxford University Press, pp. 242–269.

Nyers, P. (2008) 'No one is illegal: between city and nation', in E. Isin and G. Nielsen (eds), *Acts of Citizenship*. London: Zed Books, pp. 160–178.

Obama, B. (2007) *Dreams from My Father*. Edinburgh: Canongate.

O'Donnell, P., Lloyd, J. and Dreher, T. (2009) 'Listening, pathbuilding and continuations: a research agenda for the analysis of listening', *Continuum* 23(4): 423–439.

Olney, J. (1998) *Memory and Narrative*. Chicago: Chicago University Press.

Ong, A. (2006) *Neoliberalism as Exception*. Durham, NC: Duke University Press.

342

Orgad, S. (2009) 'The survivor in contemporary culture and public discourse: a genealogy', *The Communication Review* 12(2): 132–161.

Ouellette, L. and Hay, J. (2008) *Better Living through Reality TV*. Malden: Blackwell.

Palmer, G. (2002) 'Big Brother: an experiment in governance', *Television and New Media* 3(3): 295–310.

Panitch, L. and Konings, M. (2009) 'Myths of neoliberal deregulation', *New Left Review* (ns) 57: 67–83.

Paxton, R. (2004) *The Anatomy of Fascism*. New York: Alfred Knopf.

Peet, R. (2007) *The Geography of Power*. London: Pluto Press.

Pharr, S., Putnam, R. and Dalton, R. (2000) 'Introduction: what's troubling the trilateral democracies', in S. Pharr and R. Putnam (eds), *Disaffected Democracies*. Cambridge, MA: Harvard University Press, pp. 3–30.

Phelps, E. (2009) 'The justice of a well-functioning capitalism and the reforms that will realize it, not kill it', www.columbia.edu/~esp2/Paris%27NewCapit alism%27Symposium2009Feb26-1.pdf (last accessed 9 March 2009).

Phillips, A. (2003) 'Recognition and the struggle for political voice' in B. Hobson (ed.), *Recognition Struggles and Social Movements*. Cambridge: Cambridge University Press, 263–273.

Phillips, D. (2005) 'Transformation scenes: the television interior makeover', *International Journal of Cultural Studies* 8(2): 213–229.

Pickering, M. (1997) *History, Experience and Cultural Studies*. London: Macmillan.

Plender, J. (2009) 'How fading political will has let the banks off the hook', *Financial Times* 27–28 June.

Plummer, K. (1995) *Telling Sexual Stories*. London: Routledge.

Plummer, K. (2003) *Intimate Citizenship*. Seattle, WA: University of Washington Press.

343

참고문헌

Polanyi, K. (1975 [1944]) *The Great Transformation*. London: Octagon.

Pollock, A. (2005) *NHS plc*. London: Verso

Pollock, A. (2008) 'Operating profits', *The Guardian*, 11 June.

Posner, R. (2003) *Law, Pragmatism and Democracy*. Chicago: Chicago University Press.

Posner, R. (2006) *Not a Suicide Pact: The Constitution in a Time of National Emergency*. Oxford: Oxford University Press.

Power, M. (1997) *The Audit Society*. Oxford: Oxford University Press.

Press, A. (forthcoming) '"Feminist? That's so seventies": girls and young women discuss femininity and feminism in America's Next Top Model', in R. Gill and C. Scharf (eds), *New Femininities*. Basingstoke: Palgrave.

Probyn, E. (1993) *Sexing the Self*. London: Routledge.

Proctor, R. (1999) *The Nazi War on Cancer*. Princeton, NJ: Princeton University Press.

Pusey, M. (2003) *The Experience of Middle Australia*. Cambridge: Cambridge University Press.

Qiu, J. (2009) *Working Class Network Society*. Cambridge, MA: MIT Press.

Rakow, L. and Wackwitz, L. (2004) 'Voice in feminist communication theory', in L. Rakow (ed.), *Feminist Communication Theory*. Thousand Oaks, CA: Sage.

Rancière, J. (2006) *Hatred of Democracy*. London: Verso.

Relman, A. (2009) 'The health reform we need and are not getting', *New York Review of Books*, 2 July: 38–40.

Ricoeur, P. (1980) 'Narrative time', in W. Mitchell (ed.), *On Narrative*. Chicago: Chicago University Press, pp. 165–86.

Ricoeur, P. (1984a) *Time and Narrative* (volume 1). Chicago: Chicago University Press.

Ricoeur, P. (1984b) *Time and Narrative* (volume 2). Chicago: Chicago

University Press.

Ricoeur, P. (1992) *Oneself as Another*. Chicago: Chicago University Press.

Ricoeur, P. (1995) 'Reflections on a new ethos for Europe', *Philosophy and Social Criticism* 21(5/6): 3–13.

Ricoeur, P. (2005) *The Course of Recognition*. Cambridge, MA: Harvard University Press.

Riley, D. (1988) *Am I that Name?* Basingstoke: Macmillan.

Ringrose, J. and Walkerdine, V. (2009) 'Regulating the abject: the TV makeover as site of neoliberal reinvention towards bourgeois femininity', *Feminist Media Studies* 8(3): 227–246.

Rizzolatti, G. and Sinigaglia, C. (2008) *Mirrors in the Brain*. Oxford: Oxford University Press.

Rodriguez, C. (forthcoming) *Disrupting Violence. Minneapolis*, MN: University of Minnesota Press.

Rosanvallon, P. (2006) *Democracy Past and Future*. New York: Columbia University Press.

Rosanvallon, P. (2008) *Counter-democracy*. Cambridge: Cambridge University Press.

Rose, N. (1990) *Governing the Soul*. London: Free Association Press.

Rose, N. (1996a) 'Governing "advanced" liberal democracies', in A. Barry, T. Osborne and N. Rose (eds), *Foucault and Political Reason*. London: UCL Press, pp. 37–64.

Rose, N. (1996b) 'The Death of the social? Reconfiguring the territory of government', *Economy and Society* 25(3): 327–356.

Rose, N. (1996c) *Inventing Our Selves*. Cambridge: Cambridge University Press.

Rose, N. (1999) *Powers of Freedom*. Cambridge: Cambridge University Press.

Ross, A. (2004) *No Collar. Philadelphia*, PA: Temple University Press.

Ross, A. (2008) 'The new geography of work: power to the precarious?', *Theory Culture, & Society* 25(7–8): 31–39.

Rothschild, E. (2001) *Economic Sentiments*. Cambridge, MA: Harvard University Press.

Rudd, K. (2009) 'The global financial crisis', *The Monthly* February. Available at: www.themonthly.com.au/monthly-essays-kevin-rudd-global-financial-crisis-1421?page=0%2C6 (last accessed 4 September 2009).

Ruggie, J. (1993) 'Territoriality and beyond: problematizing modernity in international relations', *International Organization* 47(1): 139–174.

Russell, J. (2009) 'Fear and suspicion are no way to build a good society', *The Guardian,* 4 February.

Sacks, O. (2000) *Seeing Voices*. New York: Vintage.

Sands, P. (2008) *Torture Team*. London: Allen Lane.

Sassen, S. (2006) *Territory Authority Rights*. Princeton, NJ: Princeton University Press.

Sassi, F. (2009) 'Health inequalities: a persistent problem', in J. Hills, T. Sefton and K. Stewart (eds), *Towards a More Equal Society?* Bristol: The Policy Press, pp. 135–156.

Scammell, M. (1996) *Designer Politics*. Basingstoke: Macmillan.

Schattschneider, O. (1960) *The Semisovereign People*. New York: Holt, Rinehart and Winston.

Schor, J. (1992) *The Overworked American*. New York: Basic Books.

Schudson, M. (1998) *The Good Citizen*. Cambridge, Mass.: Harvard University Press.

Schumpeter, J. (1950 [1942]) *Capitalism, Socialism and Democracy* (3rd edition). New York: Harper & Row.

Scitovsky, T. (1976) *The Joyless Economy*. New York: Oxford University Press.

Scott, J. (1992) 'Experience', in J. Butler and J. Scott (eds), *Feminists Theorize the Political.* New York: Routledge, pp. 22–40.

Sebald, W.G. (2004) *On the Natural History of Destruction.* Harmondsworth: Penguin.

Seigworth, G. (2008) 'Cultural Studies and Giles Deleuze', in G. Hall and C. Burchall (eds), *New Cultural Studies.* Edinburgh: Edinburgh University Press, pp. 107–127.

Sen, A. (1985) *Commodities and Capabilities.* Amsterdam: North Holland.

Sen, A. (1987) *On Ethics and Economics.* Oxford: Blackwell.

Sen, A. (1999) *Development as Freedom.* Oxford: Oxford University Press.

Sen, A. (2002) *Rationality and Freedom.* Cambridge, MA: Harvard University Press.

Sen, A. (2009) 'Capitalism beyond the crisis', *New York Review of Books,* 26 March: 27–30.

Sennett, R. (1977) *The Fall of Public Man.* Cambridge: Cambridge University Press.

Sennett, R. (1994) *The Conscience of the Eye.* London: Faber.

Sennett, R. (1998) *The Corrosion of Character.* New York: W.W. Norton.

Sennett, R. (2005) *The Culture of the New Capitalism.* New Haven, CT: Yale University Press.

Sennett, R. and Cobb, J. (1972) *The Hidden Injuries of Class.* New York: W.W. Norton.

Shepherd, J. (2009) 'Someone to watch over you', *The Guardian,* Education, 4 August.

Sibley, D. (1988) 'Survey 13: purification of space', *Environment and Planning D* 6(4): 409–21.

Sibley, D. (1996) *Geographies of Exclusion.* London: Routledge.

Silverstone, R. (2006) *Media and Morality.* Cambridge: Polity Press.

Simmel, G. (1978) *The Philosophy of Money.* London: Routledge and Kegan

Paul.

Skeggs, B. (1997) *Formations of Class and Gender: Becoming Respectable.* London: Sage.

Skeggs, B., Thumim, N. and Wood, H. (2008) '"Oh Goodness, I am watching reality TV": how methods make class in audience research', *European Journal of Cultural Studies* 11(1): 5–24.

Skidelsky, R. (2009) 'Where do we go from here?', *Prospect,* January, 36: 40.

Sklair, L. (2001) *The Transnational Capitalist Class.* Oxford: Blackwell.

Skocpol, T. (2003) *Diminished Democracy.* Norman, OK: University of Oklahoma Press.

Smith, D. (1987) *The Everyday World as Problematic.* Boston: Northwestern Press.

Smith, J. (2008) *Social Movements for Global Democracy.* Baltimore, MD: The Johns Hopkins University Press.

Soros, G. (1996) 'The capitalist threat', *Atlantic Monthly,* September.

Soros, G. (2008) 'The financial crisis: an interview with George Soros', *New York Review of Books,* 15 May: 7–10.

Soros, G. (2009) 'The game changer', *Financial Times,* 29 January: 10.

Sparks, C. (2007) 'Reality TV: the *Big Brother* phenomenon', *International Socialism* 114. Available online at: www.isj.org.uk (last accessed 5 April 2009).

Spivak, G. (1987) *In Other Worlds.* London: Methuen.

Steedman, C. (1986) *Landscape for a Good Woman.* London: Virago.

Stewart, K. (2009) 'Poverty, inequality and child well-being in international context: still bottom of the pack?', in J. Hills, T. Sefton and K. Stewart (eds), *Towards a More Equal Society?* Bristol: The Policy Press, pp. 267–290.

Stiegler, B. (2006) *La Télécratie contre le Démocratie.* Paris: Flammarion.

Stiglitz, J. (2002) *Globalization and its Discontents.* Harmondsworth: Penguin.

348

Sugden, R. (2005) 'Correspondence of sentiments: an explanation of the pleasure of social interaction', in L. Bruni and P. Porta (eds), *Economics and Happiness*. Oxford: Oxford University Press, pp. 91–115.

Swindells, J. (1985) *Victorian Writing and Working Women*. Cambridge: Polity.

Tacchi, J., Watkins, J. and Keerthirathne, K. (2009) 'Participatory content creation: voice, communication, and development', *Development in Practice* 19(4–5): 573–584.

Tarrow, S. (1998) *Power in Movement* (2nd edition). Cambridge: Cambridge University Press.

Tasker, Y. and Negra, D. (eds) (2007) *Interrogating Post-Feminism*. Durham, NC: Duke University Press.

Taylor, C. (1986) '*Self-interpreting animals*', in *Philosophical Papers* (volume 1). Cambridge: Cambridge University Press, pp. 45–76.

Taylor, C. (1989) *Sources of the Self*. Cambridge: Cambridge University Press.

Taylor, C. (1994) 'The politics of recognition', in A. Gutmann (ed.), *Multiculturalism*. Princeton: Princeton University Press, pp. 25–74.

Taylor, C. (2007) 'A different kind of courage', *New York Review of Books,* 26 April: 4–8.

Taylor, J., Gilligan, C. and Sullivan, A. (1995) *Between Voice and Silence*. Cambridge, MA: Harvard University Press.

Terranova, T. (2004) *Network Citizens*. London: Pluto Press.

Thaler, R. and Sunstein, C. (2008) *Nudge*. New Haven, CT: Yale University Press.

Thévenot, L. (2009) 'Committed to "performance": a critical assessment'. Paper presented to conference on Performance, Goldsmiths, University of London, 14 January.

Thompson, P. 1982) 'Introduction', in P. Thompson (ed.), *Our Common History*. London: Pluto Press, pp. 9–20.

Tilly, C. (1998) *Durable Inequality*. Berkeley, CA: University of California Press.

Tilly, C. (2006) *Regimes and Repertoires*. Chicago: Chicago University Press.

Tilly, C. (2007) *Democracy*. Cambridge: Cambridge University Press.

Touraine, A. (1988) *Return of the Actor*. Minneapolis, MN: University of Minnesota Press.

Touraine, A. (2000) *Beyond Neoliberalism*. Cambridge: Polity.

Toynbee, P. (2005) 'It is New Labour as much as the public that lacks trust', *The Guardian*, 22 November.

Toynbee, P. and Walker, D. (2008) *Unjust Rewards*. London: Granta.

Tully, J. (1995) *Strange Multiplicity*. Cambridge: Cambridge University Press.

Turner, B. (2001) 'The erosion of citizenship', *British Journal of Sociology* 52(2): 189–209.

Unger, R. (1998) *Democracy Realized*. London: Verso.

Virno, P. (2004) *A Grammar of the Multitude*. New York: Semiotext(e).

Wade, R. (2008) 'Financial regime change?', *New Left Review* (ns) 53: 5–22.

Walkerdine, V. (1997) *Daddy's Girl*. London: Macmillan.

Wernick, A. (1991) *Promotional Culture*. London: Sage.

West, C. (1992) 'Nihilism in black America', in G. Dent (ed.), *Black Popular Culture*. Seattle, WA: Bay Press, pp. 39–53.

West, C. (1993) *Keeping Faith*. New York: Routledge.

White, M. and Epston, D. (1990) *Narrative Means to Therapeutic Ends*. New York: W.W. Norton.

Wilkinson, R. and Pickett, K. (2008) *The Spirit Level*. London: Allen Lane.

Williams, B. (2005) *Descartes: the Project of Pure Enquiry*. London: Routledge.

Williams, B.A. and Delli Carpini, M.X. (2010) *After the News: Changing Media Regimes and the Future of American Democracy*. Cambridge: Cambridge

350

University Press.

Williams, R. (1958) *Culture and Society.* Harmondsworth: Penguin.

Williams, R. (1961) *The Long Revolution.* Harmondsworth: Penguin.

Williams, R. (1979) *Politics and Letters.* London: New Left Books.

Williams, R. (1989) 'The future of Cultural Studies', in *The Politics of Modernism.* London: Verso, pp. 151–162.

Willis, P. (1990) *Common Culture.* Milton Keynes: Open University Press.

Witschge, T., Fenton, N. and Freedman, D. (2010) *Carnegie UK Inquiry into Civil Society and Media in UK and Ireland: Protecting the News: Civil Society and the Media.* http://democracy.carnegieuktrust.org.uk/civil_society/publications/protecting_the_news.pdf

Wittgenstein, L. (1958) *Philosophical Investigations.* Oxford: Blackwell.

Wolf, M. (2009) 'Credibility is key to policy success', *Financial Times,* 3 April.

Wolin, S. (2003) 'Inverted totalitarianism', *The Nation,* 19 May.

Wollheim, R. (1984) *The Thread of Life.* Cambridge: Cambridge University Press.

Wood, H. and Skeggs, B. (2008) 'Spectacular morality: "reality" television, individualization and the remaking of the working class', in D. Hesmondhalgh and J. Toynbee (eds), *The Media and Social Theory.* London: Routledge, pp. 177–193.

Young, I. Marion (2000) *Inclusion and Democracy.* Oxford: Oxford University Press.

Ytreberg, E. (2009) 'Extended liveness and eventfulness in multi-platform reality formats', *New Media & Society* 11(4): 467–485.

Zamagni, S. (2005) 'Happiness and individualism: a very difficult union', in L. Bruni and P. Porta (eds), *Economics and Happiness.* Oxford: Oxford University Press, pp. 467–485.

351

닉 콜드리는 미디어 사회학과 커뮤니케이션 윤리 분야 연구를 통해 미디어 학계에서 널리 알려진 영국 학자다. 한국에선 『미디어는 어떻게 신화가 되었는가』(커뮤니케이션북스, 2007; 원제 Media Rituals, 2003)가 소개된 바 있지만, 학문적 기여에 비해 그의 작업은 그리 널리 알려지지 않았다. 『왜 목소리가 중요한가』(2010)는 저자 스스로 말하듯이 자기 '전공'인 미디어사회학을 넘어서서 철학과 윤리학, 정치경제학, 노동과 미디어와 문화를 포괄하는 지적 횡단을 시도하는 책이다. 『왜 목소리가 중요한가』가 다루는 주제는 목소리와 신자유주의다. 저자는 철학과 사회학에서부터 미디어 비평과 정치 평론에 이르는 방대한 문헌에 기대어, 어울리지 않아 보이는 이 두 주제를 설득력 있게 연결 짓는다.

먼저 '신자유주의'라는 용어는 이미 우리에게 낯설지 않다. 아니, 신자유주의는 우리 시대를 규정하는 용어로서, 이 단어가 적용되지 않는 분야가 없을 정도로 과잉 사용되고 있다. 저자가 1장에서 제시하듯이, 신자유주의라는 용어가 갖는 의미는 대체로 세 가지 정도로 이해할 수 있다. 우선 신자유주의는 하이에크, 프리드먼 등으로부터 비롯된 경제사상이다. 신자유주의에서는 '시장 기능'이 최우선 가치를 가지며 사회와 정치는 시장 원리에 따라 조직되어야 한다고 주장한다(저자는 이런 신자유주의 경제사상을 '신자유주의 자체'라고 부른다). 다음으로 신자유주의는 국가 운영 나아가 지구 경제 질서를 규정하는 정책과 정치 이데올로기다(저자는 이를 '신자유주의 독트린'이라 부른다). 신자유주의 독트린은 국가보다 시장을 우위에 두고 시장에 대한 국가 개입을 배제하며, 이른바 '워싱턴 컨센서스'라고 불리는 미국 중심의 지구적 경제 질서를 지향한다. 금융 자유화, 공공자산 사유화, 무역 개방 등은 이런 신자유주의 독트린의 핵심 정책이다. 마지막으로 신자유주의는 이런 신자유주의 원리가 일상생활과 사회 전 영역을 틀짓는 합리성으로, 즉 규범과 문화로 이해할 수 있다.

첫번째와 두번째는 우리에게 비교적 익숙한 측면으로서, 특히 신자유주의의 두번째 측면은 여러 정치경제학자가 비판적으로 분석해왔다(데이비드 하비가 쓴 『신자유주의: 간략한 역사』(한울아카데미, 2007; 원제 A Brief History of Neoliberalism, 2005)가 대표적이다). 세번째 측면은 특히 신자유주의와 '통치 합리성'에 관한 미셸 푸코의 강의록이 발간되면서 최근에 활발하게 연구되고 있다.

탁월한 신자유주의 분석과 비판은 모자라지 않지만, 그에 대한 대안을 효과적으로 제기하는 경우는 드물다. 주로 정책 차원에서 시장 기능 대신 국가 규제와 조정을 내세우며 케인스주의를 되살리려는 정도에서 머문다. 이 책의 미덕은 가장 근본적인 규범과 문화 차원에서 신자유주의를 비판하고 대안을 모색한다는 점이다. 저자는 신자유주의 자체와 신자유주의 독트린에 대한 이전의 비판을 솜씨 좋게 일별하면서도 신자유주의 합리성과 문화, 규범과 윤리라는 측면에 비판을 집중한다. 그 근본적 비판과 대안 모색에서 핵심이 되는 용어가 바로

353

'목소리'다.

저자는 목소리의 두 가지 의미를 구별한다. 첫째, 목소리는 우리가 스스로에 관해 이야기하는 내러티브 과정을 의미한다(저자는 이를 '과정으로서의 목소리'라고 부른다). 우리는 우리 자신의 경험과 세계를 바라보는 관점을 표현하고 이야기할 수 있고 할 수 있어야 한다. 둘째, 목소리는 이런 목소리의 내러티브 과정이 우리 삶을 유지하는 데 있어서, 나아가 우리 삶 그 자체에 있어서 근본적이고 필수적임을 인식하고 인정하는 태도와 행동을 의미한다(저자는 이를 '가치로서의 목소리'라고 부른다).

저자는 신자유주의가 과정으로서의 목소리와 가치로서의 목소리를 부정한다는 점을 비판한다. 신자유주의는 개인의 '자유'를 내세우지만 이는 시장 기능 아래서만 작동하고 어떤 다른 가치와 규범은 배제하기 때문에, 목소리 가치를 부정하는 방식으로만 우리 삶과 사회를 조직한다는 것이다. 따라서 신자유주의 합리성이 지배하는 한, 진정한 민주주의는 불가능하다고 주장한다.

이 책의 미덕은 문화와 합리성으로서 신자유주의를 이해하고 비판하는 데 있어 방대한 문헌에 바탕을 두고 여러 논의를 통합하고 있는 점이다. 예를 들어 2장에서 저자는 프랑스 사회학자 볼탄스키와 치아펠로가 펴는 '자본주의의 새로운 정신' 논의를 신자유주의 합리성 관점에서 끌어온다(볼탄스키와 치아펠로 자신은 '신자유주의'를 거의 언급하지 않음에도 말이다). 저자는 이들 분석이 '네트워크 사회'라는 오늘날의 기술경제 차원과 신자유주의 합리성이 어떻게 교차하는지에 관해 중요한 통찰력을 제공할 수 있다고 본다. 또한 저자는 행복에 관한 레이어드의 주류 경제학 논의를 구부려 신자유주의 비판 자원으로 삼고, 윤리 문제를 경제학에 다시 도입할 것을 주장한 아마르티아 센을 바

354

탕으로 대안 합리성을 모색한다.

3장에서는 영국과 미국에서 전개된 신자유주의 정치 프로젝트를 비판하면서, 필립 보빗의 거시역사 개념인 '시장국가'와 콜린 레이스의 비판적 정치학 개념인 '시장이 추동하는 정치'를 분석틀로 삼아 존 듀이, 악셀 호네트, 낸시 프레이저로부터 사회적 협력과 정치적 인정을 바탕으로 하는 민주주의라는 대안 개념을 발전시킨다.

4장에서는 리얼리티 TV와 정치 미디어를 신랄하게 비판하는데, 여기서 미디어 사회학자로서 콜드리의 예리함이 두드러진다. 특히 '감정노동' 또는 '열정노동'을 특징으로 하는 오늘날의 노동윤리와 미디어에서 제시하는 행동 규범을 연결할 때 그 통찰력이 빛을 발한다. 요컨대 인터넷, 소셜 미디어, 리얼리티 TV와 같은 오늘날의 미디어는 보통사람이 더 많은 목소리를 낼 수 있는 통로를 마련해주는 것처럼 보이지만, 실제로는 시장에서 개인을 상품으로 '브랜딩'하고 숫자로 피상화된 '마케팅 정치'를 활성화한다. 따라서 목소리 가치를 부정할 뿐이다.

책의 후반부에서 저자는 폭넓은 철학, 윤리학, 사회학에 바탕을 두고 목소리 개념을 발전시키며, 이를 통해 신자유주의 합리성의 지배에 대항하는 대안 합리성의 기반을 마련한다. 5장에서 저자는 폴 리쾨르의 해석학, 악셀 호네트의 인정 이론 등에서 출발하여 '화려한' 포스트구조주의 논의로부터 거리를 두면서도 본질주의적이지 않은 방식으로 주체와 인간 개념을 구해낸다. 이를 통해 왜 '자기 이야기하기'가 가장 기본적인 인간의 존재 조건인지에 관해 철학적 설명을 시도한다 (5장에 나오는 철학적 논의는 이 책에서 가장 읽기 벅찬 부분이다). 이런 설명은 6장에서 여러 사회 범주를 가로질러 확장되며, 주디스 버틀러의 논의를 따라 목소리의 내러티브 가치가 보장될 수 있는 사회 제도 조

355

건을 강조하는 데로 나아간다.

저자가 인정하듯, 이 책은 신자유주의 합리성에 대한 구체적 대안이나 프로그램을 제시하지는 않는다(그런 대안이 '시장에 대한 국가 규제 확대'와 같은 것이라면 더더욱 그렇다). 대신 그가 제시하는 목소리 개념은 신자유주의를 넘어서는 대안을 적극적으로 상상하고 주장할 수 있는 이론적, 개념적 틀을 제공한다. 그런 대안은 목소리 가치를 인정하지 않는 정치, 경제, 사회 조직은 정당하지 않다는 깨달음에서 시작하며, 이런 깨달음은 목소리 가치에 윤리적 기반을 두고 사회·정치·경제 제도 개혁을 진전시키는 데 있어 필수적이다.

신자유주의에 대항하는 합리성을 일견 평범해 보이는 '목소리의 가치'라는 개념에서 찾고자 하는 저자의 태도는 지나치게 신중하다고 느껴질 수도 있다. 또 상호 이해, 협력, 존중이라는 논의가 이상적이라고 느껴질 수도 있을 것이다. 그 판단은 독자의 몫이다. 그러나 근본 대안을 사고하고 상상하는 데 있어서 때로 지나쳐 보이는 이런 평범함, 신중함, 차분함은 미덕이 될 수 있다. 저자는 마지막 장에서 목소리 가치를 집요하게 옹호하는 가운데, 크고 작은 풀뿌리운동 그리고 새로운 일상 미디어 같은 것에서 아주 조심스레 희망을 타진한다. 이런 몇몇 사례 제시를 통해 저자는 신자유주의가 일상 곳곳을 지배하고 있다면 그 대안 또한 거대한 하나의 정책으로서보다는 보다 여러 영역에서 전면적으로 제기되어야 함을 암시한다.

1990년대 말 금융위기 이후 한국사회를 비판적으로 분석하는 데 있어 신자유주의 개념은 줄곧 그 한가운데에 있었다. 많은 신자유주의 논의가 대부분 경제정책에 치우쳐 있었지만, 근래 사회학과 인류학을 중심으로 신자유주의 통치성(서동진,『자유의 의지, 자기계발의 의지』, 돌베개, 2009), 신자유주의와 일상 문화(김현미 외,『친밀한 적』, 이후,

2010) 등의 주제로 확장되고 있다. 콜드리의 이 책은 한국 사회의 복잡한 신자유주의 현실을 분석하는 데 많은 영감과 상상력을 자극할 것이다. 개인적으로도 박사논문을 준비하는 과정에서 이 책은 지적 자극과 사유 원천이 되었다. 방대한 문헌 목록을 통해 지적 탐험을 할 수 있었고, 저자의 신중함, 집요함, 균형 감각, 현실과의 끊임없는 긴장감으로부터 비판적 글쓰기의 모범을 배웠으며, 목소리와 상호 존중이라는 개념을 통해 '함께 살아가기'의 중요성을 다시금 깨달았다.

이 책이 나오기까지 힘을 보태준 분들, 특히 번역을 제안한 김신식 전 편집자, 난삽한 원고를 깔끔하게 다듬어준 글항아리 이두루 편집자, 좌세훈 편집자에게 감사드린다. 미디어 전공자로서 책의 방대한 논의 폭을 따라잡고 한국어로 옮기기가 쉽지 않았다는 점을 밝힌다(특히 철학 논의를 하고 있는 5장 번역에 애를 먹었다). 물론 이런 고백으로 변명을 대신하려는 것은 아니다. 매끄럽지 못한 문장과 모든 번역 오류는 온전히 옮긴이 몫이다.

2015년 4월
이정엽

357

옮긴이 후기

찾아보기

359

361

왜 목소리가 중요한가

왜 목소리가 중요한가

초판 인쇄 2015년 5월 25일
초판 발행 2015년 6월 1일

지은이 닉 콜드리
옮긴이 이정엽
펴낸이 강성민
교정교열 좌세훈
편집 이은혜 박민수 이두루 곽우정
편집보조 이정미 차소영
마케팅 정민호 이연실 정현민 지문희 김주원
홍보 김희숙 김상만 한수진 이천희

펴낸곳 (주)글항아리 | 출판등록 2009년 1월 19일 제406-2009-000002호

주소 413-120 경기도 파주시 회동길 210
전자우편 bookpot@hanmail.net
전화번호 031-955-1934(편집부) 031-955-8891(마케팅)
팩스 031-955-2557

ISBN 978-89-6735-214-1 93300

글항아리는 (주)문학동네의 계열사입니다.

이 도서의 국립중앙도서관 출판예정도서목록(CIP)은 서지정보유통지원시스템
홈페이지(http://seoji.nl.go.kr)와 국가자료공동목록시스템(http://www.nl.go.kr/kolisnet)에서
이용하실 수 있습니다.(CIP제어번호: CIP2015013277)